# Die Schlacht um Moskau

Werner Haupt

# Die Schlacht um Moskau

tosa

Originaltitel: *Sturm auf Moskau,* erschienen im Verlag Podzun-Pallas 1986

Cover von Josef Koo

Printed in Slovenia

# INHALT

# Zum Geleit

Vor genau 60 Jahren kam es um die sowjetrussische Hauptstadt zur großen Schlacht, die zum erstenmal den seit zwei Jahren siegreichen deutschen Armeen und Luftflotten eine Niederlage bescherte, von der sich die Wehrmacht nicht mehr erholte.
Die Schlacht um Moskau wurde zu einem der Wendepunkte des Zweiten Weltkrieges!

Die bisherige Literatur in allen Weltsprachen hat zu diesem Thema eine Unmasse an Buch- und Aufsatzveröffentlichungen hervorgebracht, die man heute schon nicht mehr überblicken kann. Da gibt es hochrangige und generalstabsmäßige Darstellungen, es existieren Quellen- und Materialsammlungen, dann haben Politiker aller Richtungen polemische Veröffentlichungen herausgebracht, Generale ihre Memoiren geschrieben, bekannte Literaten Romane hergestellt und die Truppengeschichten von Freund und Feind wiederum brachten Detailausschnitte der großen Schlacht.

Trotzdem sahen es Verlag und Autor als richtig an, noch einmal ein Buch über diese Dreimonate-Schlacht um Rußlands Hauptstadt zu publizieren. Es soll ein Werk sein, das einmal den großen Rahmen beschreibt, besonders aber das Gewirr der Schlacht den damals beteiligten Soldaten — den "Landsern" — noch einmal ins Gedächtnis ruft.
Das vorliegende Buch ist keine Darstellung des sogenannten "Hurra-Patriotismus", sondern möchte den einstigen Frontsoldaten von Freund und Feind erneut die Schwere einer Schlacht

vor Augen führen, die schließlich im Chaos endete. Damit soll das Buch gleichfalls die Generationen ansprechen, die damals jung oder noch nicht geboren waren, um sie mit der Zeit zu konfrontieren, in der ihre Väter und Großväter lebten, opferten und starben.
Es ist kein Kriegsbuch, das für Helden wirbt; es soll ein Buch der Erinnerung und der Mahnung sein; denn alle Schrecken und Opfer wären umsonst, wenn die Welt die Sehnsucht und den Willen zum Frieden verlöre!

Werner Haupt

# "Unternehmen Barbarossa"

Irgendwo im Deutschen Reich riß Irgendjemand in einer frühen Morgenstunde, eigentlich war es noch tiefe Nacht, ein Kalenderblatt ab und stöhnte:

> "Gott-sei-dank, endlich wieder Sonntag. Heute haben wir den 22. Juni 1941!"

Genau in dieser Minute, nämlich 3.15 Uhr, öffneten zwischen der Grenze Ostpreußens und den Ausläufern der Karpaten 7184 Geschütze aller Kaliber ihre Feuerschlünde und spieen Todesgrüße über die Grenzzäune und Grenzflüsse in das russische Land.

Das "Unternehmen Barbarossa" hatte begonnen!

Die deutsche Wehrmacht trat mit allen drei Wehrmachtteilen in dieser Minute zum Angriff gegen die "Rote Armee" und "Rote Flotte" (eine selbständige russische Luftwaffe gab es nicht) zum Angriff an. Das hieß, der eigentliche Krieg zwischen dem Deutschen Reich und der Sowjetunion hatte schon einige Minuten oder gar Stunden vorher begonnen. Minenschiffe der Kriegsmarine verminten bereits die Zufahrten zu den baltischen Ostseehäfen und einzelne Flugzeuge der Kampfgeschwader 2, 3 und 53 waren bereits 40 Minuten vor Kriegsbeginn gestartet und warfen genau 3.15 Uhr erste Brand- und Splitterbomben auf russische Flugplätze und Verkehrswege.

Nach 30 Sekunden schwieg das deutsche Artilleriefeuer; denn nun kam die Stunde der Stoßtrupps, die als erste in die feindlichen Gräben und Bunker stürmen mußten, um die Grenzwachen unschädlich zu machen und Flußbrücken vor der Sprengung zu bewahren. Zur gleichen Zeit setzten Sturmpioniere mit ihren schnellen Motorbooten oder Flößen die ersten Gre-

Hangö
FINNISCHER MEERBUSEN
Kronstadt
PETERSBURG
Baltischport
Reval
Taps
Kingisepp
Narwa
Wesenberg
Krasnogwardejsk
DAGÖ
Hapsal
OSTSEE
ÖSEL
ESTLAND
Pernau
Luga
Dorpat
Peipus-See
Nowg
Jlm See
RIGAER MEERB.
Walk
Pleskau
Windau
Porchow
Staraja-Russ
LETT-LAND
Ostrow
RIGA
Libau
Mitau
Düna
Lowat
Opotschka
Jakobstadt
Schaulen
Dünaburg
Welikije-Luki
LITAUEN
Düna
Wilkomir
Polozk
Königsberg
Kowno
Welisch
Düna
Witebsk
WILNA
Lepel
PREUSSEN
Orscha
Smol
Grodno
Dnjepr
Beresina
Njemen
MINSK
Bialystok
Mohilew
Slonim
Baranowitschi
Sluzk
Bobruisk
Rogatschew
Warschau
Brest-Litowsk
Pinsk
Gomel
Pripet
Lublin
Pripet-Sümpfe
Mosyr
Kowel
Tschernigow
Desna
Luck
Korosten
Njeshin
Rowno
Nowograd Wolynski
Dnjepr
Dubno
Radomysl
Bachma
Ostrog
LEMBERG
Schitomir
KIEW
Priluki

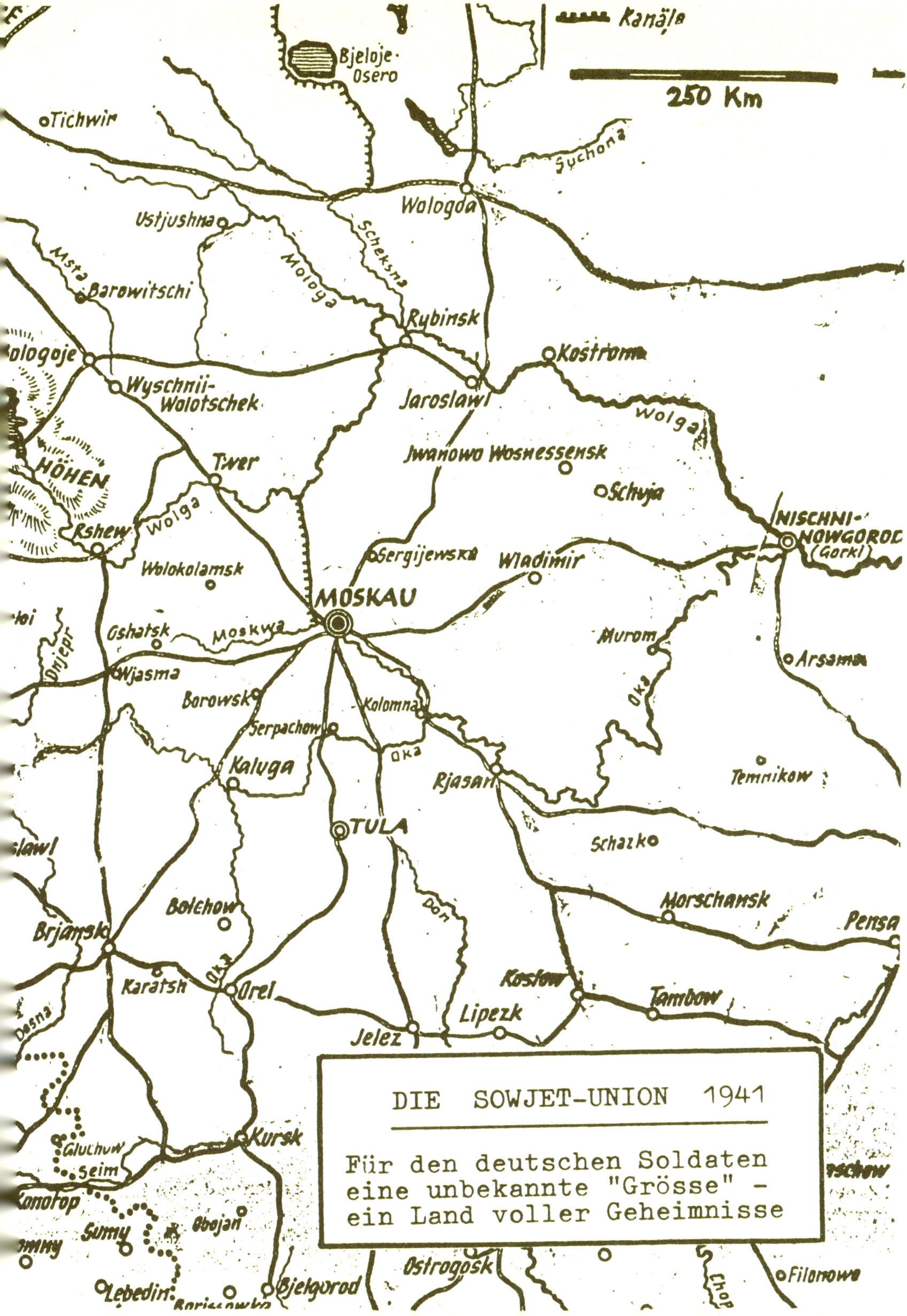


DIE SOWJET-UNION 1941

Für den deutschen Soldaten eine unbekannte "Grösse" - ein Land voller Geheimnisse

nadiergruppen auf das gegenüberliegende Ufer, und wieder woanders stürmten Infanteriezüge mit aufgepflanztem Bajonett und gezogenen Handgranaten gegen die Bunker an der Demarkationslinie zwischen dem Generalgouvernement und dem Riesenreich, das sich "Union der Sozialistischen Sowjet-Republiken" nannte.
Der Zweite Weltkrieg hatte eine neue Phase begonnen, die in ihrer Schrecklichkeit und Grausamkeit auch fast nach 60 Jahren die Welt noch trennen wird!
Drei deutsche Heeresgruppen, drei Luftflotten und starke Flotteneinheiten der Kriegsmarine führten in den ersten Morgenstunden dieses Junisonntags 1941 die Befehle aus, an denen die obersten deutschen militärischen Führungsstellen seit Sommer des vergangenen Jahres gearbeitet hatten.
Denn damals — als die Deutsche Wehrmacht Frankreich besiegte und sich auf die Invasion Großbritanniens vorbereitete — hatte Hitler als Staatsoberhaupt dem Oberkommando des Heeres (OKH) befohlen, "das russische Problem in Angriff zu nehmen!"
Es waren monatelange Vorbereitungen von kleinen Stäben der drei deutschen Wehrmachtteile erfolgt, ehe Hitler am 18. Dezember 1940 die "Weisung Nr. 21" unterschrieb. Diese Weisung, die das Aktenzeichen "OKW/WFSt./Abt.L (I) Nr. 33408/40" trug, wurde später allgemein als "Plan Barbarossa" bezeichnet. Er war nichts weiter als der Aufmarsch- und Operationsplan zum Krieg gegen die Sowjetunion, die (so wörtlich) "in einem schnellen Feldzug niederzuwerfen" sei.
Der Plan sah für die Operationen zur Erde den Aufmarsch von drei Heeresgruppen vor, die jeweils getrennte Aufgaben zu erfüllen hatten. Dabei kam der in der Mitte stehenden und angreifenden Truppenstreitmacht — die "Heeresgruppe Mitte" bezeichnet wurde — folgender Auftrag zu:

"Mitte der Gesamtfront fällt die Aufgabe zu, mit besonders starken Panzer- und motorisierten Verbänden aus dem Raum um und nördlich Warschau vorbrechend, die feindlichen Kräfte in Weißrußland zu zersprengen. Dadurch muß die Voraussetzung geschaffen werden für das Eindrehen von starken Teilen der schnellen Truppen nach Norden, um im Zusammenwirken mit der aus Ostpreußen in allgemeiner Richtung Leningrad operierenden nördlichen Heeresgruppe die im Baltikum kämpfenden feindlichen Kräfte zu vernichten. Erst nach Sicherstellung dieser vordringlichen Aufgabe . . . sind die Angriffsoperationen zur Besitznahme des wichtigen Verkehrs- und Rüstungszentrums Moskau fortzuführen."

Dieser Operationsplan sah vor, daß die Heeresgruppe Mitte zuerst die in Weißrußland stehenden Verbände der "Roten Armee" zerschlagen mußte, um dann mit weiteren Kräften nach Norden Richtung Ilmensee einzuschwenken, während die nach Osten gerichtete Front stehen bleiben sollte. Damit wurde die russische Hauptstadt ausgespart, die nach Hitlers Willen also als zweitrangig angesehen wurde.

Die später aufgestellte Heeresgruppe Mitte erfüllte dann im Sommer des folgenden Jahres den ersten Teil des Operationsplanes "Barbarossa" befehlsgemäß; doch schon der zweite Teil des Planes — das Abdrehen nach Norden — wurde nicht mehr durchgeführt, denn statt nach Norden mußten die schnellen Kräfte nach Süden, um die Schlacht von Kiew zu schlagen. Für Moskau blieb keine Zeit ...

Feldmarschall von Bock, einst Generalstabsoffizier im kaiserlichen Gardekorps und seit Beginn des 2. Weltkrieges Oberbefehlshaber von Heeresgruppen in Polen und Frankreich, wurde am 20. September 1940 mit der Führung der neu zu bildenden Heeresgruppe Mitte beauftragt und bezog an diesem Tag sein Hauptquartier in Warschau.

Der Oberbefehlshaber erließ weisungsgemäß nach dem Operationsplan den folgenden Befehl an seine Führungsstäbe:

> "Heeresgruppe Mitte zersprengt — starke Kräfte vor ihren Flügeln vortreibend — die feindlichen Kräfte in Weißrußland, gewinnt durch Zusammenfassen ihrer südlich und nördlich Minsk vorzuführenden schnellen Kräfte frühzeitig den Bereich um Smolensk und schafft so die Voraussetzung für das Zusammenwirken starker Teile ihrer schnellen Truppen mit der Heeresgruppe Nord."

Die Heeresgruppe Mitte setzte sich bis zum Beginn des Feldzuges aus vier Armeen zusammen. Diesen Armeeoberkommandos (AOK) wurden folgende erste Angriffsziele genannt:

Panzergruppe 3 im Norden (Generaloberst Hoth):
Raum bei und nördlich Witebsk;
9. Armee im Norden (Generaloberst Strauß):
Dnjepr-Übergang im Raum Polozk;
4. Armee in der Mitte (Feldmarschall von Kluge):
Dnjepr-Übergang bei und um Mogilew;
Panzergruppe 2 im Süden (Generaloberst Guderian):
Raum bei und südlich Smolensk.

Das waren die ersten Angriffsziele, die die Oberbefehlshaber der Armeen und Panzergruppen an ihre Kommandierenden Generale und Divisionskommandeure weitergegeben hatten und nach denen diese ihre Kräfte am 22. Juni 1941 zum Angriff antreten ließen.

Man wußte herzlich wenig von den gegenüberliegenden Streitkräften der "Roten Armee". Zwar hatten bereits seit Herbst 1940 deutsche Aufklärungsflugzeuge — heute würde man Spionageflugzeuge dazu sagen — aus größten Höhen ihre Beobach-

tungsflüge unternommen, aber über die Zusammensetzung der in Ostpolen und in Weißrußland aufgestellten militärischen Kräfte sagten die Beobachtungen kaum etwas aus.
Genau wie auf deutscher Seite lagen zwischen dem Suwalki-Zipfel im Norden und dem Raum um Brest-Litowsk im Süden drei russische Armeen unter dem Oberbefehl der Heeresgruppe "Westlicher Militärbezirk". Die 3. Armee führte im Raum Grodno im Norden, die 10. Armee stand um Bialystock und die 4. Armee befand sich ostwärts von Brest-Litowsk. Diese Führungsstellen befehligten 45 Schützendivisionen und 15 motorisierte und Panzerbrigaden (Panzerdivisionen gab es in der ersten Phase des Feldzuges auf russischer Seite nicht).
Die Heeresgruppe Mitte stellte demgegenüber von Nord nach Süd ihre Kräfte wie folgt auf:

| | | |
|---|---|---|
| Panzergruppe 3 | mit | vier Generalkommandos, vier Infanterie-, fünf Panzerdivisionen; |
| 9. Armee | mit | drei Generalkommandos, sieben Infanteriedivisionen; |
| 4. Armee | mit | vier Generalkommandos, zwölf Infanterie-, eine Sicherungsdivision; |
| Panzergruppe 2 | mit | vier Generalkommandos, fünf Infanterie-, eine mot.-, eine Kavallerie-, fünf Panzer-, eine SS-Division, ein mot. Infanterieregiment. |

Das Heeresgruppenkommando hielt ein Generalkommando mit je zwei Infanterie- und Sicherungsdivisionen als vorläufige Reserve zurück. Die Aufstellung der beidseitigen Kräfte kann aus nachfolgender Skizze deutlich abgelesen werden.

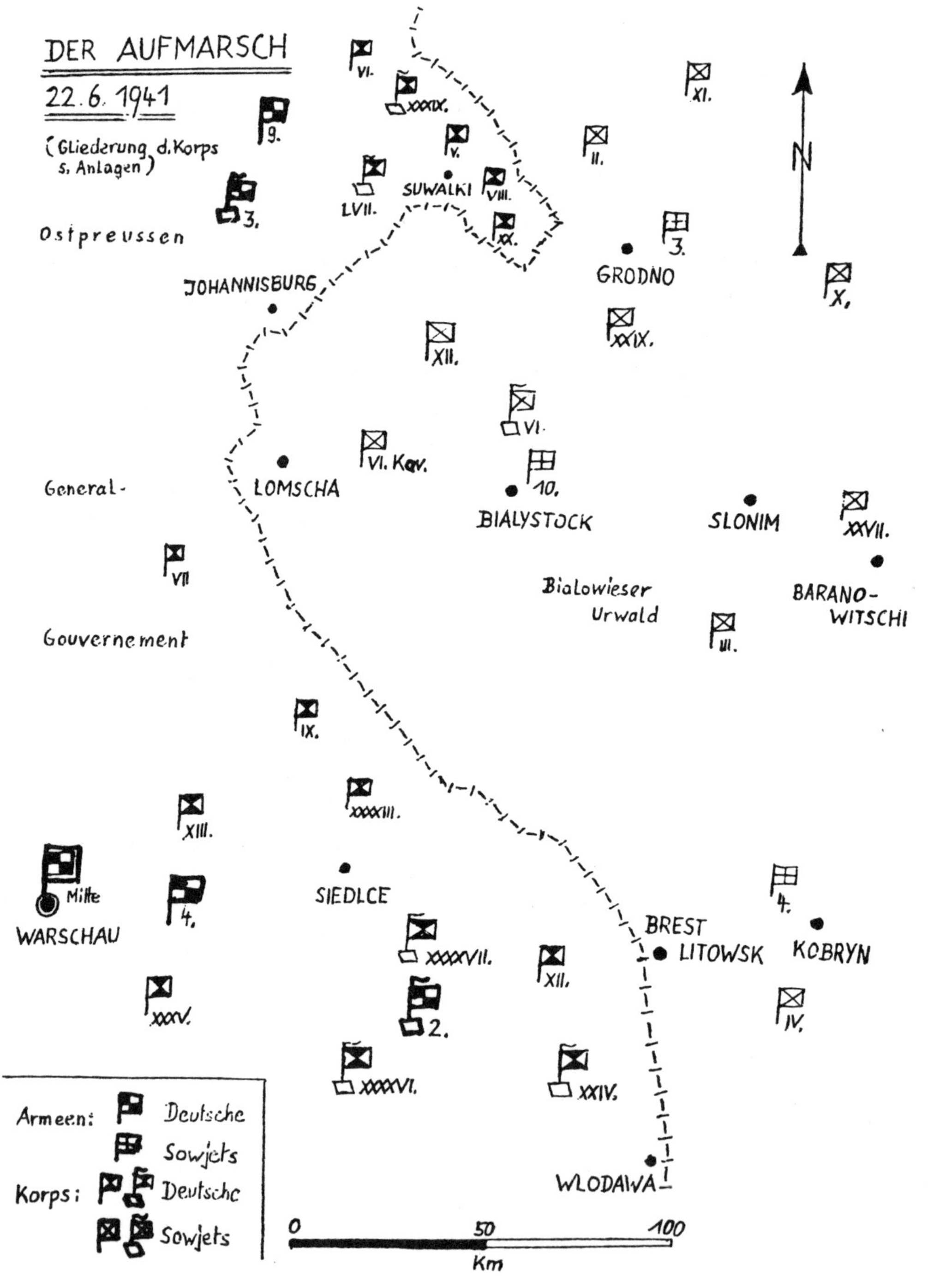
DER AUFMARSCH
22.6.1941
(Gliederung d. Korps s. Anlagen)
Ostpreussen
General-
Gouvernement
JOHANNISBURG
SUWALKI
GRODNO
LOMSCHA
BIALYSTOCK
SLONIM
BARANO-WITSCHI
Bialowieser Urwald
SIEDLCE
WARSCHAU
Mitte
BREST LITOWSK
KOBRYN
WLODAWA
9.
3.
4.
2.
VI.
XXXIX.
V.
LVII.
VIII.
XX.
XI.
II.
3.
X.
XXIX.
XII.
VI.
VI. Kav.
10.
XXVII.
VII
III.
IX.
XXXXIII.
XIII.
XXXXVII.
XII.
XXXV.
XXXXVI.
XXIV.
4.
IV.
N
Armeen: Deutsche
Sowjets
Korps: Deutsche
Sowjets
0
50
100
Km

Nach dem Feldzugsplan der Heeresgruppe Mitte stießen die Divisionen der Panzergruppe 2 südlich von Brest-Litowsk nach Weißrußland vor (oben), während die Kräfte der Panzergruppe 3 durch die Wälder des Suwalki-Zipfels (unten) gleichfalls in Richtung Minsk vordrangen.

Die Infanteriedivision der 4. und 9. Armee rückten hinter den Panzergruppen durch das weite Land nach. Das Bild zeigt einen Schützenzug der Waffen-SS.

Schon Mitte Juli gewannen die Panzerstreitkräfte den Dnjepr südlich Orscha. Hier sichern Panzer und 2 cm-Flak der Luftwaffe den Übergang der Infanterie über eine erhaltengebliebene Dnjeprbrücke.

Die russischen Kräfte verteidigten sich stellenweise mit unerhörter Verbissenheit und Verschlagenheit. Sie ließen sich weder durch hohe Verluste noch durch das Überrollen von deutschen Panzern in ihrem Verteidigungswillen beeinträchtigen. Sie zogen sich in die dichten Wälder zurück und bildeten den Grundstock der späteren Partisaneneinheiten.

Die Verluste der Angreifer waren stärker als von der deutschen Führung erwartet. Von Mitte Juli an wurde der Feindwiderstand noch härter als bisher. Eine württembergische Division beklagte allein in fünf Tagen den Verlust von 91 Gefallenen und 310 Verwundeten.

"Die Spitzengruppen der Schützenbataillone setzen 3.45 Uhr mit Schlauchbooten über den Fluß, während die Fahrzeuge von K.3 und A.A. 1 über die unbeschädigte Brücke rollen. Ganz vereinzelt pfeifen feindliche MG-Schüsse. Sie bringen aber auch die ersten Ausfälle. Oblt. Jopp, Chef der 1./Pz.Jäg.Abt. 543, wird, noch im Schlauchboot sitzend, verwundet. Das Ufer ist überall schnell gewonnen. Die 8./S.R. 3 unter Oblt. v. Becker hastet als Spitzenkompanie über die Brücke und erreicht das Wiesengelände hinter dem Bug. Die Soldaten arbeiten sich gruppenweise an Stradecz heran. Das S.R. 394 nimmt sich den Nordteil des Dorfes vor und stößt auf erste geringe Abwehr. Die feindlichen Bunker werden rasch niedergekämpft und der Angriff in das Kusselgelände nördlich des Ortes vorgetragen. Dagegen hat es das S.R. 3, das auf den Südteil von Stradecz angesetzt ist, schwerer. Der Bahnhof des Dorfes ist durch Bunker geschützt und wird von den Besatzungen verteidigt. Feindliche Artillerie beschießt gleichzeitig die Truppe aus dem Vorwerk Kolpin. Die 2./S.R. 3 (Oblt. Siegelmann) umklammert den Südteil von Stradecz und nimmt die Russen unter Kreuzfeuer. Dadurch bricht der Widerstand zusammen. Das erste Ziel der Schützenbrigade ist 3 Stunden nach Beginn der Offensive in deutschem Besitz. Die 2./S.R. 3 verliert 2 Tote und 16 Verwundete. Der Ort selbst ist schwer zerstört. Die ersten 20 Sowjetrussen fallen als Gefangene in die Hand der Schützen. Die Russen sind vollkommen verstört."

So lasen sich die ersten Minuten des neues Feldzuges im Bericht einer Division, die am Südflügel der Heeresgruppe zum Einsatz kam. So wie hier gingen überall die deutschen Kompanien, Bataillone, Regimenter und Divisionen nach vorn. Die russischen Grenzwachen wurden größtenteils überrascht und im kühnen

Zugriff gefangengenommen. Erst langsam formierte sich — noch vereinzelt — Widerstand, als tapfere Offiziere und Kommissare oft mit drakonischen Mitteln die Soldaten zum Ausharren zwangen.
Die oberen Führungsstellen der "Roten Armee" reagierten in den ersten Stunden und auch in den ersten Tagen langsam auf die Ereignisse an der Front. Zwar war ihnen per Funk bereits in der vergangenen Nacht 0.30 Uhr der Befehl aus dem Hauptquartier in Moskau zugegangen:

"Alle Einheiten sind in Gefechtsbereitschaft zu versetzen!"

Doch die Übermacht der deutschen Angreifer war in den ersten Morgenstunden dieses Sonntags enorm. Im Laufe des Mittags gelang es den Sowjets, einheitlich geführten Widerstand zu leisten. Die Grenzbataillone setzten sich mit Handgranaten und mit der blanken Waffe zur Wehr. Die feldgrauen Stoßtrupps mußten angesichts dieses plötzlich überall aufflackernden Widerstands liegenbleiben, um Verstärkungen abzuwarten.
Erst als die Vorausabteilung der motorisierten Verbände über die Grenzflüsse oder durch die verfilzten Grenzwälder nachfolgten, gelang es stellenweise die feindlichen Postierungen zu durchbrechen, zu überrumpeln und freien Weg nach Osten zu gewinnen. Doch dann trat plötzlich ein mächtiger Verbündeter des Gegners auf, den deutsche Offiziere und Soldaten nach den bisherigen Feldzugserfahrungen nicht einkalkuliert hatten: die russische Landschaft mit ihren Wäldern, Sümpfen und Sandwegen.
Die im Süden angetretene Panzergruppe 2 stieß schon kurz nach Überquerung des Bugs südlich von Brest-Litowsk auf ein riesiges Sumpfgebiet, in dem alle Fahrzeuge, auch die schweren Panzer, steckenblieben. So erging es auch der im Norden vorgehenden Panzergruppe 3, die auf unerwartet heftigen Feind-

widerstand stieß, nachdem die urwaldähnlichen Waldgebiete durchfahren waren. So verlor hier allein die 7. Panzerdivision (PD.) — im Westfeldzug erhielt sie den Ehrennamen "Gespensterdivision" — am ersten Feldzugstag die Hälfte aller Panzerkampfwagen!

Doch auch die beiden Infanterie-Armeen kamen nicht so voran, wie ihre Führung erwartet hatte. Die Festung Brest-Litowsk, die man mit Unterstützung der Luftwaffe und der schweren Nebelwerfer schon am 22. Juni erstürmen wollte, trotzte allen Angriffen ostmärkischer Soldaten. Die hier eingesetzte 45. Infanteriedivision (ID.) verlor an diesem Tag bereits 311 Gefallene!

Es gab in dieser ersten Nacht an der gesamten Front der Heeresgruppe Mitte kaum Ruhe. Die wenigen Dörfer, die bereits von den Regimentern durchschritten waren, brannten. Ebenso züngelten die Flammen in den dichten Wäldern hoch. Die Truppe war erschöpft. Der Nachschub war nicht mitgekommen. Die rückwärtigen Dienste lagen noch jenseits der Reichsgrenze. Eine Versorgung aus dem Lande entfiel, da die arme Grenzbevölkerung selbst hungerte.

Das Heeresgruppenkommando zog in dieser Nacht erste Bilanz: Die Grenze war an allen Stellen überschritten und die motorisierten Vorausabteilungen standen bis 40 km jenseits. Am erfolgreichsten hatte sich der Vorstoß der Panzergruppe 3 (Generaloberst Hoth) gestaltet, die bereits über den Njemen gegangen war und die 3. Sowjetarmee im Norden umgangen hatte. Damit war ein Keil zwischen die sowjetischen Heeresgruppen "Westlicher Militärbezirk" und "Nordwestfront" getrieben.

Der zweite Kriegstag verlegte dann eindeutig das Schwergewicht auf den äußersten rechten Flügel zur Panzergruppe 2 des Generalobersten Guderian. Das hier angreifende XXIV. moto-

# Die erste Angriffswelle über den Bug

dnb. PK. **Im Osten,** im Juni

**Als** am Abend des 21. Juni die Dämmerung einbrach, stand das Pionierbataillon einer Division der Waffen-SS in den Wäldern am Strom zum Marsch in die Bereitstellung angetreten. Befehle wurden flüsternd von Gruppe zu Gruppe weitergeleitet. Alles kam darauf an, den nur wenige hundert Meter entfernten Gegner, der auf dem gegenüberliegenden Ufer seine hohen hölzernen Beobachtungstürme besetzt hielt, über die Bewegungen zu täuschen.

Das befohlene Ziel dieser Nacht aber hieß: Gewaltsame Erzwingung des Überganges nach längerer artilleristischer Feuervorbereitung, eine Aufgabe, die Kaltblütigkeit mit kühnem Angriffsgeist vereinen mußte. Und Führer und Männer der hier angesetzten Pioniere der Waffen-SS waren sich bei allen Einzelheiten der Vorbereitung der Bedeutung ihres Einsatzes bewußt geblieben. Hinter ihnen standen, tiefgestaffelt in ihren Ausgangsstellungen, die Infanterie, die Kradschützen, die motorisierten Einheiten einer Panzerdivision, bereit, bei der ersten Meldung von der Erzwingung des Überganges in die Tiefe des feindlichen Raumes einzudringen.

Wir hatten am späten Nachmittag noch einmal unter Führung des Hauptsturmführers K. das Gelände abgeschritten, in dem sich in der Nacht der Einbruch in die feindliche Stellung auf breiter Front vollziehen mußte. Jenseits des Flusses auf der russischen Seite verlor sich eine endlose Ebene, über der zitternd der sonnenheiße Atem des Juninachmittags stand, in bläulich herüberschimmernde Wälder, die von gut getarnten Bunkerstellungen beherrscht und von weiten sumpfigen Gebieten durchbrochen, an geeigneten Stellen aber von Stacheldrahtsperren gesichert waren.

Unserem fragenden Blick begegnete der Hauptsturmführer mit einem leichten Lächeln. Einem zu ernsthaftem Widerstand entschlossenen Gegner, erläuterte er, brächte das Gelände großen Vorteil. Doch habe man außer dem Vorteil der Überraschung noch den wichtigeren der artilleristischen Überlegenheit, die sich nach einem seit Tagen festgelegten Plan in der kommenden Nacht auswirken werde. Jedenfalls, fügte er hinzu, und sein Lächeln machte einem tiefen Ernst Platz, wird der Befehl ausgeführt und der Übergang in der kommenden Nacht erzwungen werden.

So kam die Nacht. Vor dem Bataillonsgefechtsstand war ein beständiges Kommen und Gehen der Melder. Aus dem Walde trat schattenhaft Gruppe um Gruppe der Pioniere, lautlos, die Stille nur von dem Scharren der Stiefel, von den leisen Geräuschen aufeinanderstoßenden Geräts unterbrochen. Dann setzten auch wir uns hinter dem Kommandeur in Marsch, um die uns angewiesenen Plätze zu erreichen. Um Mitternacht liefen vom Gefechtsstand des Bataillons die Meldungen der Züge und Kompanien ein, daß die Bereitstellungen besetzt seien. Gleichzeitig wurden die letzten Boote zum Uferrand vorgezogen, dahinter lagen die Pioniere in rasch aufgeworfenen Erdstellungen. In Rufnähe waren die Kampfgruppen der überzusetzenden Einheiten aufgestellt, die als erste Angriffswelle das gegenüberliegende Ufer zu erreichen hatten.

Wir hatten uns bei den Pionieren im Ufersand eingegraben. Hatten wir nicht ein Recht, stolz auf den Befehl zu sein, der uns in die vorderste Linie des beginnenden Kampfes einwies? Keiner unter den Führern und Männern der SS-Pioniere, die sprungbereit in der stillen Nacht am Ufer in Sand und Erdlöchern eingegraben waren, wird die ungeheure Spannung, die die Stunde des Wartens durchzitterte, je vergessen.

Im Osten zeigte sich ein erstes schwaches Licht. Ein Blick auf die Uhr. Es ist 3 Uhr früh. Die Minuten werden gezählt. Um 3.15 Uhr erschüttert ein ungeheurer Schlag die Luft; sie scheint zu bersten. Wir hatten uns in Erwartung dieses Augenblicks in unseren Erdlöchern aufgerichtet, nun sind wir vom Luftdruck flach an den Boden gepreßt.

Ein tobendes Heulen fährt über uns hinweg, alle Batterien haben Feuer eröffnet. Fast im gleichen Augenblick flammen auf der gegenüberliegenden Seite die ersten Brände auf, riesige Fackeln schießen hoch, schwarze Rauchpilze, von rasch aufzuckenden Flammen durchsetzt, treiben zum Himmel empor.

Noch starren wir wie gebannt auf diese Vernichtung, die sich über den Gegner wälzt, da reißen uns die gellenden Rufe der Bootführer aus unserer halben Betäubung. Mit wenigen Schritten sind wir an den Booten, knien daneben und umgreifen die Haltetaue, reißen auf einen neuen Befehl hin die Boote hoch und eilen gebückt die wenigen Meter zum Uferrand. Schon gleitet der Bug ins Wasser. Schiebend, stoßend, hängen wir an den Rändern. Jetzt eilt überzusetzende Infanterie heran. Die Männer werfen sich mit ihren Gewehren ins Boot, Granatwerfer, Maschinengewehre, Maschinenpistolen werden hastig nachgereicht. Und während wir schon, halb im Wasser watend, das Boot über den Sand vorwärtsdrücken, fegt über uns der phantastische Orkan der donnernden Batterien hinweg, strahlt der Himmel glutrot vom Widerschein der Brände auf. Jetzt sind die Letzten dem Boot zugeteilten Männer herangekeucht, schwingen sich die Pioniere auf die Bootsränder, ein LMG. wird vorne in Stellung gebracht. Alle Waffen sind auf das gegenüberliegende Ufer gerichtet. Mit rasenden Ruderschlägen treiben die Männer das Boot hinüber. Das alles vollzieht sich im Ablauf weniger Sekunden.

Als wir die Mitte des Flusses erreicht haben, erblicken wir überall die Schatten der Schlauchboote dem jenseitigen Ufer zustreben, kaum haben wir angelegt, da schießen auch schon in schneller Fahrt, eine hohe Schaumwelle voraus, andere Boote zurück. Die Männer sind an Land gesprungen. Rasch wendet auch unser Schlauchboot und fährt zurück.

Das russische Ufer ist erreicht. Auf dem hohen Uferrand eilen die ersten deutschen Soldaten in die befohlenen Gefechtsstellungen, Maschinengewehre werden zur Sicherung in Stellung gebracht, und bald darauf sehen wir, wie die Züge zur Gefechtsformation ausschwärmen und ohne Aufenthalt im Sprung und Lauf in das Gelände vorstoßen. Bald hören wir auch die ersten Feuerstöße der Maschinengewehre, die einzelne verdächtige Waldstücke abkämmen.

Ununterbrochen feuern unterdes die Batterien weiter. Leuchtkugeln geben Zeichen, den Feuervorhang vorzulegen. Der Übergang über den Bug ist erzwungen. Fieberhaft arbeitet unterdes eine Kompanie der SS-Pioniere an der Fertigstellung einer Fähre. In knapp einer Stunde ist die Arbeit geschafft, und eine erste Kradschützenabteilung wird übergesetzt.

Als wir nach einigen Stunden von unserem Vorstoß durch das vollkommen zerschlagene Land zurückkehren, sind Pioniere der Waffen-SS in Verbindung mit Pionierabteilungen der Wehrmacht bereits mit dem Bau einer festen Brücke über den Fluß beschäftigt. Überall stehen Rauchfahnen am Horizont. Die Batterien, die den Übergang der Pioniere und den ersten Stoß des Heeres deckten, schweigen, aber dumpf lärmend ist flußabwärts das Grollen der Geschütze zu hören.

*Kriegsberichter van der Horst*

risierte Armeekorps (AK.mot.) des Generals der Panzertruppen Freiherr Geyr von Schweppenburg konnte in Kobryn, dem Hauptquartier der 4. Sowjetarmee, eindringen, das dort angreifende XIV. mechanisierte Sowjetkorps zerschlagen (107 Feindpanzer blieben als brennende Wracks zurück) und bis 150 km tief ins russische Gebiet eindringen.
Doch wie hier im Süden, so erfolgte nun auch im Norden der Durchbruch durch die russische Front, während die Infanteriedivisionen der 4. und 9. Armee naturgemäß abhingen. Die Panzergruppe 3 stieß über den Njemen nach Osten vor, nahm Grodno, schloß starke Feindkräfte im Wald- und Sumpfgebiet der Puszca-Rudnika ein und gewann am 24. Juni die ehemalige litauische Hauptstadt Wilna. Hier wurden die feldgrauen Soldaten von der Bevölkerung stürmisch begrüßt und bewirtet.
Der Weg nach Osten war wieder freigekämpft! Vor den Panzerdivisionen schien es keinen Feind mehr zu geben!
Da schaltete sich wider Erwarten das OKW in die weitere Kriegführung des Heeresgruppenkommandos ein. Hitler und seine Generale hatten im fernen Führerhauptquartier in Ostpreußen plötzlich Furcht vor der Weite des russischen Raumes bekommen. Sie wollten fortan keine raumgreifenden Operationen mehr, sondern bestanden darauf, die erste Feldzugsweisung befehlsgemäß durchzuführen:

> ". . . Panzergruppe 3 die grenznahen feindlichen Kräfte in Gegend nördlich Grodno in Zusammenarbeit mit der 9. Armee durchbrechen und durch rasches Vorgehen in Gegend nördlich Minsk in Verbindung mit der von Südwesten auf Minsk vorstoßenden Panzergruppe 2 die Voraussetzung für die Vernichtung der im Gebiet um Bialystock und Minsk stehenden Kräfte schaffen!"

Die Koordinierung des weiteren Vorgehens der beiden Panzergruppen bekam Feldmarschall von Kluge übertragen; ein Feldherr, der noch in den strategischen Anschauungen des 1. Weltkrieges dachte und handelte.
Die sowjetischen Führungsstellen erkannten schnell den Zusammenbruch ihrer drei Armeen in Ostpolen. Marschall Timoschenko setzte bei Minsk ein neues Armee-Oberkommando ein (AOK 13), das den Auftrag erhielt, mit allen zur Verfügung stehenden Einheiten den Zusammenbruch der Heeresgruppe "Westlicher Militärbezirk" zu verhindern.
Mittlerweile standen die beiden deutschen Panzergruppen bereits 200 km tief in Feindesland. Während die Spitzen der Panzergruppe 3 in der Nacht des 25. Juni die Autobahn Minsk-Moskau erreichten, erkämpften sich die Panzerdivisionen des Generalobersten Guderian Bewegungsfreiheit auf der Autobahn (vom deutschen Soldaten auch "Rollbahn" genannt) Brest-Litowsk-Smolensk.
Damit hatten die beiden Panzergruppen bereits die Masse der Heeresgruppe "Westlicher Militärbezirk" im Raum Bialystock eingekesselt!
Die vorausgeprellten Panzerdivisionen schlossen selbstverständlich nur notdürftig die Umklammerung. Das OKH befahl deshalb am 25. Juni das Anhalten der beiden Panzergruppen und das möglichst rasche Aufschließen der Infanteriedivisionen.
Die Infanteristen — besonders die Verbände der 4. Armee - hatten in den zurückliegenden Tagen bereits erhebliche Marschleistungen vollbracht, die noch durch die glutheiße Sommersonne und durch den trockenen und heißen Staub der Straßen und Wege erschwert wurden.
Die einfachen Landser der Infanteriedivisionen befanden sich bereits seit mehr als 48 Stunden ohne jeden Schlaf auf den Bei-

nen. Die ersten Feldzugsnächte wurden immer wieder durch die brennenden Wälder, durch das Geschieße der Vorposten und durch das Rattern der motorisierten Nachschubkolonnen in ihrer Ruhe unterbrochen. Sobald morgens gegen 3.00 Uhr die Sonne ihre ersten fahlen Strahlen über den östlichen Horizont sandte, hieß es: "Auf! Weiter!" Die Märsche in der letzten Juniwoche waren einfach grausam. Man rückte in ein unbekanntes Gelände vor, Widerstand durch den Gegner war kaum anzutreffen, dafür machten sich die Geländeschwierigkeiten mehr und mehr bemerkbar. Die Pferde konnten kaum mehr weiter, viele von ihnen brachen einfach zusammen. Die Männer rafften sich mit letzter Kraft auf, um gegen die sengende Sonne und die Müdigkeit anzukämpfen.

Das OKH bestand an diesem 25. Juni darauf, zuerst den einmal um die sowjetischen Truppen ostwärts Bialystock geschlossenen Kessel auszuräumen, bevor der Vormarsch der gepanzerten Divisionen weitergehen sollte. Die Panzergruppen 2 und 3 mußten deshalb auf allerhöchsten Befehl stehenbleiben, um das Aufschließen der Infanteriedivisionen abzuwarten.

Marschall Timoschenko hatte inzwischen seinen eingeschlossenen Truppen den Ausbruch "mit aller Macht" befohlen. Russische Regimenter, Bataillone, Kompanien versuchten nun mit beispielloser Entschlossenheit und Todesmut durch die dünnen und weitauseinandergezogenen Ketten der Infanteriedivisionen zu stoßen.

Die volle Wucht der sowjetischen Ausbruchsversuche traf vorrangig die Kräfte des VIII. AK. (General d. Artillerie Heitz) nordwestlich von Nowogrudek und des XXXXVII. AK.mot. (General d. Panzertruppen Lemelsen) im Raum Slonim.

Das OKH setzte angesichts dieser schwierigen Situation ein neues AOK ein. Es war das AOK 2 unter Generaloberst Freiherr von Weichs, das nun verantwortlich im Abschnitt Bialystock - Nowogrudek führte, während das AOK 4 und das AOK 9 jetzt beauftragt wurden, beschleunigt die Infanteriedivisionen den bis Minsk vorgeprellten Panzergruppen nachzuführen.

Der nächste Tag brachte dann für die deutschen Führungsstellen die Gewißheit, daß die feindlichen Ausbruchversuche ziemlich zusammenhanglos und ohne jeden Plan angesetzt wurden. Die ersten Zersetzungserscheinungen machten sich auf russischer Seite bemerkbar und mehr und mehr meldeten sich Überläufer bei den deutschen Vorposten.

Das Heeresgruppenkommando befahl deshalb am Vormittag des 26. Juni, daß beide Panzergruppen so schnell wie möglich in den Raum Minsk vorzustoßen hatten, um hier einen weiteren Kessel um die Verbände der sowjetischen Heeresgruppe zu schließen.

Vom Norden her rückten noch am selben Tag fast gleichzeitig die 12. (Generalmajor Harpe) und die 20. PD. (Generalleutnant Stumpff) auf Minsk vor, während ihnen vom Süden her die 17. PD (Generalmajor von Weber) entgegenkam. Damit war ein zweiter Kessel gebildet, und die Männer der 12. PD. hißten am 27. Juni als erste deutsche Soldaten die Reichskriegsflagge in der weißrussischen Metropole Minsk.

Der Flankenschutz für diese Zangenoperation konnte naturgemäß nur notdürftigen Charakter haben, da einfach keine Kräfte vorhanden waren, um diese langgestreckten Flanken abzuschirmen. Nach Norden drehte deshalb die 20. ID. mot. (Generalmajor Zorn) ein, während nach Süden die 3. PD. (Generalleutnant Model) den Flankenschutz im Raum Sluzk übernahm. Von der Schwere gerade dieses Kampfes — 300 km ostwärts der Reichsgrenze — schilderte der Bericht dieser Berlin-Brandenburgischen Division:

"Als die Kampfwagen an dieser gefährlichen Stelle vorbei

sind und die Schützen, Pioniere, Flaksoldaten und Kanoniere folgen, wird es plötzlich im Waldgebiet von Kalista lebendig. Wie auf ein Kommando setzt von allen Seiten aus dem undurchdringlichen Dickicht ein rasendes Schnellfeuer von MG und Karabinern ein. Die Schützen werfen sich schnell von ihren Fahrzeugen in Deckung. Minuten vergehen, die unendlich lang erscheinen. Da rollen von rückwärts eigene Panzer heran. Es ist die Spitze der I./P.R. 6. Vorsichtig stoßen die Kampfwagen auf der Waldstraße nach vorn. Auch sie werden mit einem Hagel von Geschossen überschüttet, die allerdings an ihren Stahlwänden abprallen. Generalleutnant Model befindet sich inmitten dieser Gruppe. Er steht aufrecht in seinem offenen Wagen und versucht von hier aus, eine geordnete Abwehr zu organisieren. Er ruft den Kommandeur des I./S.R. 394 zu sich. Als Major Kratzenberg an den General herantritt, sinkt er schwer verwundet zusammen. Dann übernimmt Hptm. Orts das Kommando. Doch auch er bricht zusammen, von 2 Beinschüssen getroffen. Er verstirbt bald darauf auf dem Hauptverbandsplatz. Jetzt übernimmt Oblt. Frhr. v. Werthern den Befehl über das Bataillon. Vom Gegner ist nichts zu sehen, aber heftiges Feuer kommt aus dem Walde. Oblt. v. Werthern gibt den Befehl "Seitengewehr pflanzt auf" und "Sprung auf — marsch, marsch". Der Kampf mit dem gut getarnten Gegner wird von beiden Seiten mit Verbissenheit geführt. Jeder einzelne Erdhügel, hinter dem sich ein Russe verschanzt hat, muß gestürmt werden. Die Feinde wehren sich heftig und können nur im Nahkampf oder mit der Handgranate vernichtet werden. Der Wald von Kalista ist dann auch bald im Besitz des I./S.R. 394, ein großer Erfolg, der aber leider mit schweren Verlusten erkauft wurde. Lt. Berg, Lt. Nebel und Lt. Bley fallen an der Spitze ihrer Züge.

Lt. Rougemont erhält einen lebensgefährlichen Bauchschuß, wenige Stunden später wird auch er sterben. Stabsarzt Dr. Marr hat alle Hände voll zu tun."

Hinter den so weit vorgerückten Panzerdivisionen schloß sich am 28. Juni der Kessel um Bialystock endgültig. Die Frontlinien hielten von links nach rechts:

| | |
|---|---|
| VIII. AK. | mit 161., 28., 8. ID.; |
| XX. AK. | mit 256., 162., 102. ID.; |
| XXXXII. AK. | mit 87., 23. ID.; |
| VII. AK. | mit 7., 268. ID.; |
| IX. AK. | mit 137., 292. ID. |

Die 23. ID. (Generalmajor Hellmich) und Teile der 87. ID. (Generalleutnant von Studnitz) besetzten an diesem Tag Bialystock.

Im Anschluß an diese Front zwischen dem Szczara-Abschnitt und Minsk lagen 29. ID.mot. und 34. ID. des XII. AK. in Front, während um den zweiten kleineren Kessel sich die Divisionen des XVII. und XXXXIII. AK. eingeschoben hatten. Es waren dies (von rechts nach links): 31., 45., 131., 134., 78. und 17. ID.

Das Heeresgruppenkommando ordnete nun den Einsatz der bisher zurückgehaltenen Reserveverbände an, um die angespannte Lage um die Kessel und um die weit vorausstehenden Panzerdivisionen zu entlasten. So wurde das LIII. AK. beschleunigt nach Süden befohlen, während das XXXXVI. AK.mot. der Panzergruppe 2 nachgeschickt wurde.

Der Kampf im dichten und verfilzten Waldgelände im Raum ostwärts von Bialystock forderte auf deutscher Seite erste erhebliche Opfer, die erkennen ließen, daß der neue Feldzug kein "Blumenkrieg" wie ein Jahr vorher der gegen Frankreich werden würde. Die Infanteriedivisionen mußten erhebliche Verluste in Kauf nehmen. So verloren — um nur wenige Beispiele zu nennen — die 78. ID. = 340 Soldaten, die 292. ID. = 550 Soldaten, die 263. ID. = 650 Soldaten und die 137 ID. sogar fast 700 Mann!

Der Erlebnisbericht eines Kanoniers lautete u.a.:

> „Nun beginnt ein Kampf auf kürzester Entfernung. Man kann schwer schildern, was passiert. Die Russen versuchen in weiten Bogen uns einzukreisen. Wir sind nur eine Handvoll Leute. Wir schießen und schießen ... Die Russen kommen immer näher an unsere Geschütze heran. Wir geben uns schon verloren. Da feuert die hinter uns stehende 7. Batterie in direktem Schuß. Die Einschläge liegen mitten im Feind. Das war die Rettung! ...“

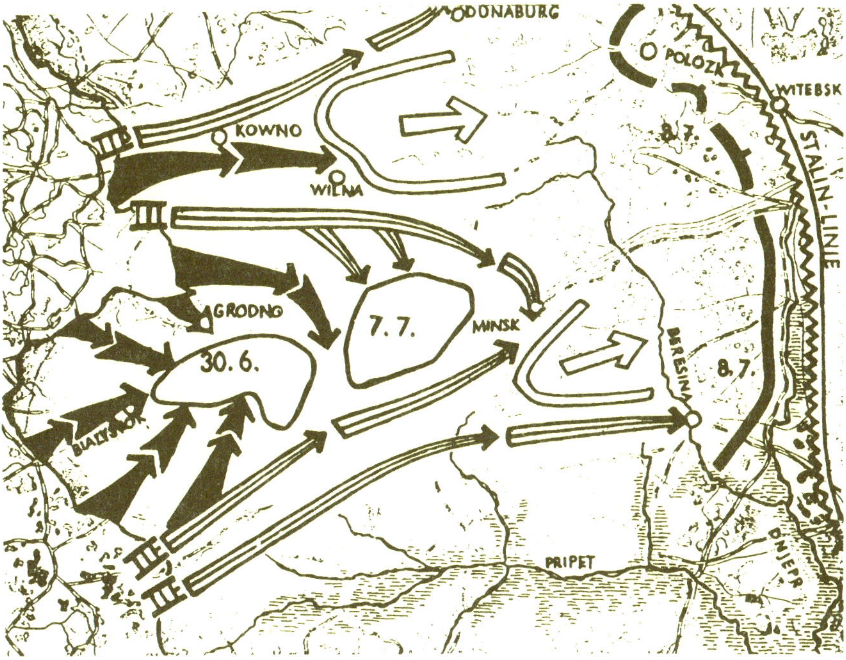


DIE GROSSE DOPPELSCHLACHT ZWISCHEN BIALYSTOK UND MINSK

# So wird eingekesselt

## Die entscheidende Tat der Vorausabteilung Niemack

**PK., 17. August**

Die einzige Lücke, die in der Schlacht von Bialystok für die eingekreisten Bolschewiken noch offen war, war der Abschnitt an der Szczara, einem Flüßchen, das zwischen Mosty und Orla von Süden her dem Njemen zueilt. Die Vorausabteilung Niemack war nach Lage der Dinge allein in der Lage, so schnell wie möglich den verzweifelt nach einem Ausweg suchenden Bolschewiken hier noch rechtzeitig den Weg zu verlegen, wobei anzunehmen war, daß weitere Teile der Division noch rechtzeitig zur Verstärkung herankommen würden.

Die Vorausabteilung Niemack stieß zunächst ihrem Auftrag entsprechend nach Süden im schnellsten Tempo vor. Feindwiderstand in Zeludeck wurde rücksichtslos gebrochen. In Orla gab es heftige Kämpfe um den Brückenkopf. Nach ihrer Beendigung drehte die Vorausabteilung nach Westen ab und stieß vor bis an die Szczara, überschritt sie aus eigenem Entschluß des Kommandeurs offensiv und konnte so auf jene Hauptrückzugsstraße der Sowjets einwirken, die in nächster Nähe an diesem Fluß entlang führte. Zwei Straßen, die von dieser Hauptstraße ab auf den Fluß zuliefen, wurden jeweils von der Vorausabteilung gesperrt und eine Brücke gesprengt. So hatte die Abteilung einen Abschnitt von nicht weniger als zehn Kilometer zu halten.

Als die Bolschewisten unter vernichtenden Verlusten erkannten, daß hier ihr Rückzug bedroht war, gingen sie zu heftigen Angriffen über. Welle auf Welle stürmte heran, und die Artillerie und Pak der Abteilung feuerte aus allen Rohren, um die Angriffe abzuwehren. Einer der Hauptangriffe wurde kurz vor dem Fluß in einem Wäldchen zum Stehen gebracht, wobei wohl kaum einer der Angreifer mit dem Leben davonkam. Inzwischen stießen Späh- und Stoßtrupps der Abteilung weit über den Fluß vor, um den Standort des Gegners festzustellen, und fügten ihm auch hierbei schwere Verluste zu. Der Gegner, der immer wieder versuchte, über die Vormarschstraße zu entkommen, wurde von dem wohlgezielten Feuer der Artillerie erfaßt, die eine B-Stelle wenige hundert Meter von der Straße, auf Höhe 132, eingerichtet hatte. Bald war es so weit, daß die Sowjetarmisten sich bei Tage nicht mehr über die Straße trauten.

Mitten in dem nahezu drei Tage währenden Kampf trat für die kühnen Angreifer der Vorausabteilung ein kritischer Augenblick ein. Die Munition ging zu Ende. Der Betriebsstoff war verbraucht, von der Verpflegung gar nicht zu reden. Bitten um Unterstützung konnten erst nach größeren Schwierigkeiten erfüllt werden. Und auch mehr als einmal sah es so ernst aus, daß man nicht wußte, ob die nächsten Stunden überstanden würden. Der Kommandeur, Rittmeister Niemack, der in Frankreich als erster die Marne erreicht hatte und dafür mit dem Ritterkreuz ausgezeichnet wurde, wurde selbst verwundet. Obwohl schon Ablösung für ihn eingetroffen war, weigerte er sich, in dieser kritischen Phase seine Abteilung zu verlassen. Endlich erhielt die völlig isolierte Abteilung durch einen Stuka-Angriff von 25 Flugzeugen einige Erleichterung.

Das offensive Vorgehen der Vorausabteilung und der unerschütterliche Entschluß ihres Kommandeurs, bis zum letzten Mann auszuhalten, zwangen die Bolschewisten endlich, ihre Angriffe einzustellen. Sie versuchten, nach Süden und dann wieder nach Osten einzubiegen. Sofort meldete die Abteilung diese neue Lage, und als die Sowjetarmisten Zdzieciol erreichten, fanden sie die wichtigen Straßenkreuzungen dieser Stadt ebenfalls von uns besetzt. Der Sieg war vollständig. Wir erinnern uns der Worte des Generals, die er in bezug auf die Lage der Vorausabteilung gebrauchte: „Er ist sehr schneidig, aber ich bin in Sorge um ihn." Die Männer der Vorausabteilung, vom Kommandeur bis zum Feldküchenkoch, hatten ihre Pflicht bis zum Letzten erfüllt. Keine Verluste konnten sie hindern, ihren Auftrag durchzuführen, ja darüber hinaus noch anzugreifen. Selbst beim Troß wurden die Männer zusammengefaßt und vorgeführt. Und am Abend des dritten Tages konnten die Infanteriekolonnen des Nachbarkorps über die Straßen marschieren, auf denen den Sowjetisten so hart zugesetzt wurde. Die Marschierer staunten nicht schlecht, was da irgendwer auf dieser Vormarschstraße angerichtet hatte. Panzer, Panzerspähwagen, schwere und leichte Geschütze, vierläufige Fla-MGs., Flakgeschütze und Fahrzeuge aller Art säumten den Straßenrand, lagen in den Feldern und am Waldrand.

Unter schweren Verlusten war der feindliche Durchbruchsversuch abgeschlagen, und stolz auf ihren Erfolg brachen die Kavalleristen, Infanteristen, Panzerjäger und Artilleristen auf, um weiter in den Osten zu stoßen. Die Erinnerung an heiße Marschtage, an heftige erbitterte Kämpfe und an manchen lieben Kameraden blieb zurück. Sie hatten ihre Räder durch grundlosen Sand geschoben, Fahrzeuge und Geschütz über schwierigstes Gelände gebracht. Kämpfend und immer wieder kämpfend waren sie den Sowjets in die verkehrte Front gestoßen und haben dann mitten in der rasenden Flut standgehalten. Wie schwer jene Minuten und Stunden waren, als nichts herankam, als schon in den Anmarschkämpfen im wichtigsten Augenblick der Funk durch Gewitter gestört war, als die Schwere Schwadron immer wieder um Verstärkung bat und der Kommandeur so gut wie nichts zur Verfügung hatte, wird ewig denkwürdig in der so stolzen Geschichte dieser Abteilung sein.

Diese Tat, eine echte Niemack-Tat möchte man sagen, reihte sich würdig an den Durchbruch der Abteilung an den Njemen an. Niemack, der Mann des kühnen selbständigen Entschlusses, hatte an der Szczara klar erkannt, daß er in der Defensive die schwächere Stellung haben würde, und obwohl mit dem Anrennen von Divisionen der Sowjets mit Bestimmtheit zu rechnen war, entschloß er sich zum Angriff, setzte sich auf wenige hundert Meter an die Rückzugsstraße heran, säte Tod und Verderben und schlug stärkste Gegenangriffe mit seiner wahrhaft hauchdünnen Linie ab. Er trug so wesentlich zum Gesamterfolg der Schlacht bei. Der Führer hat ihn mit der Verleihung des Eichenlaubes zum Ritterkreuz des Eisernen Kreuzes in die Auslese der Tapfersten und Erfolgreichsten eingereiht.

*Kriegsberichter Adolf Gerlach*

Die Schlacht zwischen Bialystock, Minsk und Nowogrudek klang Ende Juni aus. Das russische Oberkommando ernannte am 28. Juni den Oberbefehlshaber der 1. Fernöstlichen Armee, Generalleutnant Jeremenko, zum neuen Oberbefehlshaber des "Westlichen Militärbezirks". Dieser befahl noch am selben Tag seinen unterstellten Truppen:

"Halt an der Beresina und Verteidigung! Keinen Schritt zurück!"

Zwei Tage später klang die Schlacht ostwärts Bialystock aus. Wenige intakte Feindverbände hielten sich zwar noch im Abschnitt Nowogrudek-Wolkowysk. Doch nachdem sich auch dort die deutsche Abwehrfront stabilisierte, ging in der ersten Juliwoche die Schlacht zu Ende. Feldmarschall von Bock erließ am 8. Juli in seinem Hauptquartier Baranowitschi folgenden Tagesbefehl:

". . . Die Doppelschlacht von Bialystock und Minsk ist abgeschlossen. Die Heeresgruppe stand im Kampf mit drei russischen Armeen in Stärke von etwa 32 Schützendivisionen, 8 Panzer- und 6 mot.-mech. Brigaden und 3 Kavalleriedivisionen. Hiervon wurden zerschlagen: 22 Schützendivisionen, 7 Panzer-, 6 mot.-mech. Brigaden, 3 Kavalleriedivisionen.

Auch die übrigen Verbände, denen es gelungen ist, sich der Einkreisung zu entziehen, sind in ihrer Kampfkraft geschwächt.

Die blutigen Verluste des Gegners sind sehr hoch. Die Zählung der Beute und Gefangenen bis zum gestrigen Tag ergab: 287 704 Gefangene . . ., 2585 Panzer . . ., 1449 Geschütze, 245 erbeutete Flugzeuge. . . ."

Die Panzergruppen setzten ihren Vormarsch nach Osten unbeirrt fort, während noch die letzten Schüsse zwischen Bialystock und Minsk erklangen. Die Panzergruppe 3 hatte Befehl erhalten, von Minsk aus nach Nordosten zu stoßen, um hier Verbindung mit dem rechten Flügel der Heeresgruppe Nord an der Düna herzustellen, während die Panzergruppe 2 unverzüglich zum Dnjepr vorrollen mußte.

Feldmarschall von Kluge, der den Oberbefehl über beide Panzergruppen besaß, wollte die vorstoßenden Divisionen anhalten, um erneut das Aufschließen der Infanteriekorps abzuwarten; doch inzwischen hatten Vorausabteilungen beider Panzergruppen bereits Brückenköpfe über Düna und Dnjepr gebildet. Generaloberst Guderian setzte sein Flügelkorps — das XXIV. AK.mot. — über Bobruisk in Richtung Mogilew an. Die 3. und 4. PD.gewannen am Monatsende das Ostufer der Beresina. Die Kampfwagen des Panzerregiments 6 (Tauchpanzer!) durchwateten den Drut. Die dichtauffolgenden Kampfgruppen der

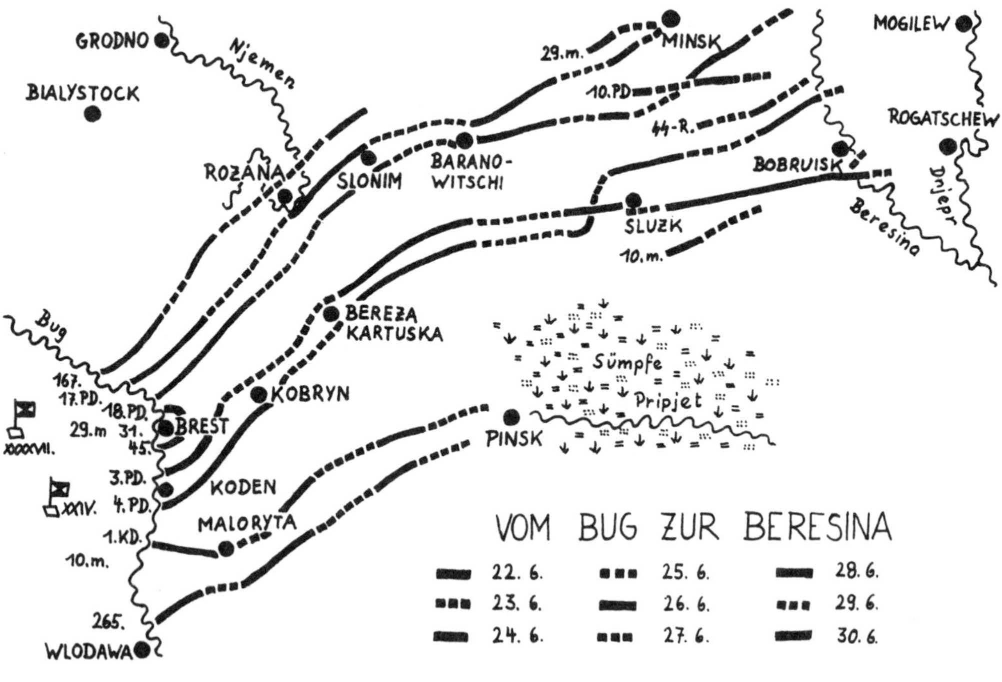

Schützenregimenter 3 und 394 stürmten Rogatschew und gingen hier über den breiten Dnjepr.
Das zweite motorisierte Armeekorps — das XXXXVII. — war von Baranowitschi aus nach Minsk durchgestoßen und griff auf und beiderseits der Autobahn Minsk-Smolensk-Moskau — später als "Rollbahn 1" Begriff für die Heeresgruppe Mitte — in Richtung Smolensk an. Die an der Spitze fahrende 18. PD. (Generalmajor Nehring — einer der ersten führenden Köpfe der jungen deutschen Panzerwaffe) konnte im Handstreich die unbeschädigte Beresinabrücke bei Borissow nehmen und stand damit dicht westlich Smolensk.
Wie es auf der Rollbahn Minsk-Smolensk aussah, berichtete ein Infanterieoffizier in einem Brief an seine Eltern:

> "Die Straße ist kilometerweit schnurgerade, aber stellenweise sehr schlecht, ganz ausgefahren. Es herrscht ein unheimlicher Verkehr.
> Fernlastzüge vor und zurück, OKH-Wagen und alles mögliche. Nachmittags die ersten Gefangenentransporte gesehen.
> Landschaftlich immer dasselbe Bild: Weite Ebenen, Roggenfelder mit wenigen vereinzelt liegenden Gehöften, dazwischen Wälder, einzelne alte Windmühlen.
> Die Sonne brennt erbarmungslos auf uns nieder. Alles weiß von Staub. Verstaubte dunkle Gesichter mit hohlen Augen.
> An der Vormarschstraße liegen sehr viele zerschossene Panzerwagen, vereinzelt Geschütze dazwischen, viele Bomben- und Granattrichter auf beiden Seiten der Straße.
> Wir und unsere Pferde sind kräftemäßig beinahe am Ende und dem Zusammenbruch nahe. . . ."

Das war die Situation für die Infanteriedivisionen, denen die motorisierten Kampfgruppen weit vorausgeeilt waren, denn noch klappte hier der Nachschub an Treibstoff. Die Panzerdi-

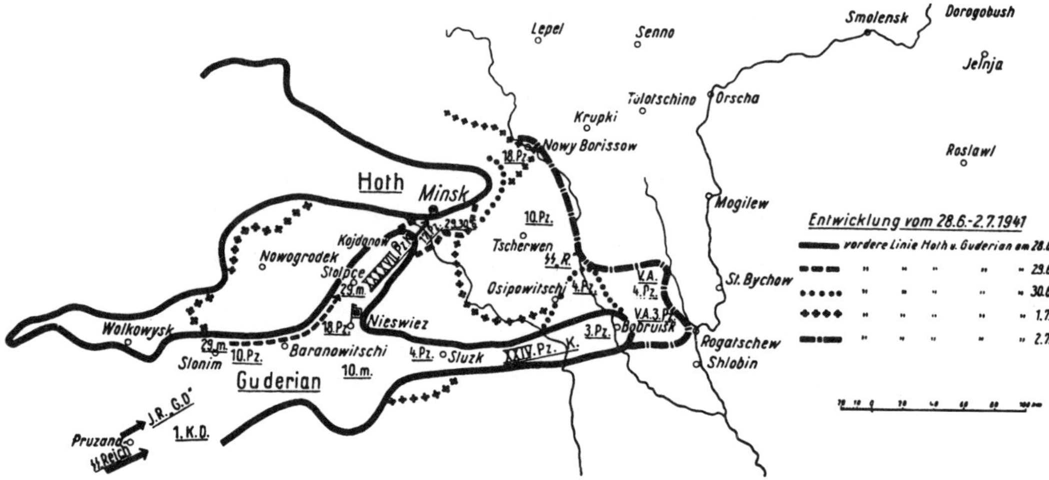


visionen waren in alter Kavalleriemanier durch die feindlichen Linien gestoßen und stürmten ohne Rücksicht auf Flankendeckung weiter. Da sich dicht hinter ihnen die russischen Kräfte wieder zusammenschlossen, mußten sich die unter Entbehrungen leidenden Infanterieregimenter buchstäblich durch den starken feindlichen Widerstand, durch Staub und Sand, Sumpf, Wald und Steppe mühsam herankämpfen.
Die im Norden stehende Panzergruppe 3 des Generalobersten Hoth hatte zwischen Minsk und Moledetschno den Weitermarsch in Richtung nach Nordosten begonnen. Hier konnte das XXXIX. AK.mot. (General d. Panzertruppen Schmidt) mit der 7. und 20. PD. bei Lepel die Beresina erreichen und überwinden. Das benachbarte LVII. AK.mot. (General der Panzertruppen Kuntzen) setzte seine 18. ID.mot. (Generalmajor Herrlein) auf Polozk und die 19. PD. (Generalleutnant von Knobelsdorff) auf die Dissna an.
Hier blieb die Panzergruppe 3 vorerst festliegen, da Marschall Timoschenko vorausschauend den Abschnitt zwischen Polozk und Orscha stark befestigen ließ und neue Armeen in diesen

Mitte Juli entbrannte die Schlacht um Smolensk, in der sechs deutsche Divisionen zwölf russische Divisionen eingeschlossen hatten. Schützenpanzer (oben) und durch Kampfwagen unterstützte motorisierte Verbände (unten) schlossen eilig in den Raum Smolensk auf.

Als Mitte August der erste längere Regen einsetzte, verwandelte sich das Land zwischen den Pripjetsümpfen im Süden und Welikije Luki im Norden in eine Wüste aus Schlamm und Modder. Die motorisierten Verbände blieben stecken, Material und Menschen steckten im Sumpf – ein neuer Gegner war aufgetreten, an den niemand gedacht hatte: Schlamm . . .

Die Panzergruppe 3 nahm in der letzten Augustwoche Welikije Luki und sicherte damit ihre Nordflanke (oben). Dann traf der Befehl der Heeresgruppe ein: "Alle Bewegungen einstellen . . .", denn inzwischen hatte die Schlacht um Kiew ihren Anfang genommen. Hier waren die 2. Armee und Panzergruppe 2 beteiligt, während die 4. Armee in der Frontmitte heftig um den Besitz von Jelnja (Bild unten) stritt.

Die russischen Streitkräfte ergriffen an vielen Stellen die Initiative. Ihre Angriffe endeten stets mit blutigen Verlusten (oben); doch ebenso blutig waren die Verluste der armen russischen Bevölkerung, die zwischen die Fronten geriet und sich seit Wochen auf der Flucht befand (unten).

In den frühen Morgenstunden des 22. Juni 1941 setzten Sturmpioniere die ersten Infanteriestoßtrupps mit Sturmbooten und Fähren über den Bug südlich von Brest-Litowsk.

Nach Bildung erster Brückenköpfe und Überwindung stärksten Feindwiderstandes faßten Infanteriekompanien zu und bildeten Brückenköpfe für die motorisierten Truppen, die bereits am ersten Kriegstag auf staubbedeckten Straßen bis zu 100 km weit nach Osten vorstießen.

Vorausabteilungen der Panzergruppen 2 und 3 erreichten bereits am 7. Tag des Feldzuges die weißrussische Hauptstadt Minsk. Das obere Bild zeigt die Wahrzeichen der neuen sowjetischen Machthaber im Zentrum der Stadt: Betonierte Hochhäuser der Parteidienststellen direkt neben den armseligen Wohnblocks der Arbeiterfamilien, die noch aus der Zarenzeit stammen. Bild unten: Kurz nach der deutschen Besetzung begann das zivile Leben neu zu pulsieren. Im Hintergrund eine der Kathedralen der Stadt.

Die motorisierten Divisionen schlossen zwischen Bialystock im Westen und Nowogrudek im Osten die Masse der sowjetischen Heeresgruppe "Westlicher Militärbezirk" ein. Gegen die energischen und mit Fanatismus geführten Ausbruchsversuche hatten die deutschen Infanteriedivisionen einen schweren Stand. Das mittlere Bild zeigt Soldaten der Waffen-SS mit einem erbeuteten russischen MG im Abwehrkampf.

Die erste große Kesselschlacht des Ostfeldzuges klang am 5. Juli aus. Die Verluste der "Roten Armee" waren enorm. Neben Tausenden von Toten fielen über 280 000 Sowjets als Gefangene in deutsche Hand. Das Schlachtfeld wurde noch monatelang von den Trümmern der zerschlagenen Sowjetarmeen bedeckt.

Die fliegenden Verbände der Luftflotte 2 waren in den ersten Feldzugswochen den russischen Luftgeschwadern weit überlegen. Neben Kampf-, Jagd-, Aufklärungsflugzeugen waren auch Transportstaffeln mit den Maschinen vom Typ "Ju-52" eingesetzt, um Menschen, Waffen, Lebensmittel nach vorn mitzunehmen oder Verwundete (Bild) zurückzufliegen.

Die sowjetische Luftwaffe verzeichnete in den ersten Wochen schwere Rückschläge. Allein am ersten Kriegstag wurden 528 Maschinen am Boden zerstört und 210 in Luftkämpfen abgeschossen. Nach der Kesselschlacht von Bialystock wurden noch einmal 245 Feindmaschinen erbeutet.

Raum verschob. Hier allein faßten vier russische Armeen — 19. (Generalleutnant Konjew, der spätere Marschall), 20. (Generalmajor Kurotschkin), 21. (Generalleutnant Jefremow) und 22. Armee (Generalmajor Jershakov) — Fuß, während sich die 16. Armee (Generalleutnant Lukin) westlich Smolensk als Reservearmee bildete.

Die sowjetische Führung setzte außerdem in den ersten Julitagen eine weitere Waffe ein, gegen die deutsche Abwehrmöglichkeiten vorerst gar nicht existierten. Die 1. motorisierte Schützendivision der "Roten Armee" griff bei Borissow mit einem neuen Kampfwagentyp an, der bis dahin von der deutschen Aufklärung überhaupt noch nicht festgestellt worden war. Es handelte sich um den "T-34", der zum Schrecken des "Landsers" in den nächsten Kriegswochen werden sollte, weil ihm nur die 8,8 cm-Flakgeschütze Paroli bieten konnten!

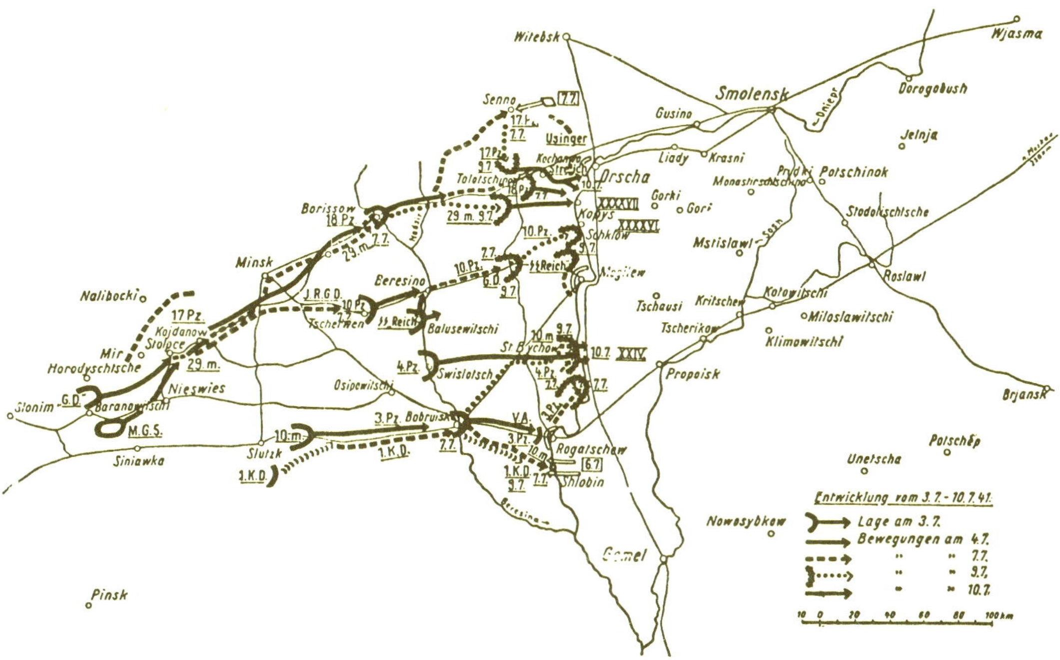

So blieb plötzlich im Nordabschnitt der Heeresgruppe die Front stehen; die Mitte lag ja noch weit im Westen zurück — und auf einmal stockte auch der weitere Angriff nach Süden. Die Panzergruppe 2 kam zwar bis nach Schlobin, aber weiter nicht, denn plötzlich waren auch hier russische Panzer- und Infanteriekräfte zum Gegenangriff übergegangen. Im Bericht einer Panzerdivision klingt die Schwere der Schlacht an:

> "Die 4./P.R. 6 (Oblt. v. Brodowski) fährt mit höchster Geschwindigkeit auf einer Straße, die keine Karte verzeichnet, direkt auf Schlobin vor. Die Kompanie durchbricht geschlossen einen Pakriegel, da ein Abweichen von der Straße nicht möglich ist. So rollt nun Panzer hinter Panzer in das immer stärker werdende feindliche Abwehrfeuer auf Schlobin. Die russischen Geschütze sind kaum zu erkennen, dazu haben sich auch einzelne Kampfwagen in dem hohen Kornfeld so gut getarnt, daß ihr Feuer auf kürzeste Entfernung in die 4./P.R. 6 bricht. Der erste deutsche Panzer fährt sich fest, der zweite läuft auf eine Mine, die nächsten 3 werden von russischen Kampfwagen zusammengeschossen. Die Infanterie ist zurückgeblieben und wird von weittragender Artillerie des Feindes am Vorwärtskommen gehindert. Die Sowjets vereinigen ihr Abwehrfeuer auf die vorgeprellten Kampfwagen der 4./P.R. 6. Die Kompanie besaß beim Antreten am Morgen 13 Panzer. Nun bleibt einer nach dem anderen im Feuer und Rauch liegen. Lt. v. Wedel fällt, kurz darauf auch Lt. Busse. Der Kompaniechef wird schwer verwundet. Oblt. v. Brodowski stirbt wenige Tage später an den erlittenen Brandverletzungen. Mit ihm fallen 22 weitere Unteroffiziere und Mannschaften. 36 andere tragen zum Teil schwere Verwundungen davon. Nur 3 eigene Panzer kehren von diesem Todesmarsch der 4./P.R. 6 zurück!"

Glücklicherweise konnte jetzt die 4. PD. (Generalmajor Frei-

Witebsk
Smolensk
Orscha
Mogilew
Borissow
Gorki
Mstisslawl
Lepelj
Cholopenitschi
Bobr
Krupki
Tolotschino
Schkloff
Kopyssj
Dubrowno
Ljady
Rudnja
Demidoff
Beresino
Pogost
Bychoff
Tscherikoff
Kritschew
Chotowish
Krasnoje
Gebiet Mogilew
Fl. Beresina
Fl. Drut
Fl. Pronja
Fl. Ulla
Fl. Bobr
Fl. Ssosh
Fl. Ressta
Fl. Dolshanka
Fl. Ladwa

herr von Langermann und Erlencamp) nordostwärts von Bobruisk den Dnjepr überwinden und Raum nach Osten gewinnen. Damit war an diesem Flußabschnitt vorerst die neue sowjetische Offensive zum Stehen gebracht.
Doch schlimmer sah es am Südflügel der Heeresgruppe aus, da hier die 2. Armee des Generalobersten Freiherr von Weichs direkt ins Leere stieß.
Das rasante Vordringen der Panzergruppen in den ersten drei Feldzugswochen hatte im Abschnitt der Heeresgruppe Mitte weiten Raum nach Osten gewonnen. Die im Süden benachbarte Heeresgruppe Süd des Feldmarschall von Rundstedt war aber an ihrem Nordflügel nicht vorangekommen. Hier schoben sich die sumpfigen und mit dichten Urwäldern verfilzten Pripjetsümpfe wie ein Keil in die Nordfront der 6. deutschen Armee des Feldmarschalls von Reichenau, die nicht gegen den fanatischen Widerstand der 5. Sowjetarmee ankam.
Das AOK 2 mußte nun Sorge tragen, daß der von Tag zu Tag länger werdende Südflügel der Heeresgruppe Mitte entsprechend geschützt wurde. Das XXXXIII. AK. (General d. Infanterie Heinrici) wurde mit der Lösung dieser Aufgabe betraut und versuchte, möglichst schnell den Raum zwischen Bobruisk und Sluzk abzudecken. Dagegen hatte sich das nach rechts benachbarte Höhere Kommando XXXV (Generalleutnant Kaempfe) mit seinen beiden Infanteriedivisionen frontal durch die weiten Pripjetsümpfe zu kämpfen.
Es kam in der ersten Juliwoche an der gesamten Front der Heeresgruppe Mitte zu schweren anhaltenden Kämpfen, bei denen zum erstenmal gewonnenes Gelände aufgegeben werden mußte. Doch schließlich gewannen die deutschen Verbände dank der Wendigkeit der Führung, der Überlegenheit der Waffentechnik und der Kampferfahrung der Truppe die Oberhand -und es ging wieder vorwärts!

Die Panzergruppe 3 brach eine Lücke in der sowjetischen Front auf und rückte nun überall zur Düna vor. Die See-Enge bei Sebesh wurde durchschritten und am 8. Juli setzte die 20. PD. als erste Division der Panzergruppe über die Düna bei Ulla, westlich von Witebsk. Zwei Tage später war auch die 7. PD. übergegangen und hatte Witebsk genommen.
Die Heeresgruppe Mitte stand kurz vor der Gewinnung ihres ersten operativen Ziels: Die Landbrücke von Smolensk!
Die beiden übrigen Heeresgruppen — Heeresgruppe Nord unter Feldmarschall Ritter von Leeb und Heeresgruppe Süd unter Feldmarschall von Rundstedt — standen in der ersten Juliwoche noch weit vor ihren eigenen operativen Zielen. Damit ergab sich die strategische Situation, daß die Heeresgruppe Mitte allein weit nach Osten vorgeprellt war, ohne daß entsprechende Verbindung und damit Sicherheit für die Flanken zu den Nachbarn existierte.
Das OKH erkannte diese Lage, die sich insofern verschlimmert hatte, da es der russischen Führung gelungen war, die Kräfte der "Roten Armee" zwischen Ostsee und Schwarzem Meer nicht nur zum Stehen zu bringen, sondern auch zu verstärken. Der Chef des Generalstabes des Heeres, Generaloberst Halder, bemerkte am 12. Juli:

> "Ich hänge durchaus nicht an dem Gedanken des Weitereilens der beiden Panzergruppen nach Osten. Ich kann mir sehr wohl vorstellen, daß Hoth mit erheblichen Teilen nach Norden eindrehen muß, um die neu entstehende 19. Sowjet-Armee und die russische Gruppe Newel im Rücken zu fassen; und Guderian nach Süden eindrehen muß, um den an seinem Südflügel auftretenden Feind einzukesseln, vielleicht sogar darüber hinaus in den Bereich Kiew herunterzustoßen. . ."

Von "Moskau" wurde Mitte Juli nicht mehr gesprochen . . .

# 40 000 Gefangene – 600 Geschütze erbeutet – 2233 Sowjet-Panzer außer Gefecht – 4107 Sowjet-flugzeuge vernichtet

## Riesige Mengen von Pak- und Flakgeschützen, Maschinengewehren, Gewehren u. Kraftfahrzeugen in unsere Hand gefallen

*In einer Reihe von zwölf Sondermeldungen aus dem Führerhauptquartier gab das Oberkommando der Wehrmacht im Laufe des Sonntags die gewaltigen Ergebnisse bekannt, die der Feldzug im Osten dank der vorbildlichen Zusammenarbeit aller Wehrmachtsteile und der hingebenden Tapferkeit der deutschen Soldaten in den ersten Tagen erbracht hat. Die letzte Sondermeldung, in der sich der ganze Umfang der Erfolge am deutlichsten widerspiegelt, hatte folgenden Wortlaut:*

## Letzte Sondermeldung

**Die einleitenden Operationen gegen Sowjetrußland haben in der kurzen Zeit vom 22. bis 27. Juni 1941 zu Ergebnissen geführt, die trotz der Unmöglichkeit, die Beute schon jetzt auch nur annähernd zu erfassen, gewaltige sind.**

**Außer den schwersten blutigen Verlusten des Feindes sind schon in den ersten Tagen mehr als 40 000 Gefangene in unsere Hände gefallen.**

**Über 600 Geschütze wurden bisher als Beute gezählt.**

**2233 Panzerkampfwagen, darunter 46 schwerste Panzer von 52 Tonnen Gewicht, sind teils vernichtet, teils erbeutet. Dazu kommen gewaltige Mengen an Panzerabwehr- und Fliegerabwehrgeschützen sowie Maschinengewehre, Gewehre, Kraftfahrzeuge usw.**

**Diese Zahlen erhöhen sich stündlich. Sie werden aber gewaltig anschwellen nach den Kapitulationen oder der Vernichtung der jetzt eingeschlossenen sowjetrussischen Armeen.**

**Die deutsche Luftwaffe hat der sowjetrussischen Armee die in diesem Krieg bisher vernichtendste Niederlage zugefügt. Durch Jäger, Kampfflugzeuge und Flak wurden in der Luft und auf der Erde in sieben Tagen 4107 Sowjetflugzeuge vernichtet. Demgegenüber halten sich unsere eigenen Verluste in mäßigen Grenzen. Im gleichen Zeitraum hat unsere Luftwaffe 150 Flugzeuge verloren. Die Überlegenheit des deutschen Fliegers sowie des deutschen Materials ist eine turmhohe.**

**Diese gewaltigen Zahlen an Flugzeugen, Panzerkampfwagen und sonstigem Material, deren Vernichtung oder Erbeutung der vorbildlichen Zusammenarbeit der deutschen Wehrmacht zu verdanken ist, geben aber ein eindrucksvolles und überraschendes Bild von der Größe der Gefahr, die sich im Osten an der Grenze des Reiches zusammengebraut hatte.**

**Es ist wahrscheinlich gerade noch in letzter Stunde gelungen, den mitteleuropäischen Raum vor einer Invasion zu bewahren, deren Folgen unübersehbare gewesen sein würden.**

**Das deutsche Volk ist seinen tapferen Soldaten wahrhaft zu tiefstem Dank verpflichtet.**

# Schlacht von Smolensk

"Nördlich des ost-westlichen Laufstücks des Dnjepr bei Smolensk beginnt ein trockener und leicht kuppiger Höhenrücken, der nördlich an Moskau vorbeizieht. Im Westen bis 100 km breit, jedoch im Süden mit dem Höhengebiet der Zentralrussischen Höhe eng verwachsen, verschmälert er sich allmählich gegen Osten hin, ist dort aber schärfer gegen Norden und Süden abgesetzt. Nördlich von Moskau hat er als eigentlicher Höhenrücken nur noch eine Breite von 30 — 40 Kilometern und noch schmäler wird er weiterhin gegen Nordosten. Dort sendet die Wolganiederung unterhalb Kalinin entlang des Nerlflusses einen Vorsprung gegen Perejasslawl vor, während von diesem Raum aus auch gegen Osten hin ein anderer Fluß namens Nerl zur unteren Kljasma zieht. Die unmerkliche Ausprägung der Wasserscheide kommt in der Namensgleichheit der beiden Flüsse zum Ausdruck. Hier endet der eigentliche Moskau-Smolensker Rücken. Doch tritt unmittelbar dahinter in der Platte von Rostow eine Landschaft ganz gleicher Art entgegen.

Im westlichen Abschnitt, nördlich von Smolensk, zeichnet sich die Landschaft noch durch größere Kuppigkeit aus. Dann beginnt aber vom Wopfluß an (rechter Zufluß des Dnjepr) die Landschaft nur noch langwellige Oberflächenformen aufzuweisen. Das kuppige Relief tritt ganz zurück. Lange Stufen sind vielfach eingeschaltet und führen zu den Flußtälern hinab.

Der östliche Abschnitt, der auch als Rücken von Klin-

Dmitrow bezeichnet wird und nördlich von Moskau liegt, zeigt besonders klar die Eigenarten der Landschaft des Höhenrückens. Mit breiten Stufen erhebt er sich aus der im Norden gelegenen weiten Niederung der oberen Wolga. Die einzelnen Rücken liegen dann durchweg über 200 Meter. Auf ihren breiten Flächen herrscht vielfach dichter Wald, der aber überall von einer großen Zahl meist kleiner Ackerbauinseln durchbrochen ist. Verhältnismäßig tief, 100 — 200 Meter, sind die Täler eingeschnitten. Aber der Abfall zu den Talauen wird in der Regel sehr gemildert durch die Einschaltung von einzelnen Stufen. Alle größeren Täler, so besonders das Tal der Istra, der Lutosna, der Jachroma (gegen Norden) und das der obersten Kljasma (gegen Süden) sind gut besiedelt und stellen offene Landschaften dar."

Das war die Bezeichnung, die das OKH im Jahre 1940 in einem Geheimwerk mit dem Titel "Wehrgeographischer Atlas der Sowjetunion" niederschreiben ließ über das Gebiet, auf dem nun eine mehrwöchige Schlacht toben sollte, die die Heeresgruppe Mitte vom zügigen Vormarsch in Richtung Moskau abhielt.

Zwar tönten am 13. Juli die Fanfaren des "Großdeutschen Rundfunks" zu einer Sondermeldung, die die Worte brachte:

"... ist die Stalin-Linie in kühnem Ansturm an allen entscheidenden Stellen durchbrochen!"

Diese sogenannte "Stalin-Linie" gab es praktisch vor Beginn des Ostfeldzuges überhaupt nicht. Ihre Anlagen wurden erst gebaut und waren noch im Bau begriffen, als sich die Panzerregimenter der Heeresgruppe Mitte bereits 300 km tief auf dem Boden der Sowjetunion befanden.

Die Moskauer Regierung ordnete in der letzten Juniwoche drakonische Maßnahmen an, um entlang der Flüsse Düna, Beresina und Dnjepr eine notdürftige Verteidigungsstellung mit Bunkern, Panzersperren, Drahthindernissen, Straßenbarrikaden und zur Sprengung vorbereitete Brücken anzulegen. Hierzu wurde rigoros unter dem Befehl der örtlichen Parteidienststellen die Bevölkerung der Städte und Dörfer ohne Rücksicht auf Geschlecht und Alter herangezogen.

Generalissimus Stalin verwies in seiner ersten Ansprache im Moskauer Rundfunk nach Kriegsbeginn am 3. Juli darauf:

> "Es geht also um Leben und Tod des Sowjetstaates, um Leben und Tod der Völker der Sowjetunion; es geht darum, ob die Völker der Sowjetunion frei sein oder in Versklavung geraten sollen. Es ist notwendig, daß die Sowjetmenschen das verstehen und aufhören, sorglos zu sein, daß sie sich selbst mobilisieren und ihre ganze Arbeit auf den Krieg umstellen, daß sie auf eine neue Art arbeiten, die kein Erbarmen mit dem Feind kennt!"

Marschall Timoschenko, der Oberbefehlshaber der "Roten Armee" im Mittelabschnitt der Ostfront, erkannte klar und deutlich nach der Gewinnung der Düna und des Dnjepr durch die Panzergruppen 2 und 3, daß es jetzt um Sein und Nichtsein vor Moskau ging. Er übernahm am 10. Juli den Oberbefehl über die aus allen Armeen des mittleren Frontabschnitts gebildete Heeresgruppe "Westfront". Als politischer Kommissar wurde ihm vom Zentralkomitee der KPdSU Genosse Bulganin zugeteilt, der später Staatspräsident der UdSSR werden sollte.

Die neugebildete und neuorganisierte Heeresgruppe "Westfront" gliederte sich am 10. Juli 1941 wie folgt von rechts nach links:

| | |
|---|---|
| 22. Armee | (Generalmajor Jershakov) mit LI. und LXII. Schützenkorps; |
| 20. Armee | (Generalleutnant Kurotschkin) mit II., XX., LXIX. Schützen-, V. und VII. mechanisierten Korps; |
| 19. Armee | (Generalleutnant Konjew) mit XXXXIII. Schützenkorps; |
| 13. Armee | (Generalleutnant Gerassimenko, ab 14.7.) mit XX. mechanisierten Korps; |
| 21. Armee | (Generaloberst Kusnezow) mit LXIII., LXVI. und LXVII. Schützenkorps; |
| 16. Armee | (Generalleutnant Lukin) mit verschiedenen Milizverbänden, die sich noch in Aufstellung befanden. |

Generalleutnant Lukin hatte den Auftrag aus Moskau erhalten, mit seiner 16. Armee die Landbrücke von Smolensk in Verteidigungszustand zu versetzen. Zur Verstärkung dieser Maßnahmen bildete das russische Oberkommando die Heeresgruppe "Zentralfront", die Generaloberst Kusnezow erhielt. Ihm unterstanden jetzt die 13. und 21. Armee der bisherigen Heeresgruppe "Westfront". Diese beiden Armeen richteten sich zur Verteidigung zwischen Beresina und Dnjepr ein.
Schließlich wurde aus Schützenkorps und Panzerbrigaden der asiatischen Militärbezirke noch eine weitere Heeresgruppe aufgestellt, die den Namen "Reservefront" erhielt. Generalleutnant Bogdanow, der Oberbefehlshaber, verfügte von Nord nach Süd über die 29. Armee im Raum Ostaschkow, 30. Armee im Raum Welikije Luki, 24. Armee im Raum Wjasma, 28. Armee im Raum Brjansk und über 31. und 32. Armee im Raum Moskau.

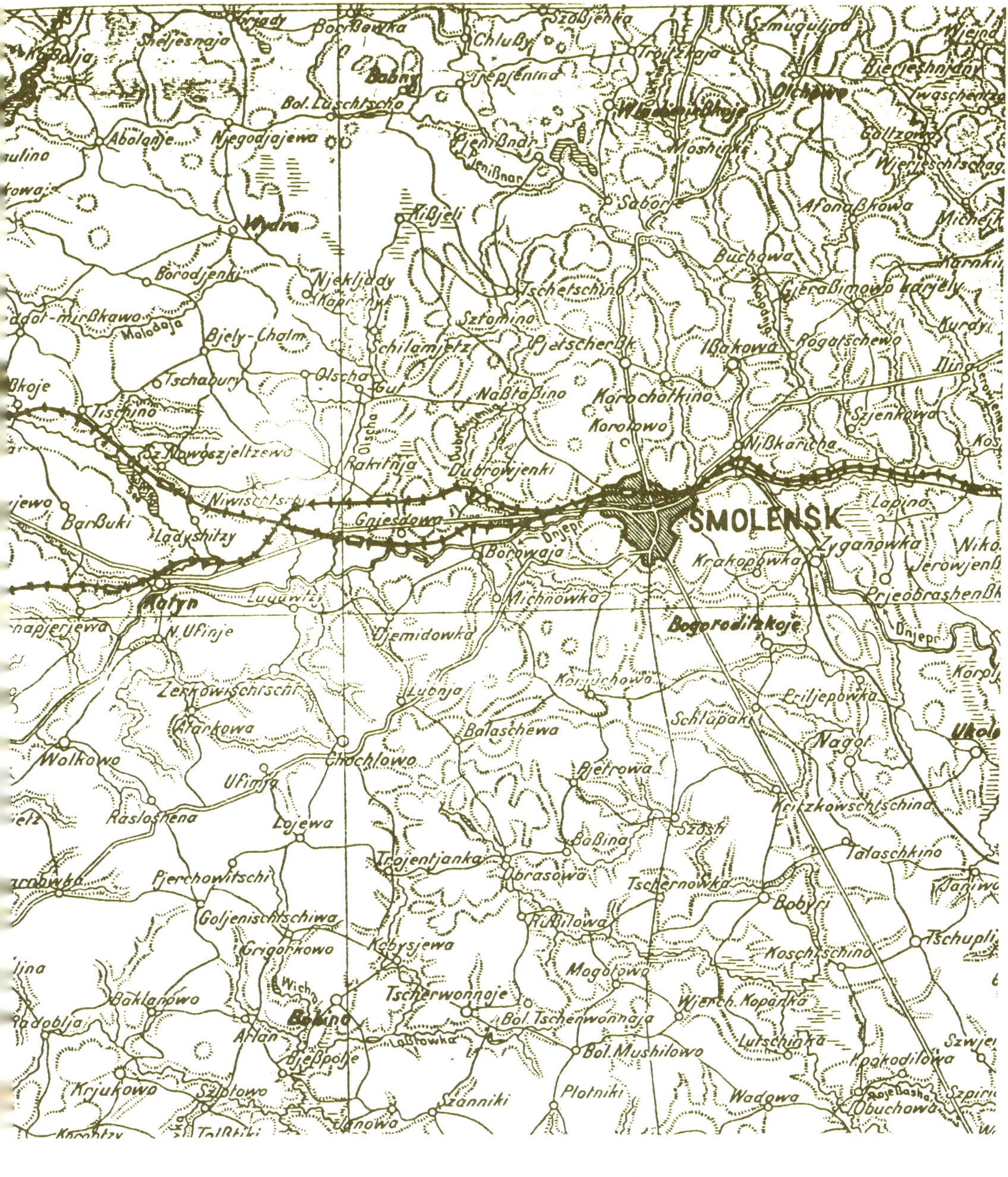
SMOLENSK
Chlußy
Bobny
Abolonje
Wydra
Borodjenki
Molodaja
Bjely-Chalm
Tschabury
Tischino
Olscha
Kißjeli
Tschetschino
Sztomino
Naßtaßino
Korochotkino
Korolowo
Dubrowjenki
Rakitnja
Gniesdowo
Dnjepr
Borowaja
Ladyshitzy
Katyn
N. Ufinje
Michnowka
Djemidowka
Bogoroditzkoje
Zyganowka
Lapino
Nißkaricha
Szjenkowa
Rogatschewo
Ißakowa
Buchowa
Sabore
Olchowo
Lubnja
Chochlowo
Wolkowo
Ufinja
Lojewa
Balaschewa
Schlapaki
Priljepowka
Nagot
Pjetrowa
Obrasowa
Trojentjanka
Pjerchowitschi
Goljenischtschiwa
Grigorkowo
Kobysjewa
Baklanowo
Babino
Arlan
Tscherwonnoje
Bol. Tscherwonnaja
Bol. Mushilowo
Mogolowo
Tschernowka
Bobyri
Talaschkino
Tschupli
Koschtschino
Wjerch. Kopanka
Lutschinka
Krjukowo
Plotniki
Wadowa
Obuchowa

Dieser noch weit zurückstehenden Heeresgruppe wurde befohlen, so rasch wie möglich eine weitere Verteidigungsstellung aufzubauen und die Sicherung für die Hauptstadt der Sowjetunion zu gewährleisten. Zur Verschleierung dieser Maßnahmen ordnete die STAVKA — das Oberkommando der "Roten Armee" — Gegenangriffe der Armeen an: Die Heeresgruppe "Westfront" hatte Witebsk zurückzuerobern und den Raum zwischen Gorodok und Orscha freizuhalten; die Heeresgruppe "Zentralfront" sollte die Panzergruppe 2 nicht über den Dnjepr kommen lassen. Die Masse beider Heeresgruppen mußte sich zu einem Gegenangriff im Raum westlich von Smolensk bereitstellen.
Der erste gewaltige Gegenangriff der "Roten Armee" nahm am 13. Juli seinen Anfang und richtete sich gegen die vorgeprellten Panzergruppen der Generaloberste Guderian und Hoth. Die 4. Armee des Feldmarschalls von Kluge und die 9. Armee des Generalobersten Strauß standen derzeit noch weit zurück, während sich die 2. Armee des Generalobersten Freiherr von Weichs mühsam durch das gewaltige Pripjetgebiet kämpfte.
Der Angriff der sowjetischen Heeresgruppe "Zentralfront" traf bereits am ersten Tag die drei Korps der Panzergruppe 2 bei ihrem Aufmarsch am Dnjepr schwer. An diesem Tag stand das XXIV. AK.mot. (General d. Panzertruppen Freiherr Geyr von Schweppenburg) gerade beim Übergang des Flusses im Raum Star Bychow. Das links davon vorgehende XXXXVI. AK.mot. (General d. Panzertruppen von Vietinghoff) erreichte mit seiner Spitzendivision — SS-PD. "Das Reich" (SS-Gruppenführer Hausser) — den Dnjepr bei Schklow. Das südlich der großen Rollbahn angreifende XXXXVII. AK.mot. (General d. Panzertruppen Lemelsen) stand im Begriff, zwischen Orscha und Kopys einen ersten Brückenkopf zu bilden.

Der russische Angriff stieß gerade mit voller Wucht auf die erste Division dieses Korps. Es war die 17. PD. des Generalmajors Ritter von Weber. Die Division mußte zwar über den Dnjepr zurück; doch ließ den Gegner selbst nicht über den Fluß. Die Panzerdivision schoß dabei den 500. Feindpanzer in ihrer kurzen Geschichte ab. Ihr General selbst wurde schwer verwundet und starb als einer der ersten Divisionskommandeure des Ostfeldzuges wenige Tage später.
Gerade als sich die Panzergruppe 2 dazu anschickte, selbst wieder zum Angriff überzugehen, wurde sie von der 13. Sowjetarmee gepackt, die sogar bis Mogilew vordrang und einen tiefen Keil zwischen XXXXVI. und XXXXVII. AK.mot. trieb. Glücklicherweise trafen in diesen Tagen die ersten aus dem Westen aufgeschlossenen Infanteriedivisionen am Dnjepr ein. Es waren die Vorauskampfgruppen des VII. AK. des Generals d. Artillerie Fahrmbacher.
Die Männer der vier Divisionen — 7., 15., 23. und 78. ID. — stammten aus allen Teilen des Reiches. Es waren Bayern, Hessen, Preußen und Württemberger, die trotz Erschöpfung mit Bravour gegen die fanatisch kämpfenden Rotarmisten vorgingen. Es entwickelte sich eine Teilschlacht um Mogilew, die noch bis Ende des Monats Juli dauern sollte. Dann konnten die Regimenter der 15. ID. (Generalleutnant Hell) die Stadt besetzen.
Doch mittlerweile tobte zwischen Witebsk im Norden und Gomel im Süden die Schlacht um Smolensk, an der von deutscher Seite die Masse der Panzergruppe 2 und der 4. Armee beteiligt waren. Langsam aber stetig hatten sich die Infanteriedivisionen nach Osten vorangekämpft und brachten den weit vorgeprellten Panzerdivisionen fühlbare Entlastung, die nun zum eigenen Angriff wieder frei wurden.
Damit begann die zweite Phase der Schlacht.

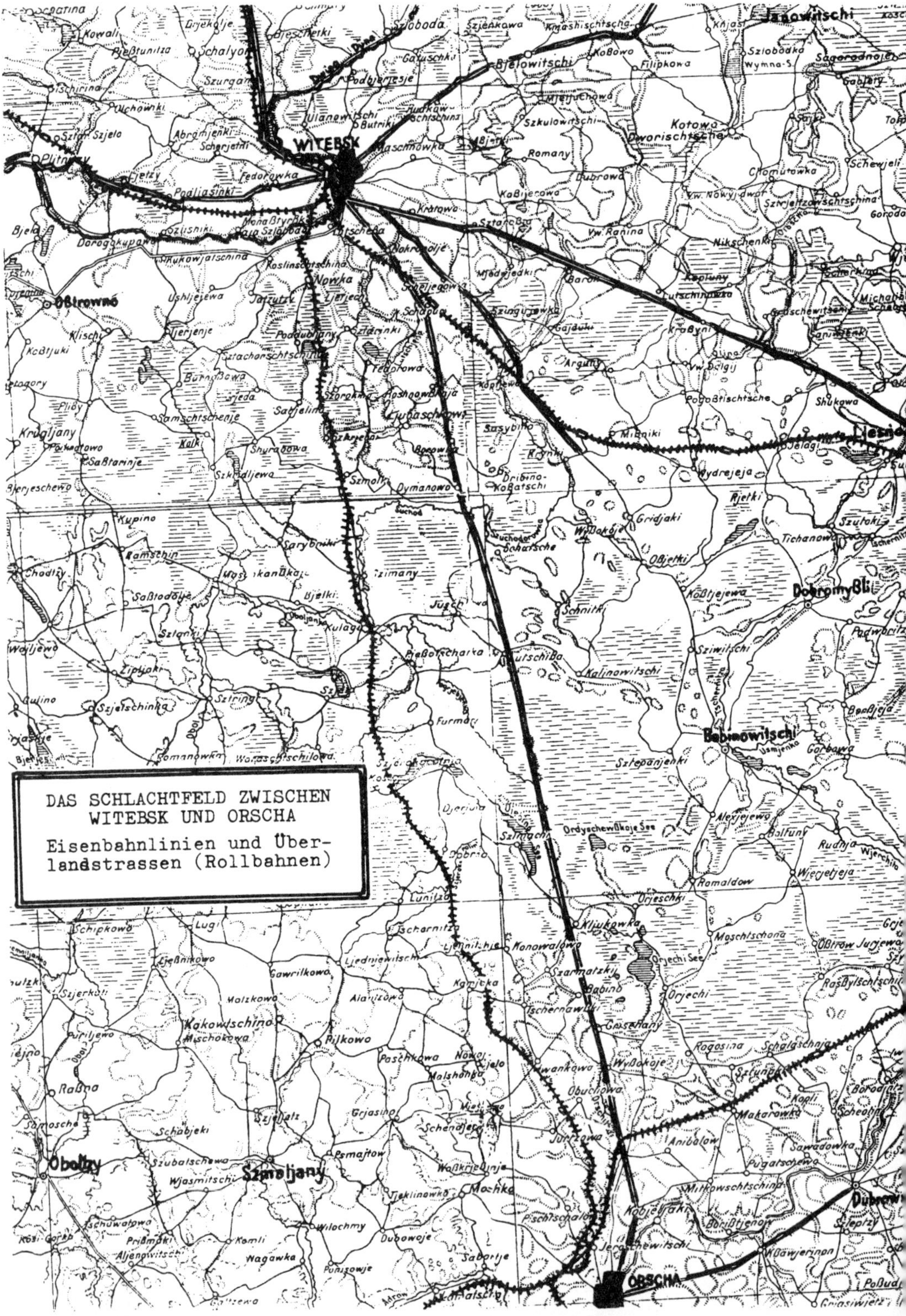


DAS SCHLACHTFELD ZWISCHEN WITEBSK UND ORSCHA

Eisenbahnlinien und Überlandstrassen (Rollbahnen)

Die Panzergruppe 3 — im Norden der Front — schob ihr LVII. AK.mot. (General d. Panzertruppen Kuntzen) langsam an Newel heran, um Verbindung zur Heeresgruppe Nord zu halten. Das XXXIX. AK.mot. (General d. Panzertruppen Schmidt) hatte nach dem Zurückwerfen der angreifenden Sowjets ostwärts Witebsk Boden nach Osten gewonnen. Jetzt waren auch die beiden Infanteriekorps der Panzergruppe heran, die fühlbare Entlastung brachten. Das VI. AK. (General d. Pioniere Förster) wurde mit 6. und 26. ID. nordwestlich Witebsk zwischen beiden motorisierten Korps zum Stoß nach Nordosten angesetzt, während das V. AK. (General d. Infanterie Ruoff) mit 5. und 35. ID. südlich Witebsk einrückte.
Die 4. Armee (Feldmarschall von Kluge) hatte Mitte Juli endgültig zur Panzergruppe 2 aufgeschlossen. Sie schob von rechts nach links ihre Armeekorps wie folgt ein: XIII. AK. (General d. Infanterie Felber) bei Schlobin, VII. AK. (General d. Artillerie Fahrmbacher) zwischen XXIV. und XXXXVI. AK. mot. Das IX. AK. (General d. Infanterie Geyer) griff noch in die Schlacht bei Mogilew ein und brach dann nach Nordosten zum Weitermarsch vor. Die 137. ID. (Generalleutnant Bergmann) übernahm die Stellungen der 17. PD. (Generalmajor Ritter von Thoma) bei Orscha und machte diese Division zur neuen Verwendung frei.
Das XXXXVII. AK.mot. stieß sofort los. Die an der Spitze stehende 29. ID.mot. (Generalleutnant von Boltenstern) erhielt den Befehl, ohne Rücksicht auf Flankendeckung direkt auf Smolensk vorzugehen. Die Infanteriestoßtrupps gelangten wirklich noch bis zum Abend des 15. Juli in die südwestlichen Vororte der Stadt. Der Erlebnisbericht eines Mitkämpfers vom nächsten Tag lautete:

"Nachdem die Nacht ruhig verlaufen war, traten wir um 4.00 Uhr an. Die Bataillone waren zu selbständigen Kampf-

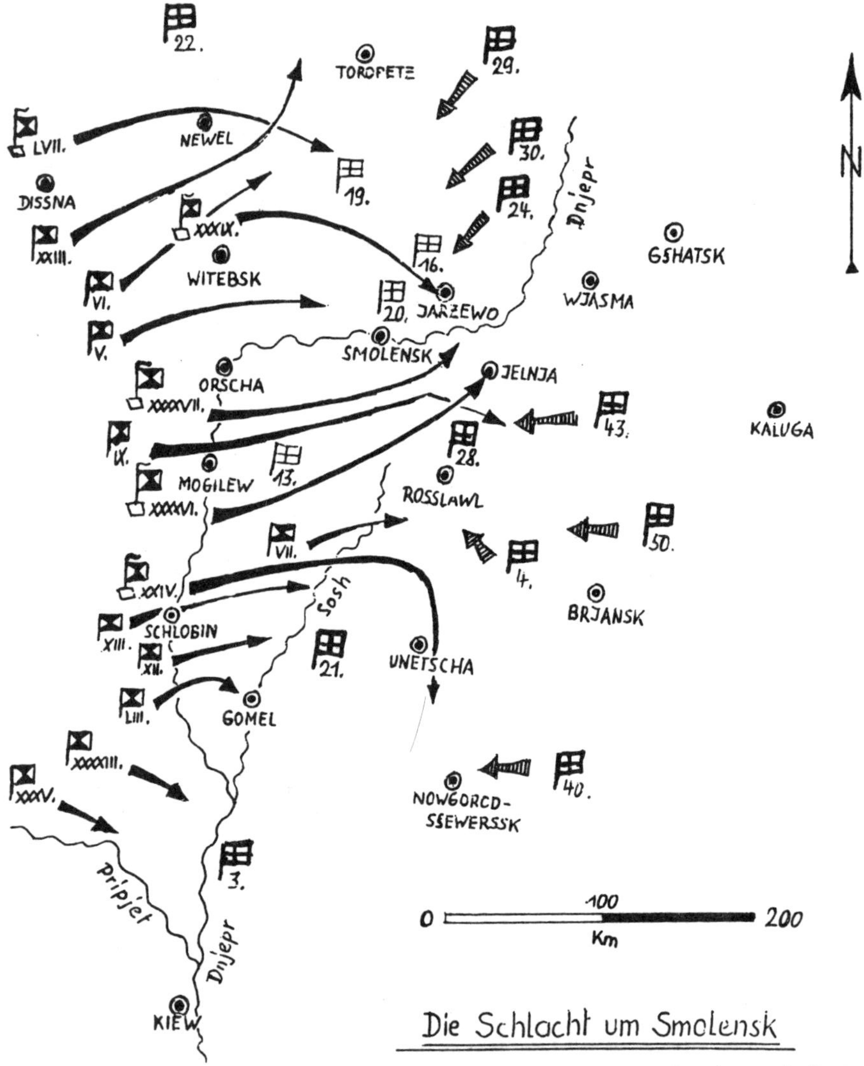


Die Schlacht um Smolensk

Vormarsch der Korps Juli - August 1941

Ausgangsstellung 10. Juli

Sowj. Gegenangriffe

Sowj. Armeen

gruppen mit genau festgelegten Angriffszielen verstärkt worden.

Der Auftrag für unsere Kampfgruppe lautete: Vorstoßen von Südwesten über die Krassninski-Straße. Einnahme des Molochow-Platzes, weiteres Vorgehen entlang der alten Stadtmauer, Einnahme des Lopantingartens, des alten Forts und des Deutschen Friedhofs.

Anfangs kamen alle Kampfgruppen ohne nennenswerten Feindwiderstand vorwärts.

Die Stadt wird durch den Dnjepr in einen Süd- und in einen Nordteil getrennt. Die Zerstörungen waren hier noch größer, als wir sie in den Städten Borissow und Minsk gesehen hatten. Nur wenige unversehrte Bauten, darunter einige Parteipaläste, ragten aus den vielfach noch rauchenden Trümmern empor.

Es war ein gespenstisches Bild, als wir in diese tote Stadt einzogen. Kaum ein Schuß fiel. Vereinzelt auftauchende sowjetische Soldaten zogen sich fluchtartig zurück. Sämtliche Brücken über den Dnjepr waren zerstört. . . ."

Mit diesem Erfolg standen die Spitzen der Panzergruppe 2 weit im Rücken der sowjetischen Armeen. Da sich auch das benachbarte XXXXVI. AK.mot. dem Angriff seines Schwesterkorps angeschlossen hatte und zielbewußt auf Jelnja vorstieß, bildete sich ein südlicher Umfassungsring zwischen Jelnja und Smolensk. Da nun gleichzeitig von Norden her das XXXIX. AK.mot. kam — voraus wieder die altbewährte 7. PD. (Generalmajor Freiherr von Funck) — und mit einer Kampfgruppe der Schützenbrigade 7 (Oberst Freiherr von Boineburg) am 15. Juli die Rollbahn Smolensk-Moskau in Höhe von Jarzewo erreichte, zeichnete sich ein neuer Kessel ab. Da standen am Abend dieses Tages die Spitzen der beiden Panzergruppen nur noch Hunderte von Metern auseinander. Sie schlossen am

nächsten Tag einen Kessel um Teile der 16., 19. und 20. Sowjetarmee!
Leider war der Einschließungsring vorerst sehr dünn, so daß in den nächsten Tagen noch eine Vielzahl russischer Verbände, allerdings ohne schwere Waffen, nach Osten entwichen.
Die beiden Generaloberste Guderian und Hoth trafen sich an diesem Tag unweit von Smolensk, um das weitere Vorgehen ihrer Panzer-und motorisierten Divisionen abzuklären. Sie wollten nicht auf das Aufschließen der bis 150 km zurückstehenden Infanteriedivisionen warten und geradewegs nach Moskau stoßen . . .
Das schaltete sich erneut energisch das OKH in die Gesamtkriegführung ein. Es befahl kategorisch das Abdrehen von starken Teilen der Panzergruppe 3 nach Norden zur Unterstützung der Heeresgruppe Nord. Feldmarschall von Kluge übernahm erneut die Führung beider Panzergruppen, während Generaloberst Freiherr von Weichs die Armeekorps der 4. Armee unterstellt bekam. Er befahl das sofortige Aufschließen bis in Höhe der Panzergruppen.
Das OKH hatte der Heeresgruppe Mitte als erstes operatives Ziel die Landbrücke bei Smolensk befohlen. Jetzt war dieses Ziel erreicht und die Gelegenheit geboten, die Panzergruppen zum entscheidenden Schlage ausholen zu lassen. Doch das OKH hatte längst Moskau als vorrangiges Ziel aufgegeben und lieferte damit dem sowjetischen Oberkommando Zeit, die russischen Kräfte umzugruppieren. Es wurde die Heeresgruppe "Moskauer Front" unter Generalleutnant Artemjew gebildet, dem drei neue Armeen — 32., 33. und 34. — unterstellt wurden. Die Truppen der Armeen wurden unverzüglich zum Ausbau der ersten Moskauer Schutzstellung verwendet. Dazu kamen Tausende von Zivilisten, die mit der Eisenbahn oder mit Hunderten von Lastwagen aus Moskau und den umliegenden Städ-

ten herangefahren wurden. So entstand eine Verteidigungslinie zwischen Nudol — Trostenkoje See — Dorochowo — Borowssk — Wyssokinitschi.
Der Kessel um Smolensk war in diesen ersten Tagen keineswegs dicht. Das XXXIX. AK.mot. focht mit seinen drei Divisionen auf einer ca. 80 km breiten Front. Gleichzeitig waren die ersten drei Divisionen der Panzergruppe 2 im Süden heran, deren Front noch länger war. So standen am Abend des 18. Juli sechs weit auseinandergezogene deutsche Divisionen im Kampf mit zwölf eingeschlossenen Sowjetdivisionen.
Da brach der russische Angriff zur Befreiung von Smolensk los! Generalleutnant Jeremenko hatte den Befehl über alle erreichbaren motorisierten Kräfte der "Roten Armee" übernommen, die er am 18. Juli direkt von Osten her nach Smolensk führte. Die 129. russische Schützendivision und die 57. Panzerbrigade durchbrachen wirklich die deutsche Einschließungsfront von außen und erreichten die eingeschlossenen Kräfte in Smolensk!
Endlich traf das V. deutsche AK. mit 5. ID. (Generalmajor Allmendinger) und 35. ID. (Generalleutnant Fischer von Weikersthal) auf dem Schlachtfeld ein. Die zwei deutschen Divisionen widerstanden trotz schrecklicher Verluste dem Ansturm von sechs russischen Schützendivisionen.
Zum Glück kam nun auch das südliche Korps der 9. Armee vom Nordwesten heran. Es war das VIII. AK. (General d. Artillerie Heitz), das mit 8. (Generalmajor Hoehne), 129. (Generalmajor Rittau) und 137. ID. (Generalleutnant Bergmann) eine fühlbare Verstärkung der deutschen Einschließungsfront brachte. Die 137. ID. nahm Verbindung mit der noch in Smolensk heftig angegriffenen 29. ID.mot. auf. Damit stand auch hier die deutsche Front fest!

Generaloberst Guderian, Befehlshaber der Panzergruppe 2, berichtete in seinen Nachkriegserinnerungen z.B. über das Geschehen am 23. Juli:

"Am 23. Juli traf ich in Talaschkino, 15 km südlich von Smolensk, den an General Ritter von Webers Statt mit der Führung der 17. Panzer-Division beauftragten General Ritter von Thoma, einen unserer ältesten und erfahrensten Panzeroffiziere, der sich durch seine eiserne Ruhe und hervorragende Tapferkeit bereits im ersten Weltkrieg und in Spanien ausgezeichnet hatte und sich nun erneut bewährte. Die Division hielt die Verbindung zwischen dem XXXXVI. und XXXXVII. Panzer-Korps aufrecht und sicherte am Dnjepr gegen die von der 4. Armee immer noch befürchteten russischen Durchbruchsversuche nach Süden. Im Walde, 11 km westlich von Jelnja, lag der Gefechtsstand des XXXXVI. Panzer-Korps. General Vietinghoff berichtete über die russischen Gegenangriffe auf Jelnja, die von Süden, Osten und Norden unter sehr starker Artillerie-Unterstützung vor sich gingen. Wegen des erstmals auftretenden Munitionsmangels konnte das Korps nur die wichtigsten Ziele bekämpfen. Vietinghoff wollte, sobald I.R. „G.D." durch die 18. Panzer-Division abgelöst sei, in Richtung Dorogobush zur Unterstützung Hoths antreten. Bisher waren alle Versuche, über dem Usha-Abschnitt nordwestlich Jelnja in Richtung Swirkolutschje vorwärtszukommen, gescheitert. Die in unseren Karten als "gut" eingetragene Straße Glinka-Klimjatino bestand tatsächlich gar nicht. Die Wege nach Norden waren sumpfig und für Kraftfahrzeuge nicht passierbar. Alle Bewegungen mußten sich zu Fuß vollziehen und waren daher sehr anstrengend und zeitraubend.

Sodann fuhr ich zur 10. Panzer-Division, wo General

Schaal eine eindrucksvolle Schilderung der bisherigen Kämpfe in Jelnja gab. Seine Truppen hatten an einem Tage 50 Feindpanzer abgeschossen, waren dann aber an den gut ausgebauten Stellungen der Russen festgefahren. Er rechnete mit dem Ausfall eines Drittels seiner Fahrzeuge. Die Munition mußte in einem Landmarsch von 450 km herangebracht werden.

Schließlich noch zur SS "Reich" nördlich Jelnja. Die Division hatte tags zuvor 1100 Gefangene gemacht, war aber zwischen Jelnja und Dorogobush nicht vorwärts gekommen. Starke russische Bombenangriffe hatten das Vorgehen verzögert. Ich begab mich zu den vordersten Postierungen, den Kraftradschützen unter dem tapferen Hauptsturmführer Klingenberg, um einen persönlichen Eindruck von Gelände und Lage zu gewinnen. Das Ergebnis war die Überzeugung, daß das Eintreffen von I.R. "G.D." abgewartet werden müsse, bevor der Angriff in Richtung Dorogobush anfangen könne.

Um 23 Uhr auf dem neuen Gruppengefechtsstand 2 km südlich Prudki."

Die nördlich Smolensk im Kampf stehende Panzergruppe 3 des Generalobersten Hoth schob nach und nach ihre motorisierten Divisionen an den Wop vor und bildete eine Abwehrfront gegen die aus dem Osten anbrandenden Angriffe der sowjetischen Truppen. Hier lagen von Lomonosowo (im Norden) bis zur Mündung des Wop in den Dnjepr (im Süden) im Einsatz: 18. ID.mot., 20. PD., Panzer-Lehr-Brigade 900, 12. und 7. PD. Sieben sowjetische Schützendivisionen und eine Panzerbrigade rannten in der letzten Juliwoche gegen diese 50 km lange und nur notdürftig aufgebaute deutsche Abwehrfront an. Der Schwerpunkt lag hierbei im Raum Jarzewo, wo die 7. PD. die Hauptlast des Abwehrkampfes tragen mußte. Hier röhrten

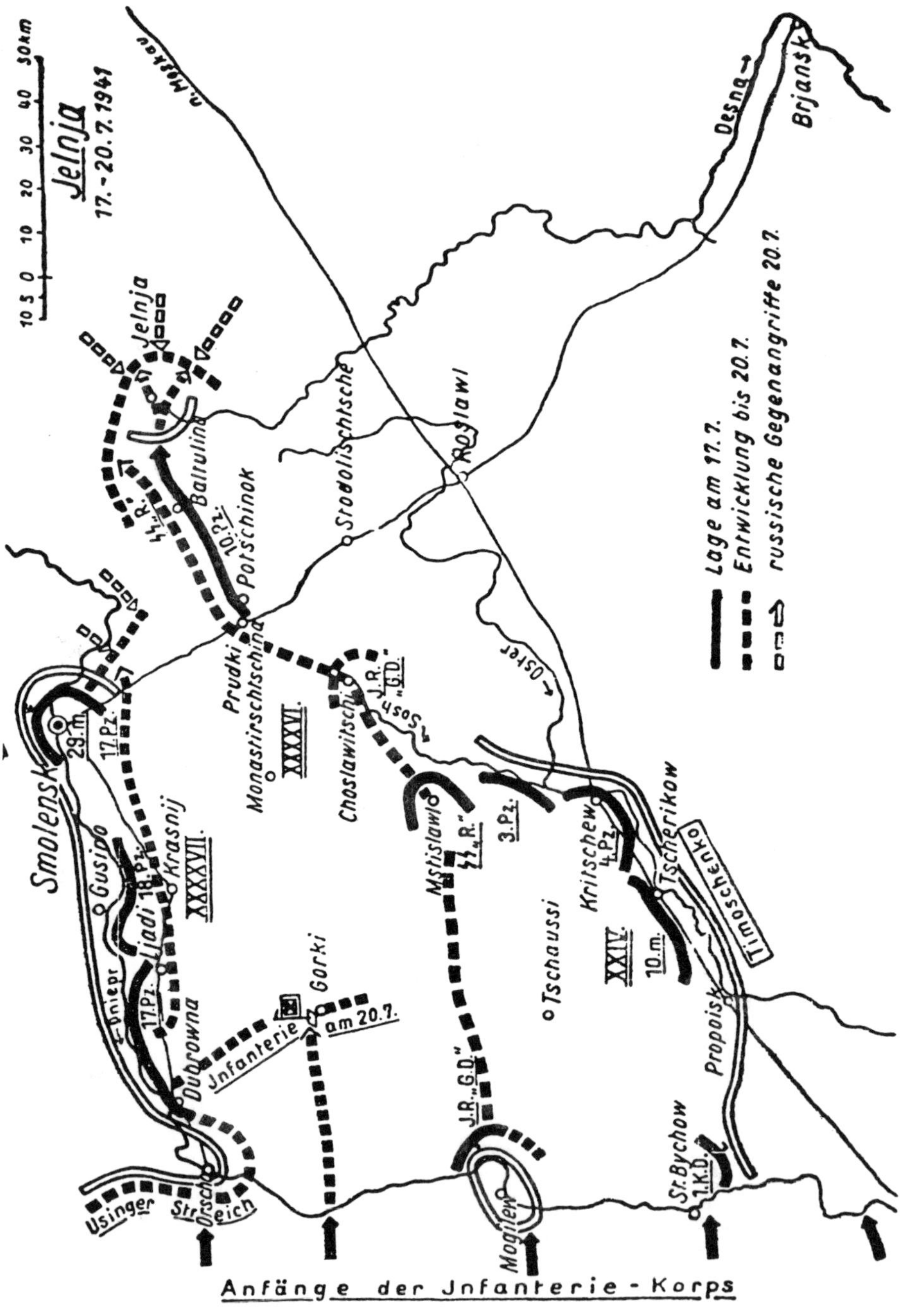
Jelnja
17.-20.7.1941
10 5 0 10 20 30 40 50km
n. Moskau
Desna
Brjansk
Jelnja
Baltutino
Roslawl
Srodolischtsche
Potschinok
10.Pz.
44.R.
Prudki
Monastirschtschina
XXXXVI.
Choslawitschi
J.R. „G.D."
Sosh
Oster
Smolensk
29.m.
17.Pz.
Krasnij
XXXXVII.
Gusino
Ljadi
18.Pz.
Mstislawl
44.R.
3.Pz.
Kritschew
4.Pz.
Tscherikow
Timoschenko
Tschaussi
XXIV.
10.m.
Dniepr
17.Pz.
Dubrowna
Gorki
Jnfanterie am 20.7.
J.R. „G.D."
Mogilew
Propoisk
St. Bychow
1.K.D.
Orscha
Usinger
Streich
Lage am 17.7.
Entwicklung bis 20.7.
russische Gegenangriffe 20.7.
Anfänge der Jnfanterie-Korps

zum erstenmal russische Raketen der bisher auf deutscher Seite unbekannten Salvengeschütze, die der Landser "Stalinorgel" nannte.
Die Abwehrkämpfe entwickelten sich nun auch schärfer vor der Panzergruppe 2, die besonders im Raum Jelnja unter den Vorstößen der 24. Sowjetarmee (Generalleutnant Katschalov) zu leiden hatte. Die Gefahr für die deutschen Divisionen in diesem Abschnitt wog umso schwerer, da sich noch um und in Smolensk selbst Teile der eingekesselten 16. und 20. Sowjetarmee fanatisch verteidigten.
Die deutschen Führungsstellen wurden von der Schwere dieser russischen Angriffe, mit denen niemand mehr gerechnet hatte, überrascht. Das OKH und das Heeresgruppenkommando gaben Befehle und Gegenbefehle. Generaloberst Guderian wollte sich Klarheit verschaffen und traf am 27. Juli im Hauptquartier der Heeresgruppe in Borissow ein. Hier erfuhr er zu seiner größten Überraschung, daß Hitler mit dem OKH nicht mehr Moskau als Ziel ansahen, sondern daß die Panzergruppe nach Südwesten — also zurück! — einschwenken sollte.
Doch noch war es nicht so weit. Die Kämpfe am Wop und um Jelnja forderten alle deutsche Kräfte. Hier in und um Jelnja verteidigte sich die 10. PD. (Generalleutnant Schaal) — die am 18. Juli die Stadt in Besitz genommen hatte — vorerst allein gegen die Flut der angreifenden Sowjets.
Mit dem Herankommen der Infanteriedivisionen festigte sich in den letzten Julitagen mehr und mehr die Abwehrfront. Es gelang sogar vorübergehend, mehrere russische Angriffsspitzen abzuschneiden und zu vernichten. Schließlich reichte auch der "Roten Armee" die Kraft nicht mehr. So befahl das Oberkommando in Moskau den Ausbruch der noch in Smolensk eingeschlossenen Kräfte.

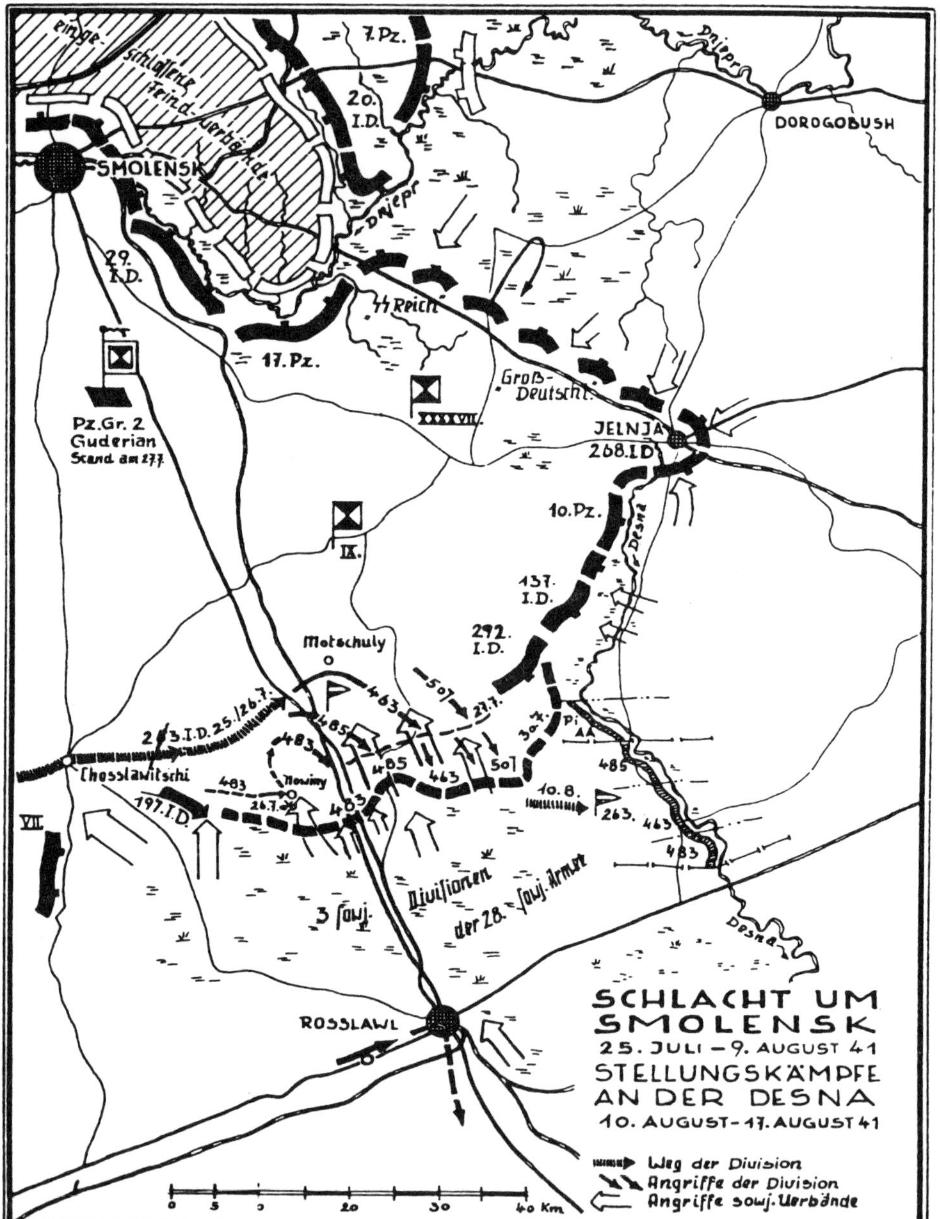
SCHLACHT UM SMOLENSK
25. JULI – 9. AUGUST 41
STELLUNGSKÄMPFE AN DER DESNA
10. AUGUST – 17. AUGUST 41
Weg der Division
Angriffe der Division
Angriffe sowj. Verbände
0 5 10 20 30 40 Km
SMOLENSK
DOROGOBUSH
JELNJA
ROSSLAWL
Dnjepr
Desna
eingeschlossene feind. Verbände
7. Pz.
20. I.D.
29. I.D.
17. Pz.
SS Reich
Groß-Deutschl.
268. I.D.
10. Pz.
137. I.D.
292. I.D.
Pz. Gr. 2 Guderian Stand am 27.7.
IX.
VII.
Motschuly
Chosslawitschi
Nowiny
263. I.D. 25./26.7.
197. I.D.
3 sowj. Divisionen der 28. sowj. Armee
10. 8.
263.
485
483
463
507
Pi
AA

Noch aber war die Schlacht nicht beendet. Jelnja bildete nach wie vor den Schwerpunkt der Schlacht um Smolensk. Die "Rote Armee" versuchte in 13 gewaltigen Angriffsstößen die Stellung der Panzergruppe 2 aufzusprengen. Die deutschen Verluste mehrten sich von Tag zu Tag. Die im Schwerpunkt fechtende 10. PD. beklagte den Verlust von 60% aller Fahrzeuge. Die SS-PD. "Das Reich", die an der schmalsten Stelle des Kessels focht, mußte vorübergehend sogar Gelände aufgeben, als sich jetzt hier die Ausbruchsversuche der russischen Truppen von Smolensk her bemerkbar machten.

Auch im Süden — nördlich von Rosslawl — mußte die Front des IX. AK. zurückgenommen werden. Hier klärte sich die Lage erst, als von Westen her die 263. ID. (Generalmajor Haeckel) nachgeschoben wurde und die Russen wieder auf ihre Ausgangsstellungen zurückdrückte.

Jetzt erfolgte der Ausbruch der russischen Verbände aus Smolensk. Voran rollten die Panzer des V.mech.K. der "Roten Armee". Nur wenige Einheiten durchbrachen die deutschen Verteidigungsstellungen; die Masse der Kampfwagen blieb im Abwehrfeuer der Artillerie, der Panzerjäger und besonders der Flak liegen. Damit brach der feindliche Widerstand zusammen. Die russischen Truppen ergaben sich jetzt massenweise.

Der Oberbefehlshaber der Heeresgruppe Mitte, Feldmarschall von Bock, erließ am 5. August folgenden Tagesbefehl:

> "Mit der Vernichtung der bei Smolensk abgeschnittenen russischen Divisionen hat die drei Wochen währende Schlacht am Dnjepr und Düna und um Smolensk in einem neuen glänzenden Siege deutscher Waffen und deutscher Pflichterfüllung ihren Abschluß gefunden.
>
> An Beute wurden eingebracht:
>
> 309 110 Gefangene,
>
> 3 205 erbeutete oder vernichtete Panzer,

3 000 Geschütze,
341 Flugzeuge.
Die Zählung ist noch nicht beendet.
Auch diese Eure Tat gehört der Geschichte an.
Dankbar und stolz blicke ich auf eine Truppe, die solcher Leistung fähig ist."

Dieser Sieg konnte nicht darüber hinwegtäuschen, daß auch die Heeresgruppe Mitte schwere Verluste zu verzeichnen hatte. Das Heeresgruppenkommando meldete am 1. August nach Berlin die Zahl der Verluste seit Beginn des Feldzuges: 74 500 Offiziere, Unteroffiziere und Mannschaften!

Das OKH entschloß sich auf dem Höhepunkt der Schlacht um Smolensk zur Einleitung einer neuen Operationsphase. Es wurde jetzt eine Umgliederung der Heeresgruppe vorgenommen, um diese Phase mit den Schwerpunkten Leningrad und Ukraine einzuleiten. Da die Ausfälle an Fahrzeugen der Panzergruppen erheblicher waren als überhaupt erwartet, legte das OKH nun wieder das Schwergewicht der weiteren Operationen zu den Infanteriearmeen.

So wurde die Panzergruppe 3 dem AOK 9 (Generaloberst Strauß) unterstellt. Dagegen wurde die Panzergruppe 2 (Generaloberst Guderian) durch Zuführung des VII. (General d. Artillerie Fahrmbacher), IX. (General d. Infanterie Geyer) und XX. AK. (General d. Infanterie Materna) verstärkt und in "Armeegruppe Guderian" umbenannt. Die übrigen Infanteriedivisionen bildeten die 4. Armee, die ab sofort Feldmarschall von Kluge wieder übernahm.

Die 4. Armee sollte als einzige Armee der Heeresgruppe weiterhin mit Front nach Osten angreifen, während 9. Armee nach Norden zu den Waldai-Höhen, die Armeegruppe Guderian in die Ukraine und die 2. Armee in Richtung Kiew stoßen sollten. Moskau war vergessen . . .

# Sturm auf die Bunkerlinie von Polozk

PK., 23. Juli

Langsam kehren die vielgestaltigen Bilder der letzten zwei Tage wieder. Langsam kommt zum Bewußtsein, daß man hier tief in der feindlichen Befestigungszone steht, welche die Bolschewisten unter geschickter Ausnutzung des schwierigen Waldgeländes angelegt haben und als „Stalin-Linie" bezeichneten. Gleich hinter der Düna, bei Polozk, beginnt dieses Verteidigungssystem, das im Jahre 1939 nach sehr modernen Gesichtspunkten errichtet wurde und alle Vorteile einer neuzeitlichen Befestigungsanlage besaß. Die Kämpfe um diese zäh verteidigten Waldbunker waren außerordentlich heftig. Die Bolschewisten wußten genau, welche Bedeutung diesem Riegel für die weiteren Durchbruchsversuche in Richtung Moskau zukam. Noch niemals während des bisherigen Verlaufes des Ostfeldzuges haben sich die Sowjets so zäh gewehrt, aber auch noch niemals haben sie so viel Blut lassen müssen. Ihre Verluste gehen in die Zehntausende.

3 Uhr morgens: Die deutsche Artillerie beginnt zu trommeln und leitet mit ihrem Feuer diese bisher größte Durchbruchsschlacht des Ostfeldzuges ein. 39 Batterien sollen den Feind weich machen. 5 Uhr: Die deutschen Infanteriestoßtrupps springen vor. Mit ihnen Sturmpioniere; sie führen geballte Ladungen mit, die die Schießscharten der Bunker aufreißen sollen. An mehreren Abschnitten gelingt es, einzelne Befestigungswerke durch schnelles Zufassen zu nehmen. Dann geht es weiter in den Wald hinein. Von Deckung zu Deckung springen die Pioniere, müssen sich mit der Drahtschere Hunderte von Metern durch rostiges Stachelgewirr und morastigen Boden vorarbeiten, ehe sie überhaupt einen Bunker zu Gesicht bekommen. Da bricht es auch schon los, ein Feuerzauber, wie man ihn in dieser Stärke nicht mehr erwartet hätte. Von allen Seiten ballert es. Durch die Schußbahnen, welche die Sowjets von den Bunkern aus schräg durch das Unterholz angelegt haben und die sich überkreuzen, zirpt es heran, schweres MG.-Feuer und Schnellfeuer aus kleinkalibrigen Kanonen. In ihren Tarnanzügen hängen, fest angebunden, bolschewistische Schützen in den Baumkronen und nehmen die vorgehenden Deutschen unter Beschuß. Im Drahtgewirr der Sperren liegen unsere Pioniere und kommen nicht vorwärts. Ohnmächtig ballen sie die Fäuste. Die Salven der Bunkerkanonen liegen verteufelt gut. Querschläger der feindlichen MG.s prallen mit häßlichem Singen an die Stacheldrahtverhaue und spritzen unter die Männer. Die Spitzenkompanie der nachfolgenden Infanterie beeilt sich heranzukommen. Das erste Bataillon versucht links zu umgehen. Da meldet sich aber der Nachbarbunker zu Wort, es gibt kaum ein Durchkommen. Ein Kompaniechef und zwei Zugführer sind bereits gefallen, in der brütenden Mittagshitze schreien die Verwundeten nach Wasser. Die deutsche Artillerie kann infolge des unübersichtlichen Waldgeländes nicht in diesen ungleichen Kampf eingreifen. Inzwischen prasselt unaufhörlich das feindliche Feuer auf die deutschen Sturmlinien, die am späten Nachmittag bis zu den tiefen Panzergräben herangekommen sind, hier aber festliegen. Es ist aussichtslos, jedes weitere Warten erfordert neue Opfer. Durch den Wald gellen die deutschen Zugführerpfeifen. Zurück, zurück!

Als dieser harte Kampftag zur Neige ging, waren zwar die deutschen Infanteriedivisionen, im großen gesehen, tief in die feindliche Befestigungszone eingedrungen, aber der Kern des Bunkersystems war noch in bolschewistischer Hand.

In dieser Nacht gehen abermals Stoßtrupps vor. Plötzlich leuchtet es über den nachtdunklen Wäldern auf. Deutsche Flammenwerfer verrichten ganze Arbeit; sie fressen den Wald ab und schaffen übersichtliche Schußfelder für Flak, die mitten im bolschewistischen Störungsfeuer und trotz der großen Hitze infolge der Brände in Stellung geht. Gleichzeitig stellen sich „Bunkerspezialisten" bereit, Meister des Sprengstoffs und der Flamme, die im Westen so manchen Franzosenbunker geknackt haben. Und pünktlich um 5 Uhr in der Frühe entbrennt der Kampf um die Bunkerlinie von neuem. Verkohlte Baumstümpfe ragen empor, Brandgeruch erfüllt die Luft, wo gestern noch fast undurchdringlicher Wald stand, sieht das Auge heute nur eine trostlose finstere Aschenlandschaft. Und ganz hinten, dort, wo es noch qualmt, da stehen die schweren Betonklötze, die der Infanterie gestern das Leben so sauer machten. Das Scherenfernrohr rückt die Befestigungsanlagen ganz nahe heran. Dann poltert die Flak los: Man sieht, wie die Treffer im Ziele liegen, braun-gelber Rauch steht über den Bunkern; sobald er sich verzogen hat, setzen die Batterien den Beschuß fort. Von weiter hinten schicken schwere deutsche Kaliber ihre Grüße zu den Bolschewisten hinüber. So wird es Mittag.

Wieder treten deutsche Stoßtrupps an. Arbeiten sich im Schutze der Artillerie an die Anlagen heran — dann stellen mit einem Schlage die deutschen Batterien den Beschuß ein und siehe da: nur wenige Bunker sind noch intakt. Diese aber wehren sich bis zum letzten Mann. Sie müssen einzeln mit Flammenwerfern und geballten Ladungen außer Gefecht gesetzt werden. Dann ist die Bahn frei für die Masse des deutschen Fußvolks.

Am Abend dieses Tages, als einer der gefangenen Sowjets vernommen wird, erfahren wir das Geheimnis der Bunkerlinie von Polozk und ihres verzweifelten Widerstandes. Seit über einem Jahr übten ausgesuchte bolschewistische Besatzungen an diesen Waldbefestigungen den Bunkerkampf. Jeder Bunker hatte seine gleichbleibende Belegschaft, die unter Führung eines Kommissars stand. Diese Kommissare schlossen beim Anrücken der deutschen Truppen die Bunker ab und zwangen jeden Soldaten mit der Pistole, bis zur letzten Granate zu kämpfen. Wurde der Bunker von uns erstürmt, jagten sich die Kommissare eine Kugel in den Kopf. Tatsächlich fiel uns keiner lebend in die Hände. Die Besatzungen von drei Bunkern, die sich ergaben, hatten ihre Kommissare vorher selbst erschossen.

Hinter dem Frontrücken der Heeresgruppe etablierte sich nun die Zivilverwaltung des Generalkommissariats Weißruthenien in Minsk. Die von der Partei gestellten Verwaltungsbeamten begannen getreu den Richtlinien des neugebildeten Reichsministeriums der besetzten Ostgebiete das Land politisch zu verwalten und die Bevölkerung im Sinne nationalsozialistischer Politik zu beherrschen. Damit wurde der Anlaß zur Bildung starker und stärkster Partisanengruppen gegeben, die in der kommenden Zeit der Heeresgruppe Mitte schweren Schaden zufügen sollten.

# Stalins Sohn gibt auf

Am 16. Juli ergibt sich in einer von deutschen Truppen umzingelten Stellung mit vielen anderen Soldaten der sowjetische Artillerie-Oberleutnant Jakob Dschugaschwili. Seine Papiere, nicht zuletzt auch seine Ähnlichkeit, weisen ihn einwandfrei als den ältesten Sohn des Vorsitzenden des Rates der Volkskomissare, Joseph Stalin-Dschugaschwili, aus. Er sei überzeugt, so bekundet er, daß ein weiterer Widerstand keinen Sinn mehr habe. „Wir waren umzingelt, es entstand eine Panik ... Ich wartete auf meine Artilleristen, es war zwecklos, ich ging weiter. Kleine Gruppen begegneten mir, aus der motorisierten Division, vom Train, allerhand Gesindel. Es blieb mir nichts anderes übrig, als mit ihnen zu gehen, aber bald sah ich ein, daß wir nirgends mehr hingehen konnten, weil wir hoffnungslos umstellt waren. So kam ich und sagte: ‚Ich ergebe mich.' Das ist alles."

In der weiteren Vernehmung durch die deutsche Militärbehörde rundet sich das Bild seiner Erlebnisse. Seit etwa zwei Wochen stand seine Division, die als besonders gut galt, im Gefecht. Aber er weiß nicht wo. Irgendwo um Witebsk. Selbst die höheren Offiziere hatten keine Karten. „Alles bei uns war liederlich aufgebaut ..." Das Ergebnis: ein heilloses Durcheinander. Schon am 7. Juli hatte die deutsche Luftwaffe den weitaus größeren Teil der Panzerwagen der Division zerschlagen. Das ganze 7. Korps der Sowjets brach zusammen, „dank" — so sagt Jakob Dschugaschwili — „dank der deutschen Sturzkampfflieger, dank der unklugen Befehle unseres Kommandos, der dummen Befehle ... der idiotischen Befehle, muß man sagen ..."

Nun, Oberleutnant Dschugaschwili muß es ja wissen. Und nun bekundet er etwas, was sehr merkwürdig klingt aus dem Munde eines Mannes, der ja doch schließlich der Sohn Stalins ist: daß eine soldatische Formation, sei sie groß oder klein, keine zwei Herren haben dürfe. „Zwei gleichgestellte Kommandeure können sich nur gegenseitig irritieren, müssen sich stören."

Ob er weiß — so wird er jetzt gefragt —, daß die politischen Kommissare der Sowjettruppen wieder die alten Vollmachten erhalten haben, daß sie den Kommandeuren wieder gleichgestellt, also praktisch übergeordnet sind. „Das ist unmöglich!" sagt Dschugaschwili erregt; er will und kann es nicht glauben. Und schon garnicht, daß die Sowjetsoldaten in den Gefangenenlagern ihre Kommissare angreifen, daß man diese schützen muß, damit sie von ihren eigenen Leuten nicht totgeschlagen werden. Er ist völlig verwirrt, redet von dem Unterschied zwischen alten Sowjet-Soldaten und frisch eingezogenen Rekruten, die als Analphabeten ... Als ob das eine Frage von Lesen- und Schreibenkönnen wäre. Als ob die Verfasser der von ihm als dumm und idiotisch gerügten Befehle Analphabeten wären.

Eine andere Frage bringt den Oberleutnant auf die Straße gesunder Logik zurück: ob er glaube, daß das nunmehr mit den Sowjets verbündete England der Räteunion irgendwelche Hilfe leisten werde. Jakob Dschugaschwili blickt mit düsterer Nachdenklichkeit vor sich hin, wie es das Bild auf der Umseite zeigt. „Ich weiß es nicht", sagt er schließlich. „Meiner Meinung nach hat England bisher noch niemandem irgendeine Hilfe geleistet."

Das wörtliche Protokoll der längeren Vernehmung von Stalins Sohn Jakob umfaßt reichlich 26 Seiten. Der Mann und das, was er sagt, bieten das psychologisch in mehr als einer Hinsicht interessante Bild eines Menschen, der dazu erzogen wurde, nicht mehr und nichts anderes zu denken, als was er denken soll. Er ist auch heute noch redlich darum bemüht, sich in dieser engen Schnürform des Geistes zu halten. Weil jedoch das menschliche Gehirn älter ist als die banale Vorstellung, die sich der moskowitische Marxismus davon und vom Menschen überhaupt macht, so gerät das Denken Jakob Dschugaschwilis, vor ungewohnte Fragen gestellt, immer wieder und immer stärker in den Bereich von Erkenntnissen, die ihm der Herr Vater weder an der Wiege gesungen noch auch später für mitteilenswert befunden hat. Stalin junior ist kein Dummkopf, wohl aber ein überaus aufschlußreicher Zeuge für die geistige Sterilität, die der Bolschewismus den jungen Menschen seines Machtbereiches ein Vierteljahrhundert lang anerzogen hat. Viele seiner Fragen, viele seiner Antworten offenbaren eine gewisse Naivität. Andere Bekundungen wieder, besonders solche, die auf eigenen Beobachtungen und Erlebnissen beruhen, sind von einer Art, daß Vater Stalin, wenn er sie zu erfahren bekommen wird, die Hände über den Kopf zusammenschlagen dürfte.

# Luftkrieg über Zentralrußland

Der Krieg in der Luft begann praktisch schon neun Monate, bevor der erste Schuß auf dem Lande fiel. Das OKL (Oberkommando der Luftwaffe) stellte aufgrund der Feldzugsplanungen bereits im Oktober 1940 eine Fernaufklärungsgruppe mit schweren Maschinen der Typen "He-111" und "Ju-88" auf, die mit Spezialhöhenmotoren ausgerüstet wurden und dazu wertvolle Fernkameras eingebaut bekamen.
Diese Aufklärungsgruppe unter Führung von Oberstleutnant Rowehl wurde dem Oberbefehlshaber der Luftwaffe direkt unterstellt. Es war Aufgabe der vier Staffeln, die späteren Operationsgebiete zwischen Leningrad und dem Schwarzen Meer photographisch aufzunehmen. Die 1. Staffel der Gruppe startete auf dem Flugplatz Seerappen in Ostpreußen, überflog in 12 000 m Höhe die deutsch-russische Grenze und photographierte den gesamten Operationsraum zwischen Kiew und Minsk.
Feldmarschall Kesselring, Oberbefehlshaber der Luftflotte 2, der verantwortlich den Einsatz der Kampfgeschwader gegen England leitete, übernahm nach Verlegung seines Führungsstabes in den Raum Warschau die Führung aller Luftwaffenverbände, die sich zum Aufmarsch gegen die Sowjetunion im Bereich der Heeresgruppe Mitte bereitstellen mußten.
Folgende Führungsstäbe flogen bis Mitte Juni mit ihren Verbänden auf Bereitstellungshäfen zwischen Ostpreußen und Südpolen ein:

Luftflottenkommando 2 (Feldmarschall Kesselring)
mit Hauptquartier in Warschau;

| | |
|---|---|
| II. Fliegerkorps | (General d. Flieger Loerzer) mit Hauptquartier Ottwocie südlich Warschau; |
| VIII. Fliegerkorps | (Generalleutnant Freiherr von Richthofen) mit Hauptquartier Suwalki; |
| I. Flakkorps | (Generalmajor von Axthelm) mit Hauptquartier Warschau. |

Es galt als vordringlichste Aufgabe beider Fliegerkorps in den ersten Feldzugstagen, die beiden Panzergruppen vorrangig zu unterstützen, nachdem die russische Jagdfliegerwaffe ausgeschaltet war. Das I. Flakkorps setzte seine beiden Regimenter (Flak-Rgt. 101 und 104) jeweils bei den zwei Panzergruppen mit Schwerpunkt ein. Beide Regimenter bestanden im Juni 1941 aus je zwei gemischten und einer leichten Abteilung mit insgesamt sechs schweren (8;8 cm) und sieben leichten (3,7 cm und 2 cm) Batterien.

Die Gliederung der beiden Fliegerkorps:

| | | |
|---|---|---|
| II. Fl.K. | mit | Jagdgeschwader (JG) 51,<br>Kampfgeschwader (KG) 3 und 53,<br>Stuka-Geschwader (StG) 77,<br>Schlachtkampfgruppe (SKGr) 210,<br>Kampfgruppe z.b.V. 102; |
| VIII. Fl.K. | mit | Jagdgeschwader 27,<br>Kampfgeschwader 2,<br>Stuka-Geschwader 1 und 2,<br>Zerstörergeschwader (ZG) 26. |

Dem Luftflottenkommando waren direkt JG. 53 und die Fernaufklärungsgruppe 122 unterstellt.

Der erste Einsatz der fliegenden Verbände erfolgte kurz vor Feuereröffnung. Einzelne kampferprobte und im Höhenflug bewährte Besatzungen aller drei Kampfgeschwader starteten mit ihren Maschinen schon Stunden vor Beginn des Angriffs, um zeitgerecht am 22. Juni, morgens 3.15 Uhr, über Flugplätze zu stehen, damit hier die ersten Bomben auf abgestellte Maschinen, auf Hallen, Rollfelder und Werften abgeworfen werden konnten, um den Start der russischen Verbände unmöglich zu machen.

Als sich dann die Sonntagsmorgensonne über den östlichen Horizont erhob, befanden sich Kampf-, Aufklärungs-, Schlacht-, Zerstörer- und Jagdflugzeuge allesamt in der Luft; denn es galt im ersten Anlauf feindliche Jagdmaschinen abzufangen und die Kampfmaschinen mit dem roten Stern noch am Boden zu zerstören.

Das KG. 2 startete in diesen Morgenstunden mit Maschinen vom Typ "Do-17Z" von den Plätzen um Groß-Schiemann südlich von Allenstein mit allgemeiner Richtung Grodno-Wilna-Lida. Das KG. 3 verließ mit seinen "Ju-88" die Flugplätze um Demblin und stürzte auf die sowjetischen Einsatzhäfen zwischen Brest-Litowsk und Kobryn, während KG. 53 mit "He-111H" aus dem Raum südlich Warschau zum Angriff auf Flugplätze zwischen Bialystock und Minsk flog.

Jetzt loderten überall im grenznahen Bereich die Brände auf feindlichen Flugplätzen. Deutsche Bomben rissen Hallen in Brand, vernichteten abgestellte Kampfmaschinen und erzielten Löcher in den Rollbahnen der Flugfelder. Doch wider Erwarten setzten sich in den ersten Stunden dieses Feldzugstages die sowjetischen Jagdflieger energisch zur Wehr. Überall kam es zu Luftkämpfen. Russische Piloten griffen sogar den Einsatzhafen des St.G. 77 in Biala-Podlaska an. Zum Glück waren einige Maschinen der III./JG. 53 (Hauptmann Wilcke) zur Stelle, die 15 russische Flugzeuge abschossen.

An anderer Stelle stürzten sich sowjetische Kampfmaschinen auf einen Konvoi der Panzergruppe 2. Diesmal waren Maschi-

nen der II./JG. 51 (Hptm. Fözo) da, bei denen sich der Kommodore Oberst Mölders befand, die zwölf Feindmaschinen abschossen.
Doch auch die eigenen Verbände erlitten schwere Verluste. Als z.B. die I./St.G.2 (Major Hitschhold) — darunter der damals noch unbekannte Oblt. Rudel — russische Panzeransammlungen bei Grodno angriff, erschienen plötzlich russische Jäger. Einzelne Maschinen des JG. 27 vertrieben zwar die Gegner, doch unter den eigenen Totalverlusten befand sich auch der Geschwaderkommodore Major Schellmann.
Als im Hauptquartier der Luftflotte in Warschau am Abend des ersten Feldzugstages Bilanz gezogen wurde, zählte man die Vernichtung von 210 Feindmaschinen im Luftkampf und die Zerstörung von 528 Feindmaschinen am Boden!
Die Masse der fliegenden Verbände der Luftflotte wurde zur Vernichtung der eingeschlossenen russischen Divisionen um Bialystock und Nowogrudek eingesetzt. Dabei flogen u. a. Oberleutnant Lau und Hauptmann Brücker von St.G. 2 ihren 150. bzw. 100. Einsatz. Noch zeigten sich überall die deutschen Piloten den russischen Jägern weit überlegen. Der 19jährige Leutnant Strelow (II./JG.51) schoß am 25. Juni seine erste Feindmaschine ab. Innerhalb weniger Monate erzielte er 68 Luftsiege. Oberleutnant Kolbow (6./JG. 51) — um nur wenige Namen zu nennen — kämpfte am selben Tag fünf russische Kampfflugzeuge nieder. (Genau einen Monat später fand er selbst den Fliegertod).
Aber auch die Kampfflieger hatten ihren Anteil an den großen Erfolgen der ersten Feldzugswochen. Überall wurden Brücken, Eisenbahnanlagen, Bunkerlinien, Kasernen u.a.m. in die Luft gejagt. Eine Besatzung der 6./KG. 3 griff am 28. Juni im Sturzflug die Zitadelle von Brest-Litowsk an und beschädigte diese mit einer 1800 kg-Bombe schwer. Damit trugen die Kampfflie-

Die fliegenden Verbände der Luftflotte 2 unterstützten in den ersten Feldzugswochen die Heeresgruppe Mitte in hervorragender Weise. Während die Jagdgeschwader den Luftraum freihielten, kämpften die Kampfgeschwader feindliche Widerstandslinien — hier Stuka-Volltreffer auf Brücken an der Beresina — nieder.

Ab Ende August gab es nur noch wenige Einsätze von Kampfflugzeugen zur direkten Unterstützung der Heeresdivisionen. Das Bild zeigt einen Bomben-Reihenwurf auf eine Brücke am Ssosh.

Die russische Hauptstadt Moskau war am 21. Juli zum erstenmal das Ziel deutscher Kampfflieger. Schon zwei Tage später erfolgte ein zweiter Angriff. Aufklärungsflugzeuge beobachteten die Angriffe und versuchten im Bild die Schäden festzuhalten. Die Aufnahme wurde am 12. August von Oberleutnant Geng der 4. Staffel Fernaufklärungsgruppe 121 aus 8 000 m Höhe geschossen. Das Bild zeigt den südlichen und mittleren Stadtteil. Ganz oben im mittleren Bildteil liegt an der Flußschleife der Kreml.

Lodernde Brände nach einem Bombenangriff auf Wjasma zeigten den Beginn des "Unternehmens Taifun". Das II. Fliegerkorps verfügte in diesen Tagen über ca. 150 Jagd-, 280 Kampf- und 25 Aufklärungsmaschinen.

Der Behelfsflugplatz der Transportgruppe IV./Kampf-Geschw. z.b.V. 1 im dichten Nebel. Die "Ju-52"-Maschinen wirkten hier wie Fabeltiere aus der Urzeit (oben). Eine beim Angriff auf Wjasma schwer beschädigte "He-111" des Kampf-Geschw. 53 kam gerade noch bis zum Einsatzhafen zurück, dann versank sie im Schlamm.

ger zur Teilkapitulation der Festungsbesatzung erheblich bei. Als die Kesselschlacht um Bialystock ausklang, kam es am 30. Juni noch einmal zum Großangriff russischer Jagdflugzeuge. Die deutschen Maschinen vom Typ "Bf-109F" des JG. 51 stiegen sofort auf und schossen an diesem Tag allein 114 Feindflugzeuge ab. Hauptmann Joppien (I./JG. 51) und Leutnant Bär vernichteten je fünf sowjetische Kampfflugzeuge, Oberst Mölders zwei.

Doch auch die Flakabteilungen bewährten sich in diesen Tagen. Die zwei Regimenter schossen bereits bis zum dritten Feldzugstag 28 Feindmaschinen ab, wobei die leichte Flak-Abt. 91 allein sieben Flugzeuge bei Kobryn vernichtete. Die ersten Erfolge im Erdkampf erzielte ein Zug der 1./lei. Flak-Abt. 77 unter Wachtmeister Fleder, als es den wenigen Geschützen gelang, mehrere Feindpanzer bei Slonim abzuschießen.

Die Verbindung zu den einzelnen Feldflughäfen und Kommandostellen hielten die Kompanien des Luft-Nachrichtenregiments 38, die mit Vorrücken der Heeresverbände gleichfalls über die Grenze verlegten. Hier bauten die Nachrichtenleute allein im Bereich des XXXIX. AK.mot. in den ersten drei Tagen eine 120 km lange Fernsprechleitung.

Mit Fortschreiten der Offensive der Heeresgruppe Mitte wurden die fliegenden Verbände der Luftflotte 2 sowie ihre Erdkampfeinheiten immer weiter auseinandergezogen und mußten einmal hier und einmal dort aushelfen, wo es eben gerade "brannte".

Doch als sich die Offensive der Heeresgruppe im Raum Smolensk festzulaufen begann und Hitler sich entschloß, Moskau nicht mehr direkt anzugreifen, sondern die Panzergruppen nach Leningrad bzw. Kiew eindrehen zu lassen, gab er dem Luftflottenkommando den Befehl, Moskau solle "dem Erdboden gleichzumachen" sein!

Es war noch nicht so weit: Zwar beherrschten die deutschen Jäger nach wie vor den Luftraum über Weiß- und Zentralrußland; doch die feindliche Abwehr wurde immer stärker. Trotz hervorragender deutscher Abschußergebnisse stiegen immer mehr Maschinen mit dem fünfzackigen roten Stern am Himmel auf.

Noch waren die deutschen Jäger die kampferfahrenen und überlegenen Piloten. Allein — um nur einige Erfolgszahlen zu nennen - schossen im Monat Juli ab: Oberst Mölders (JG. 51) den 101. Gegner, Major Freiherr von Maltzahn (JG. 53) den 42., Leutnant Schmidt (III./JG. 53) den 30., Hauptmann Leppla (3./JG. 51) seinen 27., Oberleutnant Staiger (7./JG. 51) seinen 25. und Hauptmann Fözo den 22. Ihren ersten Luftsieg errangen u. a. Leutnant von Fassong (I./JG. 51) — später erzielte er 136 Abschüsse — und Gefreiter Schack (JG. 51) — später 174 Abschüsse.

Oberst Mölders wurde nach seinem 101. Luftsieg ins Reich zurückbefohlen und zum General der Jagdflieger ernannt. Das JG. 51 übernahm Major Beckh, bisher Kommandeur IV./JG. 51. Das JG 51 stand Ende Juli mit dem 1000. Luftsieg an der Spitze aller Geschwader, dichtauf folgten JG. 27 unter Major Woldenga und JG. 53 unter Major Freiherr von Maltzahn.

Die Flakabteilungen waren an allen Abschnitten der weiten Front zwischen Witebsk und Gomel im Einsatz und galten oftmals als letzte Rettung vor den anrollenden sowjetischen Panzern. So schossen zwei 8,8 cm-Geschütze der I./Flak-Rgt. 36 sechs "T-34" bei Witebsk in wenigen Minuten ab, und wenige Tage später gelang es der 2. Batterie (Oberleutnant Klein) derselben Abteilung, am Wop von 15 angreifenden Russenpanzern zwölf abzuschießen.

Trotz der Verzettelung ihrer fliegenden und erdgebundenen Verbände bereitete das Luftflottenkommando 2 den befohlenen Großangriff auf Moskau vor. Hierzu hatte die am 19. Juli erlassene "Führerweisung Nr. 33 für die Fortführung des Krieges im Osten" verlangt:

> "Für die Luftwaffe kommt es darauf an, bei Freiwerden von Kräften in der Mitte der Front den Angriff der Südostfront durch Einsatz von Flieger- und Flakkräften, gegebenenfalls unter baldiger Heranführung von Verstärkungen oder entsprechender Umgruppierung, schwerpunktmäßig zu unterstützen.
> Der Angriff auf Moskau mit Kampfkräften der Luftflotte 2, vorübergehend verstärkt durch Kampfkräfte aus dem Westen, ist als Vergeltung für die sowjetrussischen Angriffe gegen Bukarest und Helsinki sobald als möglich zu führen!"

Die Luftflotte 2 stellte zum ersten deutschen Luftangriff auf die russische Hauptstadt eine große Kräftegruppe, bestehend aus Teilen der KG. 3, 4, 26, 27, 53, 54 und 55 sowie der KGr. 100 zusammen. Es waren insgesamt 127 Kampfflugzeuge der Typen "Ju-88" und "He-111", die in den Abendstunden des 21. Juli zum Großangriff starteten. Da die Anflugstrecke über Smolensk-Dorogobush von schwerer Flak bewacht wurde, nahm man einen Umweg im Süden dieser Linie in Kauf. Es wurde in 4000 m Höhe geflogen, um der Ballonabwehr und den Scheinwerfern zu entgehen.

Als sich die Nacht auf Moskau herabsenkte, rauschten 104 Tonnen Sprengbomben und 40 000 Brandbomben auf die Hauptstadt der Sowjetunion herab.

Die II./KG. 55 unter Oberstleutnant Kühl hatte als einzige Gruppe den Kreml als Ziel befohlen bekommen. Der Bericht ihres Angriffs lautete u. a.:

> "Um 19.47 Uhr hob das Geschwader zum ersten Mal mit 35 Maschinen gegen Moskau zum Feindflug ab. . . .
> Alle warfen gut. Das Regierungsviertel brannte, der Kreml

brannte nicht. Oberstleutnant Kühl kurvte noch ruhig über eine halbe Stunde lang über dem Kreml in 1500 m Höhe, um die Zielwirkung nach dem Angriff zu beobachten. Kein Scheinwerfer, nur eine sogenannte "rote Maus", ein Vierlings-MG, schoß aus dem Kreml in die Luft, sonst nichts. . . ."

Doch der Kreml war nicht getroffen; dafür brannte ein nahegelegenes Sportstadion, in das die deutschen Bomben gefallen waren.

Die russische Flakabwehr wurde von diesem Großangriff vollkommen überrascht, so daß das Luftflottenkommando 2 beschloß, schon zwei Tage später einen weiteren Angriff zu fliegen.

Es waren 115 Flugzeuge, vornehmlich des KG. 4 (Oberst Rath), die in dieser Nacht einen zweiten Angriff flogen. Diesmal war die feindliche Luftabwehr schon bedeutender; und als wiederum zwei Tage später der dritte Angriff gegen Moskau geflogen wurde, leuchteten auf einmal mehr als 500 Scheinwerfer in einem Umkreis von 30 km rund um Moskau auf und Dutzende von schweren Feindbatterien eröffneten das Abwehrfeuer.

Die russischen Flakverbände hatten sich innerhalb von fünf Tagen um Moskau um das Tausendfache verstärkt, gegen die nun die deutschen Kampfmaschinen nicht mehr ankamen; und am 30. Juli wurde vorläufig der letzte Angriff geflogen!

Denn nun erforderte die Schlacht um Smolensk den Einsatz der noch kampffähigen Verbände, die teilweise wieder an andere Abschnitte, ja sogar nach Frankreich und in die Heimat transportiert wurden. So verlegten u. a. — um wenige Beispiele zu nennen — die II./JG. 27 in die Heimat und folgte der I. Gruppe, die bereits in Nordafrika kämpfte; das St.G. 77 war geschlossen in der Ukraine im Einsatz u.a.m.

Die noch unter Befehl der Luftflotte stehenden Kampfgeschwader mußten im Juli die wichtigsten Rüstungsbetriebe um Woronesch, Tula und Brjansk angreifen. Ein Erfahrungsbericht des KG. 55 meldete:

> "In Dämmerungsangriffen wurden die wichtigen Eisenbahnknotenpunkte Brjansk und Orel angegriffen. Hier stauten sich nicht nur die Truppentransporte, die aus ihren Reservestellungen zur Front geworfen werden sollten, hier lagerten und warteten lebenswichtige Erzeugnisse der Industrie und Ernährungswirtschaft auf ihren Weitertransport. Über Orel und Brjansk werden die Eisenbahnladungen vom Schwarzen Meer nach dem Norden und nach Moskau geleitet.
>
> Zur Abend- und Morgendämmerung sah uns Unetscha. Bomben fielen auf Gleisanlagen, wo Zug hinter Zug stand. Treffer zeigten das große Nachschublager und die Bahnhofsgebäude.
>
> Wohin der weitreichende Arm unserer Artillerie nicht wirkte, deckten unsere Bomben mit größerer Wucht die hindernden Verstecke des Feindes ein. Bei Tage wurde die Stadt Dorogobush mit Bomben belegt."

Nachdem die Schlacht um Smolensk die Masse der Heeresgruppe Mitte fesselte und ab Mitte August sich der Schwerpunkt der gesamten Offensive in Richtung Kiew verlagerte, wurden mehr und mehr fliegende Verbände aus dem Mittelabschnitt abgezogen. So verließen allein im Monat August alle Verbände des VIII. Fliegerkorps diesen Raum, um bei Leningrad eingesetzt zu werden.

Die übrigen Kampfgeschwader und Jagdgeschwader wurden nun zur Unterstützung der Panzergruppe 2 in der Ukraine gebraucht und nicht für die schwerbedrängten Infanteriedivisionen am Wop, bei Smolensk und Jelnja. So verließen sämtliche

Stukastaffeln den Mittelabschnitt; zurück blieben im August vorerst nur Teile vom KG. 3, 53, 55, dem ZG. 26 und der KGr. 100.

Die Kampfeinsätze des KG. 53 "Legion Condor" (Oberstleutnant Weitkus) in den Monaten August und September mögen hier als Beispiele für das Wirken deutscher Luftwaffenverbände in dieser Zeit gelten:

| | |
|---|---|
| 4.8.41 | Nacht-Großangriff auf Moskau (Sonderziel) |
| 7.8.41 | Nacht-Großangriff auf Moskau (Sonderziel) |
| 9.8.41 | Nacht-Großangriff auf Moskau |
| 10.8.41 | Nacht-Großangriff auf Moskau |
| 11.8.41 | Dämmerungseinsatz auf Bahnhof Brjansk |
| 12.8.41 | Dämmerungseinsatz auf Bahnhof Brjansk |
| 12.8.41 | Nachtangriff auf Bahnhof Wjasma |
| 14.8.41 | Tagangriff auf Slobin (Schlobin) |
| 14.8.41 | Tagangriff auf Artillerie-Stellg. 2 km NO Slobin |
| 15.8.41 | Tagangriff auf Truppen auf Straße nördl. Gomel |
| 15.8.41 | Tagangriff auf Artillerie-Stellg. nördl. Jelnja |
| 16.8.41 | Tagangriff auf Truppen bei Uschtscherpje bei Klinzy |
| 16.8.41 | Tagangriff Nowossybkow (70 km ostwärts Gomel) |
| 21.8.41 | Tagangriff Bahnlinie Gomel-Snowsk und roll. Material |
| 22.8.41 | Tagangriff Bahnlinie 10 km nördlich Snowsk und roll. Material |
| 22.8.41 | Tagangriff Bahnlinie Gomel-Snowsk |
| 23.8.41 | Tagangriff auf Bahnhof Bachmatsch |
| 23.8.41 | Tagangriff Bahnlinie Njedantschitschi-Tschernigow |

| | |
|---|---|
| 23.8.41 | Nachtangriff auf Bahnhof Tschernigow |
| 24.8.41 | Tagangriff auf Bahnhof Krolewez |
| 24.8.41 | Tagangriff auf Bahnhof Tschernigow |
| 25.8.41 | Tagangriff auf Bahnlinie Konotop-Putiwl |
| 25.8.41 | Tagangriff auf Bahnlinie Konotop-Krolewez |
| 26.8.41 | Tagangriff auf Bahnhof Cholmetschi |
| 28.8.41 | Tagangriff auf Bahnhof Cholmetschi und Züge |
| 30.8.41 | Tagangriff auf Bahnhof Paliki und Bahnhof N-Brjansk |
| 1.9.41 | Tagangriff auf Bahnhof Komarischi |
| 6.9.41 | Nachtangriff auf Versorgungsanlagen von Brjansk |
| 7.9.41 | Tagangriff auf Bahnhof und Bahnlinie Klimoska-Sumy |
| 8.9.41 | Tagangriff auf fahrende Züge Bachmatsch-Konotop |
| 9.9.41 | Tagangriff auf Bahnhof und Bahnanlagen Romny |
| 10.9.41 | Tagangriff auf Bahnhof und Bahnanlagen Pirjatin |
| 10.9.41 | Tagangriff auf Truppen und Panzer bei Jtschija |
| 12.9.41 | Tagangriff auf Truppenansammlungen und Panzer bei Razmany |
| 13.9.41 | Tagangriff auf Truppenansammlungen und Panzer bei Tschernychi-Pirjatin |
| 14.9.41 | Tagangriff auf Truppen bei Priluki |
| 15.9.41 | Tagangriff auf Truppen und Panzer Priluki-Pirjatin |
| 16.9.41 | Tagangriff auf fahrende Züge Klinowka-Sumy |
| 17.9.41 | Tagangriff auf Bahnhof Komaritschi |
| 19.9.41 | Tagangriff auf Bahnhof Smorodino |
| 20.9.41 | Tagangriff auf fahrende Züge bei Kirikowka |

| | |
|---|---|
| 24.9.41 | Tagangriff auf Bahnlinie Brjansk-Orel-Kursk-Lgow |
| 26.9.41 | Tagangriff Bahnkreuz 10 km nordwestl. Kaluga |
| 27.9.41 | Tagangriff auf fahrende Züge bei Kaluga. |
| 28.9.41 | Tagangriff auf fahrende Züge wie am 27.9. |

Lediglich für Einzelunternehmungen wurden Jagdflieger plötzlich angefordert, wenn russische Luftangriffe pausenlos auf Stellungsabschnitte erfolgten. So erzielten im Monat August einige Jagdflieger noch große Erfolge: Leutnant Huppertz (12./JG. 51) schoß seinen 34., Oberleutnant Schnell (9./JG. 51) seinen 29., Hauptmann Leppla (3./JG. 51) seinen 27., Leutnant Fleig (2./JG. 51) seinen 26., Hauptmann Wilcke (III./JG. 53) seinen 25. Gegner ab. Doch auch die eigenen Verluste blieben schmerzlich. So starb u. a. den Fliegertod am 25. August im Luftkampf bei Brjansk der neben Oberst Mölders bis dahin erfolgreichste Jagdflieger, Hauptmann Joppien (Kommandeur I./JG. 51) nach seinem 70. Luftsieg.

Das Schwergewicht in der Abwehr der russischen Luftangriffe lag deshalb im Monat August nach wie vor bei den Verbänden der Flakartillerie. Da schoß z.B. am 5. August die 4./Flak-Rgt. 24 (Oberleutnant Vogel) bei Orscha fünf russische Kampfwagen ab, vernichtete ferner 13 Geschütze und 80 Lastwagen.

Die Erfolge des I. Flakkorps bis Anfang September 1941 beliefen sich auf insgesamt 314 abgeschossene Feindflugzeuge und nahezu 3000 Panzerkampfwagen.

Das Luftflottenkommando 2 — das später sein Hauptquartier nach Smolensk verlegte — verfügte hier zur Aufrechterhaltung der Nachrichtenverbindung über das Luft-Nachrichtenregiment 32 (Oberstleutnant Boner), das gleichzeitig das II. Fliegerkorps betreute.

Das Regiment selbst bestand aus zwei Abteilungen, wovon die

I. unter Major Kranhold für die Nachrichtenverbindungen und deren Betrieb zuständig war, während die II. Abteilung unter Major von Tengg-Kobligk für den Feldfernkabelbau verantwortlich war.

Im Monat September waren nur kleinste fliegende Einheiten noch über den deutschen Linien zu sehen. Der Nahkampfführer II (Generalmajor Fiebig) führte die zurückgebliebenen Schlacht- und Jagdgeschwader im südlichen Frontabschnitt der Heeresgruppe Mitte, während die Mitte und der Norden vollkommen entblößt waren. Hier befanden sich nur sporadisch Staffeln und Flugzeuge des St.G. 2 (dessen Führung Oberstleutnant Hagen übernommen hatte), des JG. 51 (Major Beckh) und des KG. 53 (Oberstleutnant Weitkus) im Einsatz.

Besonders erfolgreich war Oberleutnant Boerst (3./St.G. 2), der z.B. am 6. September die Dnjeprbrücken bei Smolensk durch Tiefangriff zerstörte. Er vereitelte hier damit den Ausbruch starker russischer Kräfte aus dem Kessel von Smolensk und wurde mit dem Ritterkreuz ausgezeichnet. (Boerst wurde später einer der erfolgreichsten Sturzkampfflieger der Luftwaffe und erhielt die Schwerter zum Eichenlaub des Ritterkreuzes.)

Die Vorbereitungen zum "Unternehmen Taifun" (Angriff auf Moskau), das Ende der Schlacht um Kiew und das Abbrechen der Eroberung von Leningrad führten endlich wieder die nach Süden und Norden abgestellten ehemaligen Verbände der Luftflotte 2 in den Mittelabschnitt der Ostfront.

Ende September kehrte vom Frontabschnitt Leningrad das gesamte VIII. Fliegerkorps (Generalleutnant Freiherr von Richthofen) zurück. Die bisher im Großraum Kiew eingesetzt gewesenen beiden Geschwader St.G. 1 (Oberstleutnant Dinort), St.G. 77 (Oberstleutnant Graf Schönborn-Wiesentheid) und das ZG.26 (Oberst Schalk) bezogen nun wieder die Feldflug-

plätze im Bereich der Heeresgruppe Mitte.
Damit konnte nun die Luftflotte 2 mit massierten Einsätzen die Heeresgruppe am Anfang der Offensive gegen Moskau unterstützen. Noch vor Beginn des eigentlichen Unternehmens "Taifun" griffen in der Nacht zum 1. Oktober Kampfflugzeuge des KG. 53 "Legion Condor" militärische Anlagen im Großraum Moskau an. Diese Angriffe wurden in den folgenden Nächten trotz verstärkter Luftabwehr wiederholt. Tagsüber war ein Angriff auf Moskau infolge der immensen Flakabwehr nicht möglich.
Mit Fortschreiten des Angriffs — bei dem beide Fliegerkorps noch einmal mit sichtbarem Erfolg in die Doppelschlacht von Brjansk und Wjasma eingriffen — wurden die Feldflugplätze immer weiter nach Osten vorverlegt.
So nahmen St.G. 1 und St.G. 77 unter Führung des Nahkampfführers II. Fliegerkorps im Bereich der 2. Panzerarmee an den ersten großen Schlachten der neuen Offensive teil. Das St.G. 2 unterstützte unter der Führung des VIII. Fliegerkorps die 3. Panzerarmee im Raum Wjasma und bei weiteren Angriffen in Richtung Kalinin. Bei diesem Geschwader, dessen Führung Anfang Oktober Major Hozzel, einer der ersten Stukaflieger der Luftwaffe überhaupt, übernahm, zeichneten sich in wiederholten Einsätzen besonders aus: Hauptmann Dr. Kupfer (der später die Schwerter zum Eichenlaub erhalten sollte,) und die Oberleutnante Freitag und Lang.
Generalleutnant Freiherr von Richthofen verlegte mit Fortschreiten der Offensive seinen Gefechtsstand von Smolensk nach Lipitzky, von hier nach Jemeljanowo, 125 km westlich von Moskau. Ein Bericht über den Zustand des Hauptquartiers — als die Schlechtwetterperiode einsetzte — brachte zum Ausdruck:

"Nun wurde das Wetter immer schlechter, es herrschte

leichter Frost, die Straßen und Wege blieben verschlammt, denn Kettenfahrzeuge und schwere Lastwagen hatten alles aufgewühlt. Da die Nachschublage sehr kritisch war, wurde das Feldfernkabel im Lufttransport so nahe wie möglich an die Front gebracht. Es war auf der ganzen Strecke zwischen Rshew und Kalinin mulmig, denn die sowjetische Infanterie, selbst Panzer und Artillerie kreuzten immer wieder die Straßen. . . ."

Genau dieselben Schwierigkeiten fanden sich im südlichen Abschnitt, wo das II. Fliegerkorps unter General der Flieger Loerzer im Einsatz stand. Der Gefechtsstand befand sich in Schatalowka. Die Verbindung zu den Feldflugplätzen der fliegenden Staffeln und Gruppen wurde durch das Luftnachrichten-Rgt. 32, dem später das Luftnachrichten-Rgt. 12 (Oberstleutnant Oehmichen) nachgeführt wurde, aufrecht erhalten. (Das Luftnachrichten-Rgt. 12 ging schon im November zum Balkan.)

General d. Flieger Loerzer verlegte seinen Gefechtsstand in eine Lungenheilstätte bei Kaluga, während sein Nahkampfführer, Generalmajor Fiebig, jeweils seinen Schlachtfliegern folgte, die vorrangig vor der 2. Panzerarmee flogen.

Hier zeichnete sich infolge des äußerst schlechten Wetters bald die Erfolglosigkeit jeden weiteren fliegenden Einsatzes ab, da der Nachschubbedarf an Treibstoff für die Flugzeuge sowie an Bomben und Munition für die Kampf- und Jagdmaschinen ins Stocken geriet. Dies nahm General d. Flieger Loerzer zum Anlaß, direkt bei seinem Oberbefehlshaber Reichsmarschall Göring vorstellig zu werden, der seinen Luftnachrichtenchef, Generalleutnant Martini, beauftragte, selbst "nach dem Rechten zu sehen".

Der Luftnachrichtenchef überzeugte sich in Orel von der schwierigen Transportlage und ordnete noch in derselben

Nacht den Einsatz von mehreren Transportflugzeugen "Ju 52" an, die von Norwegen herangeholt wurden und nun die ersten Versorgungsflüge im mittleren Abschnitt zu den steckengebliebenen Einheiten der Luftflotte flogen, um später gleichfalls die liegengebliebenen Divisionen der Heeresgruppe mit fehlendem Treibstoff, Lebensmitteln, Munition und Transportmaterial zu versorgen.

Mittlerweile gingen die schweren Kämpfe zur Erde weiter und nahmen größeren Umfang an, als dann die Frostperiode einsetzte. Die Kampffliegerverbände griffen bis Ende November mehrmals die Verkehrs- und militärischen Anlagen in und um Moskau an. Die letzten Einsätze wurden sogar bei Tage geflogen. Ein Kampfgeschwader berichtete in knappen Sätzen über seine Einsätze:

> "Niederkämpfung der russischen Luftwaffe, Nachschubwege, Eisenbahnziele, Nachtangriffe auf Moskau, Gorki und andere Industrieziele, erste Versorgungsflüge für eingeschlossene Heeresteile. . . ."

Das Tagebuch des St.G. 2 (Major Hozzel) meldete u.a.:

> ". . . Winterwetter. 30. Oktober: Eisregen; nur Stuka fliegen noch in 100 m Höhe gegen den sowjetischen Panzergegenstoß in die Flanke der 110. ID. Noch am 6. November kommt der Angriff des XXIII. AK. mit guter Unterstützung des Geschwaders 15 km voran. Ab 7. November Schneefall, Temperaturen sinken unter —20°. Flugmotore springen nicht mehr an. Trotz aller Anstrengungen des gesamten Personals ist Einsatz nur noch an wenigen Tagen möglich. So am 13. November ein Stuka-Einsatz gegen angreifenden Feind nördlich des eigenen Jäger-Feldflugplatzes Rusha. Am 18. November auf Feindkolonnen und Truppenansammlungen, die teilweise fluchtartig nach Osten abziehen. Am 26. November Einsätze vor Infanterie und Pan-

zern der 2. Panzerarmee. Am 28. November bis zu vier Einsätze aller Verbände und am 30. November Einsatz vor 4. Panzerarmee, die 12 km vorankommt und etwa 20 km vor dem nordwestlichen Stadtrand von Moskau steht. Anfang Dezember ist die Offensive bei Temperaturen bis zu —30° eingefroren. . . ."

Doch zu diesem Zeitpunkt erfolgte kaum mehr Luftunterstützung für die Heeresgruppe Mitte — denn die Masse der Luftflotte 2 wurde plötzlich Mitte November von der Ostfront abberufen und nach Italien, Sizilien und Nordafrika befohlen, um hier die italienischen Bundesgenossen zu unterstützen, die auf dem nordafrikanischen Kriegsschauplatz geschlagen waren und deren Flotte in den Mittelmeerhäfen festlag und sich nicht mehr auf die offene See traute!

Feldmarschall Kesselring ging selbst mit seinem Luftflottenkommando und dem gesamten II. Fliegerkorps nach Italien. Zurück blieben lediglich wenige fliegende Verbände, die nun unter der Führung des Generalkommandos VIII. Fliegerkorps (General d. Flieger Freiherr von Richthofen) standen, um die Heeresgruppe Mitte bei ihren letzten schweren Kämpfen um Moskau zu unterstützen.

So flogen praktisch nur die beiden Jagdgeschwader 51 (Major Beckh) und 53 (Major Freiherr von Maltzahn), das KG. 53 (Oberstleutnant Weitkus) und von den drei Stukageschwadern nur vier Gruppen: II./St.G. 1, III./St.G. 2, II./St.G. 77 und II./Lehr-G. 2 sowie die KGr. 100. Im Erdeinsatz standen neben den beiden Flakregimentern 101 und 104 die Luftnachrichtenregimenter 22, 32 und 38. Die beiden Luftnachrichtenregimenter folgten den Heerestruppen stets dichtauf. So verlegten die Kompanien im nördlichen Teil der Front direkte Kabelleitungen von Rshew bis Klin und bis zur Südspitze des Ssenesh-Sees, ostwärts von Solnetschnogorsk. Hier befand sich der vorderste

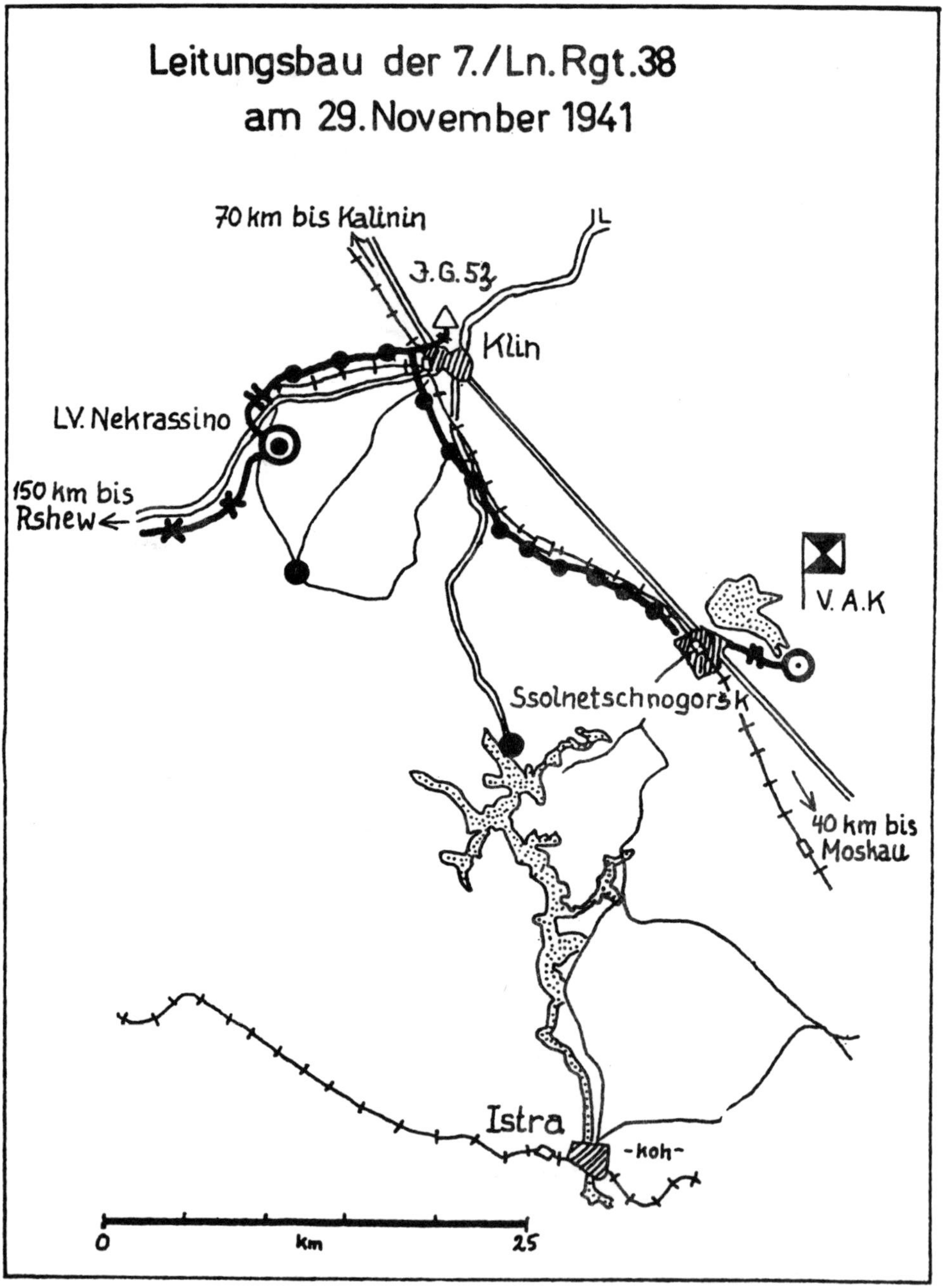
Leitungsbau der 7./Ln.Rgt.38
am 29. November 1941
70 km bis Kalinin
J.G. 53
Klin
LV. Nekrassino
150 km bis
Rshew
V.A.K
Ssolnetschnogorsk
40 km bis
Moskau
Istra
-koh-
0
km
25

Einsatzplatz des JG. 53, nur 50 km vor Moskau!
Die im Abschnitt der 2. Panzerarmee tätigen Luftnachrichtenkompanien hatten allein bis Mitte November 3000 km Kabel verlegt, 40 000 Funksprüche und 30 000 Fernschreiben aufgegeben und standen mit ihrer vordersten Kompanie — 5./Luftnachr.Rgt. 32 unter Oberleutnant Raabe — bei den Panzerspitzen des XXIV. PK. in Jasnaja Poljana, dicht vor Tula.
Doch auch die Flakartilleristen hatten ihr Möglichstes getan. Hier soll stellvertretend für alle Erfolge und Opfer der Tagesbefehl des Generals d. Panzertruppen Freiherr Geyr von Schweppenburg stehen, der am 21. November das Flak-Rgt. 104 aus seinem Abschnitt mit folgenden Worten verabschiedete:

> "Soldaten des Flak-Rgt. 104!
> Am Ende des 5. Monats eines pausenlosen Kampfes gedenke ich Eurer Leistungen besonders. An dem Siegeszug des Korps über den Bug, die Beresina, den Dnjepr und die Stalin-Linie bis Rosslawl, über Miloslawitschi, die Desna und den Ssejm bis zur Einschließung von Kiew, von Gluchow über Orel bis vor Tula habt Ihr mit dem Abschuß von 222 Flugzeugen, 73 Panzern und eines Panzerzuges, der Vernichtung von 140 Geschützen und der Einbringung von 2082 Gefangenen hervorragenden Anteil. In vorbildlicher Waffenkameradschaft seid Ihr in steter Bereitschaft auch den schwersten Lagen in der Luft und auf der Erde gerecht geworden.
> Ich gedenke in Treue der gefallenen Kameraden und Verwundeten des Regiments."

Die Männer des fliegenden Personals flogen mit ihren zerschossenen Maschinen trotzdem bei Wind und Wetter, bei Schnee und Eis, um ihren schwerringenden Kameraden auf der Erde die notwendige Luftunterstützung zu geben. So flog z.B. die 1. Staffel der KGr. 100 (Oberleutnant Bätcher) in der Nacht zum 5. November noch einmal einen schweren Angriff gegen die Industriewerke von Gorki, über den ein damaliger Kriegsberichter in deutschen Zeitschriften schrieb:

"Bereits Stunden dauert der Flug, und trotz der Heizung in der Maschine macht sich die Außentemperatur unangenehm bemerkbar. Unter uns liegt, soweit das Auge blicken kann, eine geschlossene weiße Wolkendecke, deren bizarre Formen die einzige Abwechslung für die Flieger sind. Wie ein in Eis erstarrter Ozean schließt sie uns von der einige tausend Meter tiefer liegenden Erde ab. Längst haben wir die Front überflogen. Links irgendwo muß Moskau liegen. Die Männer interessiert nicht das Wolkenmeer, nicht der blaue Himmel über uns. Immer wieder wird der Kurs berechnet, werden Karten und Bordinstrumente verglichen. Rechts und links folgen die Kettenhunde in geringem Abstand.

Armselige strohgedeckte Hütten ziehen sich in unregelmäßigen Reihen an den tief ausgefahrenen Straßen entlang, und die Menschen schauen überrascht zu uns herauf. Ob sie uns in der Schnelligkeit erkannt haben? All das interessiert die Männer der Besatzung nicht. Da vorn, nur noch wenige Kilometer entfernt, ist das Ziel, liegt Gorki.

Im Tiefflug jagen die schweren Kampfmaschinen über die Erde dahin, geschmeidig jeden Hügel nehmend und wieder in das darauffolgende Tal stoßend. Rechts von uns die Oka; im letzten Dämmerlicht leuchtet ihr Wasser zu uns herüber.

Die leichten Höhenzüge bilden einen großen Kessel, in dessen Tiefe und an dessen Hängen sich Gorki ausbreitet. Ein Blick auf die Karte. Der Oberleutnant nickt seinem be-

Ein Kampfflugzeug vom Typ "He-111H" mit am Rumpf angehängter Bombe vom Typ "SC 1000". Die schweren Bomben, die anfangs im Inneren des Rumpfes lagerten, klemmten oft beim Abwurf und führten dann zum Absturz des Flugzeuges. So hängte man die Bomben später unter den Rumpf der Maschinen.

Mit Fortdauer des Feldzuges und dem erfolgten Abzug des II. Fliegerkorps auf den Mittelmeer-Kriegsschauplatz erhielten die Transportstaffeln — hier Lastensegler — mehr und mehr an Bedeutung für die Truppe. Das untere Bild zeigt das Treibstoff- und Materiallager auf einem Behelfsflugplatz im Raum Orscha.

Die russische Luftwaffe — die kein selbständiger Wehrmachtsteil war — wurde vom Spätsommer 1941 an immer stärker; die Verluste der deutschen Luftwaffe dagegen immer größer. Das obere Bild zeigt den Abschuß einer deutschen Kampfmaschine über Borodino; das untere ein einsames Flugzeug der Fernaufklärergruppe 121 über den verschneiten Ebenen zwischen Brjansk und Moskau.

Ein leichtes Flakgeschütz Anfang Dezember 1941 bei der Sicherung an der Oka.

Ein schweres Flakgeschütz des Flak-Regiments 101. Das Regiment machte den Vormarsch des XXIV. Panzerkorps bis Tula mit und war eines der erfolgreichsten Regimenter der Flakwaffe in den ersten Monaten des Ostfeldzuges.

währten Flugzeugführer kurz zu. Der Angriffskurs ist richtig. Wie die Teufel sind wir über der Stadt, und dann geht der Tanz los. Wohin man auch in der Eile sehen kann, überall blitzen die Mündungsfeuer der schweren bolschewistischen Flak. Aus dem Meer der Häuser und Straßen jagt es uns in hunderten leuchtenden Garben entgegen. Da gibt es kein Ausweichen. Viele der Häuser lassen helles Licht nach außen dringen.

Da — der Beobachter zeigt nach links — vor uns tauchen die langgestreckten Gebäude einer Werksanlage auf. Unser Vogel legt sich auf die linke Tragfläche, überspringt in einem eleganten Satz den hohen Schornstein des Werkes. 50, 60 Lastkraftwagen stehen im Fabrikhof — das Ziel! Ein starker Ruck geht durch die Maschine, die —zig Zentner schwere Bombe trudelt herunter. Steilauf zieht die "Anton-Kurfürst" zu den tiefhängenden Wolken. Kaskadengleich jagt die Flak aus allen Rohren und mit jedem Kaliber ihr wildes Feuer hinter unserem Vogel her und an ihm vorbei. Hunderttausendfacher Tod erfüllt die Luft. Aus dem dämmerigen Wolkenhimmel schießt ein Sowjetjäger auf uns herab. Seine Leuchtspurgeschosse spritzen in glühenden Linien gegen die "Anton-Kurfürst".

Wenige hundert Meter hinter uns, dort, wo vordem die Auto-und Flugmotorenfabrik der Molotow-Werke lag, steht eine hohe Rauchwand und in dem quirlenden Schwarz zucken rote Blitze, loht plötzlich eine hohe Stichflamme. Trümmerteile fliegen an unserer Maschine vorbei. Dicht daneben zischt eine zweite Flamme turmhoch in den Himmel. Die Arbeit unserer Kameraden. Ein dritter, vierter, fünfter Brandherd lodert auf. Hell fällt der Schein der Brände in unsere Kabine. Nur mit einem Motor ziehen wir an der unteren Wolkengrenze entlang, verfolgt von der im-

> mer toller schießenden Flak. Flaksplitter fahren durch die Wände der Bombenschächte. Noch einmal müssen wir in den Bereich der Stadt. Obwohl unsere Sorge unserer "Anton-Kurfürst" zu gelten hat, können wir uns nicht sattsehen an dem Bild der brennenden Rüstungswerke der Sowjets. Aus dem Rot der Flammen ist schon nach wenigen Minuten eine helle Weißglut entstanden. Da wird Stahl und Eisen wieder zur flüssigen Lava."

Dann wurde auch diese Kampffliegergruppe zur Auffrischung nach Deutschland zurückverlegt . . .

. . . und auf der steinharten, zu Eis gefrorenen Erde kämpfte fortan die Heeresgruppe Mitte praktisch ohne weitere Luftunterstützung gegen einen Gegner, der Ende November eindeutig die Luftüberlegenheit besaß!

Die Luftflotte 2 hatte vom 22. Juni bis 30. November 1941 abgeschossen bzw. vernichtet: 6 670 Flugzeuge, 1 900 Panzer, 26 000 andere Fahrzeuge und 2 800 Eisenbahnzüge — und trotzdem wurde die sowjetische Luftwaffe immer stärker und stärker . . .

Das VIII. Fliegerkorps hatte im Dezember 1941 noch zur Verfügung:

| | |
|---|---|
| Stukageschwader | 2 mit zwei Gruppen, |
| Jagdgeschwader | 51 mit drei Gruppen, |
| Jagdgeschwader | 52 mit zwei Gruppen und einer spanischen Staffel, |
| Kampfgeschwader | 53 mit fünf Gruppen, |
| Kampffliegergruppen | II/30, II und III/76 |
| Nachtjagdgruppen | I und II/4 |
| Schlachtkampfgruppe | II/210 |
| Fernaufklärungsgruppe | VIII. Fliegerkorps |
| Aufklärungsstaffeln | 2/11, 4/11, 1/33, 3/33, 4/14. |

# Moskau oder Kiew?

Die Gesamtkriegslage an der Ostfront hatte sich bis Mitte Juli nicht so erfolgreich gestaltet, wie es von der obersten deutschen Führung erwartet worden war. Es zeigte sich bereits in den ersten Feldzugswochen, daß der Widerstand der "Roten Armee" trotz schrecklicher Verluste nicht zu brechen war, daß weiterhin das noch archaisch liegende Land mit seinen Urwäldern, Sümpfen und Steppen erhöhte Belastungen für die marschierende Truppe und besonders für die motorisierten Verbände darstellte. Dazu kamen die eigenen Ausfälle an Gefallenen, Verwundeten und Vermißten, besonders aber die Transportschwierigkeiten für die weit nach Osten vorgeprellten Panzertruppen.

Lediglich die Heeresgruppe Mitte hatte bis zu diesem Zeitpunkt ihre ersten Angriffsziele erreicht, während die Nachbar-Heeresgruppen noch weit zurückhingen und es ihnen nicht gelungen war, größere Feindverbände einzukesseln oder zu zerschlagen.

Das OKW und das OKH bemühten sich durch intensive Besprechungen und Planspiele die Offensive energisch fortzuführen, die schließlich am 19. Juli ihren Niederschlag in der "Führerweisung Nr. 33" (OKW/WFSt/Abt.L. — I Op — Nr. 441 230/41 gK Chefs) fand. Hier hieß es u.a., daß die Heeresgruppe Mitte schnelle Verbände nach Süden und Norden abzugeben habe und die "Fortsetzung des Vormarsches auf Moskau mit Infanterieverbänden" durchführen müsse.

Schon vier Tage später wurde diese Weisung durch Ergänzungsbestimmungen erweitert, die den Schwerpunkt der weiteren Offensive zur Heeresgruppe Süd verlegten, die den Auftrag erhielt:

"Sobald es die operative und Versorgungslage erlaubt, ist ostwärts des Dnjepr die Panzergruppe 1 und 2 unter der Panzerarmee 4 zusammenzufassen, um gefolgt von Infanterie- und Gebirgsdivisionen, nach Gewinnung des Industriegebietes von Charkow über den Don nach Kaukasien vorzustoßen!"

Das OKH war mit diesem "Traumziel" nicht einverstanden, da es in die Vorbereitungen zu diesen Plänen nicht gefragt worden war. Es entspann sich ein tagelang währender Disput zwischen diesen beiden höchsten Führungsstellen der deutschen Wehrmacht, der nicht beigelegt wurde, so daß Generaloberst Halder seinem Tagebuch anvertraute:

"Ich sehe . . . den Anfang des Versandens der bisherigen schwungvollen Operationen."

Zwei Tage später — am 28. Juli — notierte er:

"Die Unsinnigkeit der nunmehr beschlossenen Operation führt zu einem Auseinanderlaufen der Kräfte und ein Stehenbleiben an der entscheidenden Stelle auf Moskau . . ."

Diese Auseinandersetzungen führten dazu, daß wiederum zwei Tage später Hitler eine neue Weisung erließ (OKW/WFSt/-Abt.L. — I Op — Nr. 441 298/41 gK Chefs), nach der die Heeresgruppe Mitte sich in der augenblicklich erreichten Linie zur Verteidigung einrichten sollte, um sich hier für den weiteren Aufmarsch gegen Moskau vorzubereiten. Der Oberste Befehlshaber gab dem Heeresgruppenkommando nur insofern nach, als die Panzergruppe 3 bei der Heeresgruppe Mitte verblieb, während sich die Panzergruppe 2 in den Bereich der Heeresgruppe Süd begeben mußte.

Das Drängen des OKH und des Heeresgruppenkommandos bewirkte schließlich, daß Hitler selbst mit seinem Chefadjutanten, Oberst i.G. Schmundt, und dem Chef der Operationsabteilung im OKH, Oberst i.G. Heusinger, am 4. August in das Hauptquartier der Heeresgruppe Mitte nach Borissow kam. Von Seiten der Heeresgruppe nahmen an dieser anberaumten Besprechung der Oberbefehlshaber Feldmarschall von Bock und die beiden Panzergruppen-Oberbefehlshaber Generaloberst Guderian und Hoth teil.

Hitler hörte sich die drei Oberbefehlshaber ruhig an, die einhellig der Meinung waren, daß ihre Panzergruppen nach dreiwöchiger Ruhepause etwa Mitte August zum Angriff auf Moskau antreten könnten.

Nach diesen Vorträgen ergriff dann Hitler selbst das Wort und erläuterte ausführlich seine eigenen Pläne, die Leningrad und die Ukraine in den Mittelpunkt aller strategischen Überlegungen setzten. Er wollte erst die Ukraine und die Krim erobern, dann würde Moskau trotzdem noch vor Einbruch des Winters erreicht werden können.

Die weitere Besprechung verlief ergebnislos, so daß die Oberbefehlshaber der Panzergruppen unbefriedigt in ihre Gefechtsstände zurückflogen. Hier bereiteten sie beide — unabhängig voneinander — den Angriff auf Moskau vor.

Die Sicherung der Südflanke der Heeresgruppe Mitte mußte aber vorerst gewährleistet werden, ehe überhaupt die Offensive nach Osten fortgeführt werden konnte. Starke Feindverbände hatten sich hier zwischen Rosslawl und Gomel festgesetzt und konnten jederzeit mit einem Angriff nach Norden in die tiefe Flanke der Heeresgruppe stoßen.

Die 2. Armee des Generalobersten Frhr. von Weichs baute inzwischen eine einigermaßen sichere Abwehrfront zwischen nordwestlich Gomel und Kritschew am Sosh auf, während die motorisierten Divisionen der Panzergruppe 2 (Generaloberst Guderian) zwischen dem Sosh und der Dessna noch dabei waren, eine solche feste Front zu bilden. Dieser Flankenschutz war Mitte August gegeben, als die Sowjets sich bis in den Raum südwestlich von Brjansk zurückzogen.

Die Führungsstäbe der Heeresgruppe Mitte und der ihr unterstellten Armeen gingen nun daran, die ersten Pläne für den weiteren Stoß auf Moskau vorzubereiten. Der vorläufig endgültige Plan nahm langsam Gestalt an, so daß von rechts nach links die eingesetzten Verbände der Heeresgruppe folgende Ziele genannt bekamen:

| | |
|---|---|
| Panzergruppe 2: | Stoß über Orel und Brjansk mit allgemeiner Richtung Tula zur Abdeckung der Südflanke; |
| 2. Armee: | Angriff über Brjansk und südlich Kaluga nach Moskau; |
| 4. Armee: | Vorerst Stehenbleiben; nur linker Flügel dreht nach Wjasma ein, dann frontales Vorgehen Richtung Moskau; |
| Panzergruppe 3: | Vorgehen rechter Flügel Wjasma, danach über Ghatsk auf Moskau; |
| 9. Armee: | Angriff über Rshew auf Klin und Moskau, dabei linker Flügel in loser Verbindung mit 16. Armee der Heeresgruppe Nord, die über das Waldaigebirge nach Südosten angreift. |

Feldmarschall von Brauchitsch, Oberbefehlshaber des Heeres, setzte sich in einer Denkschrift dafür ein, daß nach wie vor Moskau das vorrangige Ziel des deutschen Angriffs bleiben mußte. Der Feldmarschall lehnte ferner Leningrad und Ukraine mit dem Hinweis ab, daß diese weitgesteckten Ziele vor Einbruch des Winters nicht mehr erreicht werden würden.

Diese Denkschrift traf am 18. August im "Führerhauptquartier" ein. Sie war allerdings an diesem Tag bereits überholt, da die Heeresgruppe Süd gerade in den letzten Tagen den Dnjepr von seiner Mündung bis Kiew auf breiter Front erreichte. Damit zeigte am 20. August 1941 die Front im Osten ein faszinierendes Bild. Die Spitzen der Heeresgruppe Mitte und der Heeresgruppe Süd standen an diesem Tag in einer ungefähr geraden Linie von Nord nach Süd zwischen Jelnja und Krementschug. Das hieß, daß die deutsche Front an diesem Tag ein fast gleichschenkliges Dreieck zeigte, dessen linke Spitze im Westen 550 km hinter den beiden anderen Spitzen im Osten zurücklag! In diesem Dreieck steckte südlich der Pripjetsümpfe noch die geballte Kampfkraft einer ganzen sowjetischen Heeresgruppe! Das war eine Situation, von der ein Feldherr träumte . . .

. . . und dieser Traum war nun für Hitler und seine Generalstabsoffiziere Wahrheit geworden, so daß Hitler am 21. August die "Grundsätzliche Weisung OKW/WFSt/Abt.L. — I Op — Nr. 44141/41" erließ:

> "Der Vorschlag des Heeres für die Fortführung der Operation im Osten vom 18.8. stimmt mit meinen Absichten nicht überein.
>
> Ich befehle folgendes:
>
> 1. Das wichtigste, noch vor Einbruch des Winters zu erreichende Ziel ist nicht die Einnahme von Moskau, sondern die Wegnahme der Krim, des Industrie- und Kohlengebietes am Donez und die Abschnürung der russischen Ölzufuhr aus dem Kaukasusraum, . . .
> 2. Die operativ selten günstige Lage, die durch das Erreichen Gomel — Potschep entstanden ist, muß zu einer konzentrischen Operation mit den inneren Flügeln der Heeresgruppen Süd und Mitte unverzüglich ausgenutzt werden. Ihr Ziel muß sein, die sowjetische 5. Armee nicht nur durch alleinigen Angriff der 6. Armee hinter den Dnjepr zu drücken, sondern diesen Feind zu vernichten, bevor er

hinter der Linie Dessna — Konotop — Sula-Abschnitt ausbrechen kann. . . .

3. Von der Heeresgruppe Mitte sind hierfür ohne Rücksicht auf spätere Operationen so viele Kräfte anzusetzen, daß das Ziel, die Vernichtung der 5. Armee, erreicht wird und die Heeresgruppe dabei in der Lage bleibt, feindliche Angriffe gegen die Mitte ihrer Front in kräftesparender Stellung abzuwehren . . .
4. . . .
5. . . ."

Der scharfe Ton dieser Weisung zeigte deutlich, daß Mitte August das OKH zu einem befehlsausführenden Organ geworden war, da Hitler brüsk die von dort gemachten Vorschläge nicht nur grob ablehnte, sondern seine eigenen Gedanken als Direktbefehle niederlegte. Feldmarschall von Brauchitsch als Oberbefehlshaber des Heeres resignierte bereits und trug sich mit Rücktrittsgedanken, während sich sein Generalstab zähneknirschend dieser Führerweisung beugte, um — wie Generaloberst Halder am 24. August schrieb — ". . . das Unmögliche möglich zu machen!"

Der Chef des Generalstabes des Heeres traf am Tage vorher im Hauptquartier der Heeresgruppe Mitte ein, um hier die Anordnungen und Befehle zu erläutern und das Heeresgruppenkommando auf die neue Situation umzustimmen.

Von der Heeresgruppe Mitte befanden sich zu dieser Zeit die Panzergruppe 2 — die als "Armeegruppe Guderian" bezeichnet wurde — und die 2. Armee im steten Angriff zwischen Pripjet und der Dessna.

Beide deutsche Armeen fielen für jede Angriffshandlung mit Richtung Osten für die nächsten sechs Wochen aus. Ihre Panzer-, motorisierten und Infanteriedivisionen griffen von jetzt ab nur noch nach Süden an.

# BILDER VOM EINSATZ EINER NAHAUFKLÄRUNGSGRUPPE ZUR UNTERSTÜTZUNG VON HEERESEINHEITEN

Die Kampfgruppe steht im Angriff nach Süden. Unwegsames, völlig ebenes Gelände, durchsetzt von Wald, Busch und Sumpf, trennt die Gruppe von ihrem nächsten Angriffsziel, dem etwa 20 Kilometer entfernten Ort. Was steckt in diesem Zwischenraum an Feindkräften? An fahrenden Kolonnen, Panzern, Feldstellungen, Panzerhindernissen, Truppenansammlungen, Geschützen, Flakstellungen, Reitertrupps, schanzenden Schützen usw.? Wie sind die Wegeverhältnisse, die Übergangsmöglichkeiten über Flüsse und Bäche, die Brücken? All das muß die Führung wissen, um die Angriffsbewegung richtig ansetzen und durchführen zu können. Die Erdaufklärung der Spähtrupps vermag in diesem Gelände nur lückenweise Aufklärung zu geben. Der Kommandeur fordert Luftaufklärung an.

*

Im Morgengrauen nimmt die Brigadefunkstelle die Verbindung mit dem ersten Aufklärer auf.

Auftrag: „Aufklären in Angriffsrichtung." Es bedarf zunächst keiner näheren Anweisung. Seit Wochen arbeiten die Aufklärer für die Kampfgruppe und wissen, was der Kommandeur braucht.

Erste Fliegermeldung: „Beim Feind überall Rückzugsbewegung nach Süden."

Funkspruch: an Aufklärer: „Sind Feindpanzer nördlich D. festzustellen?"

Antwort: „Im Gebiet nördlich D. keinerlei Feindbewegung."

Nächste Frage: „Was ist zwischen Bahnlinie und Fluß zu sehen?"

Fliegermeldung: „Im Gelände vor uns bis Eisenbahnlinie keine Feindbewegung."

*

Zehn Minuten später: „In O. stehen eigene Panzer. — Nach G. findet noch Einzelverkehr von Feindfahrzeugen statt. — G., etwa 5 Kilometer westnordwestlich O., stark feindbesetzt. Zahlreiche Fahrzeuge untergezogen, Infanterie. Flieger wurde von dort beschossen."

Funkspruch des Kommandeurs: „Wie sieht es in K. aus?"

Antwort: „Eigene Truppen in K. — Sechs sowjetische Tiefangriffsflugzeuge in unserem Raum längs der Bahnlinie. — S. liegt unter feindlichem Beschuß, der anscheinend aus den Wäldern westlich davon kommt. Eigene Truppen haben den Ort besetzt und sind im Vorgehen."

*

Auftrag der Kampfgruppe an den ablösenden Aufklärer: „Besten Weg hinter der Brücke erkunden."

Fliegermeldung: „Hinter der Brücke geht es seitlich durch das Dorf. Dort ungefähr 200 Meter weiter stehen sieben Sowjetpanzer."

Der Brigadekommandeur befiehlt auf Grund dieser Meldung umfassenden Angriff auf das Dorf, der den Feind völlig überrascht. Alle sechs Sowjetpanzer werden vernichtet.

Eine halbe Stunde später, Fliegermeldung: „Ostwärts von uns ein Wald von 700 Meter Breite. In der Mitte des Ostrandes dieses Waldes ein schwerer russischer Panzer, der leicht anzugreifen sein dürfte. Ich mache Zielanflug. Der Panzer kann beiderseits umfaßt werden."

Der Panzer wird umfaßt und erledigt.

Fliegermeldung: „300 Meter vor unserer Spitze ostwärts drei kleine Panzer aus dem Walde herausgekommen."

Sie kommen nicht weit aus dem Walde heraus . . . und sind zusammengeschossen.

Fliegermeldung: „Bei Bahnhof K. gehen westlich der Eisenbahn vier schwere feindliche motorisierte Geschütze mit Vollgas zurück. — Auf den Wegen nach Westen und Nordwesten geringer Einzelverkehr nach Westen. Die Brücken vor uns bis zum heutigen Tagesziel sind alle passierbar."

*

In der Abendmeldung des Kommandeurs der Kampfgruppe an die Division heißt es wörtlich: „Durch die Tätigkeit unserer Aufklärungsflieger war es nicht nur möglich, den Vormarsch zu beschleunigen und gegebene Ziele schneller zu erreichen, sondern sonst unerkannt gebliebene, gegen den Vormarsch gerichtete Feindstellungen und feindliche Rückzugsbewegungen zu erfahren und wirksam zu bekämpfen. Umwege, und somit viel Zeit, wurden erspart durch Richtungweisung und Feststellung der gangbaren Wege und Überwege. Mit Genugtuung nehmen die Panzermänner die Anwesenheit der Aufklärungsflieger auf.

An dieser Stelle soll gleichzeitig der Dank der gesamten Kampfgruppe für ihre erfolgreiche Tätigkeit ausgesprochen werden. Wir empfinden sie als unsere besten Kameraden.

gez.: E., Oberst."

Das sowjetische Oberkommando in Moskau und das Hauptquartier der neugebildeten Heeresgruppe "Brjansker Front" unter Führung des Generalleutnants Jeremenko wußten in diesen Tagen natürlich nichts von den deutschen Angriffsplänen in die Ukraine. Sie nahmen nach wie vor an, daß die gewaltsamen Angriffe der Divisionen des Generalobersten Guderian nur ein Ablenkungsmanöver bedeuteten, um den Aufmarsch der Heeresgruppe Mitte zur letzten Offensive auf Moskau zu verschleiern.
Das war auch der Grund, warum die russische Führung den angreifenden deutschen Verbänden geringen Widerstand entgegensetzte, dafür aber die eigene nach Westen gerichtete Stellung zwischen Brjansk und Wjasma befestigen ließ.
Die Heeresgruppe "Brjansker Front" stand Mitte August mit zwei Armeen — 50. (Generalmajor Petrov), 13. (Generalmajor Golubjev) — von Nord nach Süd in Front.
Dabei wurden die am linken Flügel eingesetzten Verbände der 13. Sowjetarmee bereits im Anfangsstadium des deutschen Angriffs überrannt. Die 3. PD. (Generalleutnant Model) zerschnitt am 24. August die Eisenbahnlinie Kiew-Moskau und trennte damit die Ukraine von Zentralrußland.
Damit begann die Schlacht von Kiew, die zur größten Kesselschlacht des Zweiten Weltkrieges werden sollte und an deren Ende die restlose Zerschlagung der sowjetischen Heeresgruppe "Südwestfront" stand.
Die Front der Heeresgruppe Mitte in Richtung Moskau blieb praktisch bis Ende September in der bisherigen Linie stehen. Dabei kam es in diesen Wochen zu schweren Abwehrkämpfen, die besonders den Infanteriedivisionen erhebliche Verluste an Menschen und Material zufügten. Die Heeresgruppe Mitte lag Ende August und Anfang September von rechts nach links — mit Ausnahme der an der Kesselschlacht bei Kiew beteiligten 2.

Armee und Panzergruppe 2 — wie folgt in Front:

| | | |
|---|---|---|
| 4. Armee mit | | |
| XII. AK. | mit | 167. (Teile), 31., 34., 258. ID.; |
| VII. AK. | mit | 197., 23., 267. ID.; |
| XX. AK. | mit | 268., 292., 7., 78. ID.; |
| IX. AK. | mit | 137., 263. (Teile), 15. ID. |
| Reserven: | | 167. (Teile), 263. (Teile) ID., 10. PD. |
| 9. Armee mit | | |
| VIII. AK. | mit | 8., 255., 28. ID., 14. ID.mot., 161. ID., 7. PD., 87. ID,; |
| V. AK. | mit | 5., 35., 106., 129. ID.; |
| VI. AK. | mit | 6., 26., 110., 206. ID. |
| Reserven: | | 250. ID. (span. „Blaue Div."). |
| Panzergruppe 3 mit | | |
| LVII. AK.mot. | mit | 19., 20. PD.; |
| XXXX. AK.mot. | mit | 256., 102. ID.; |
| XXIII. AK. | mit | 86., 251., 253. ID.; |
| Reserven: | | Lehr-Brig.mot. 900. |

Vordringlichste Aufgabe in diesen Wochen war für die Heeresgruppe die Sicherung des rückwärtigen Gebietes und damit die Gewährleistung des Nachschubs an Menschen und Material. Der Befehlshaber im rückwärtigen Gebiet der Heeresgruppe Mitte, General d. Infanterie von Schenckendorff, hatte hierzu am selben Tag folgende Verbände zur Verfügung:

339. und 707. ID.,
221., 296. und 403. Sich.D.,
1. SS-Kav. Brigade.

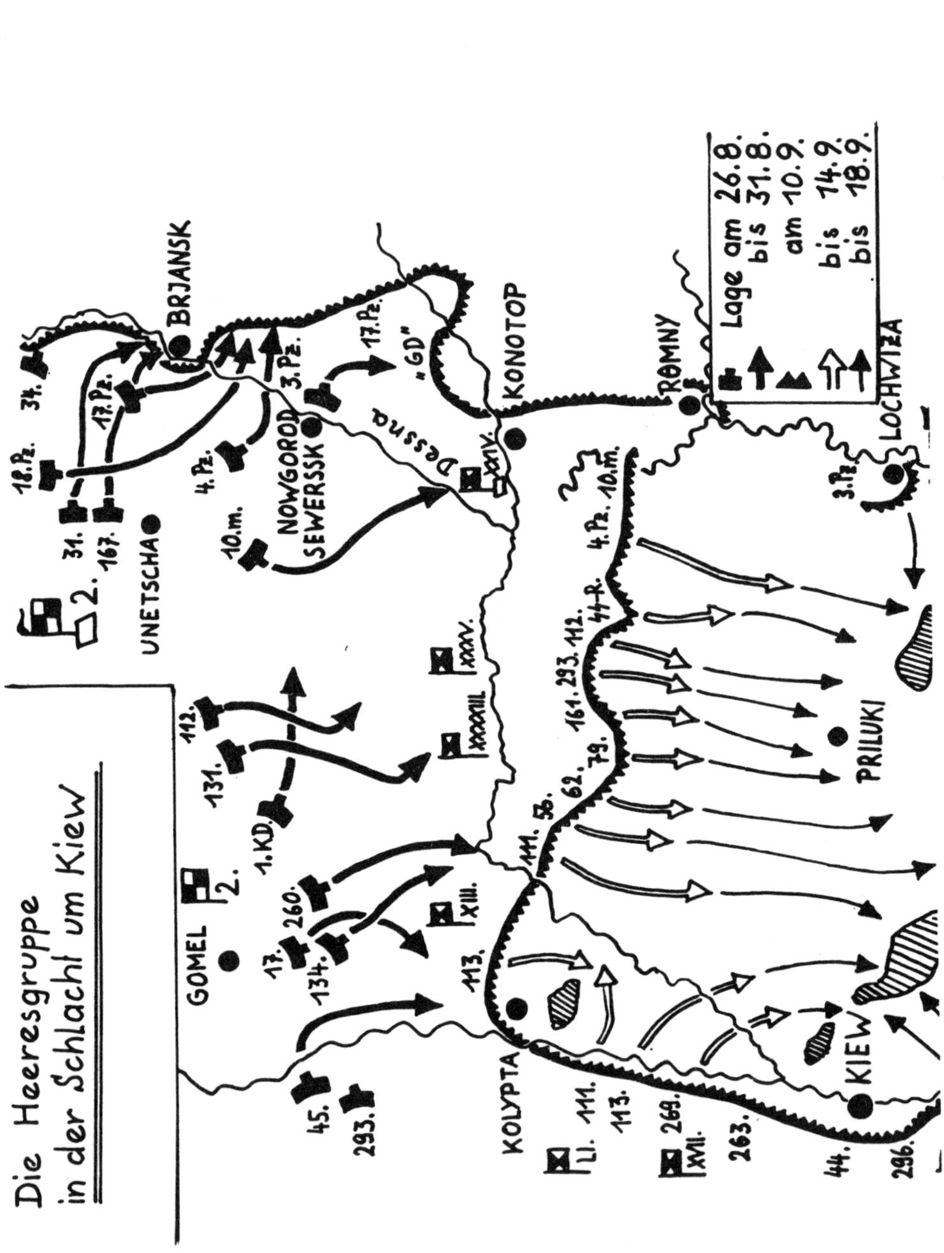
Die Heeresgruppe
in der Schlacht um Kiew
GOMEL
UNETSCHA
BRJANSK
NOWGOROD SEWERSSK
KONOTOP
ROMNY
LOCHWIZA
PRILUKI
KIEW
KOLYPTA
Dessna
„GD"
Lage am 26.8.
bis 31.8.
am 10.9.
bis 14.9.
bis 18.9.

Diese Großverbände hatten zwei Aufgaben zu erfüllen: Die erste war, daß jeweils eine regimentsstarke Einheit der einzelnen Divisionen den Armeen folgte, um die in die Wälder geflüchteten sowjetischen Truppen aufzuspüren und zu vernichten. Die übrigen Truppen der Divisionen lösten die zweite Aufgabe und hatten Straßen und Eisenbahnwege in Ordnung zu halten, wichtige Industrieunternehmen zu sichern und den Schutz der bedeutenden Verkehrsknotenpunkte und wehrmachtseigenen Unterkünfte zu gewährleisten. Diese Sicherungsverbände wurden unterstützt von Heeres-Baupionierbataillonen, Landesschützeneinheiten, Polizeibataillonen und Abteilungen des Reichsarbeitsdienstes.

Dazu kamen etwa von Mitte August an die ersten im Hinterland der Heeresgruppe Mitte aufgestellten Ost-Bataillone. Diese Einheiten entstanden aus sowjetischen Gefangenen, die sich freiwillig zum Dienst bei der Wehrmacht meldeten und unter deutscher Führung vornehmlich zur Bewachung von Eisenbahnstrecken und Brücken eingesetzt wurden. Mitte September lagen zum Brückenschutz entlang Beresina, Dnjepr, Pripjet und nördliche Wolga die Ost-Bataillone 601, 602, 604 und 605, die sich im ersten Jahr ihres Bestehens hervorragend bewährten.

Der Befehlshaber im rückwärtigen Gebiet — der seinen Gefechtsstand von Baranowitschi nach Smolensk verlegte — verwaltete das Land bis etwa 200 km westlich der Hauptkampflinie, dann begann das sogenannte Gebietskommissariat Weißruthenien der nationalsozialistischen Zivilverwaltung. Hier wurden militärische Belange durch den Wehrmachtbefehlshaber Ostland vertreten, der seinen Sitz in Riga hatte. Dem Wehrmachtbefehlshaber unterstanden — also im zivilen Gebietskommissariat — die Oberfeldkommandanturen in Wilna, Pinsk und Baranowitschi mit den Feldkommandanturen Brest-

Litowsk, Moledetschno, Lida, Postawy, Slonim, Sluzk, Wilna und der selbständigen Ortskommandantur Minsk, wo sich auch der Sitz des Gebietskommissars befand.

Die Tätigkeit von Partisanengruppen, die zentral von Moskau gesteuert wurden, machte sich im August zum erstenmal im rückwärtigen Gebiet der Heeresgruppe bemerkbar. Nach russischen Angaben waren in diesem Monat 123 Partisanenabteilungen mit ca. 12 000 Mann im Einsatz. Davon standen allein im Raum zwischen Smolensk und Tula 55 Abteilungen. Die ersten größeren Einsätze erfolgten im September, als die Bahnlinie Bobruisk-Moskau und im Raum Orscha 180 Lokomotiven gesprengt wurden.

Damit war ein neuer Gegner für die Soldaten der Heeresgruppe Mitte auf dem Schlachtfeld erschienen . . .

# Plan "Taifun"

"Die Anfangserfolge gegen die zwischen den inneren Flügeln der Heeresgruppen Süd und Mitte befindlichen Feindkräfte haben im Hinblick auf die fortschreitende Einschließung des Raumes von Leningrad die Grundlage für die entscheidungssuchende Operation gegen die vor der Heeresmitte in Angriffskämpfen festgelegte Heeresgruppe Timoschenko geschaffen. Sie muß in der bis zum Einbruch des Winterwetters verfügbaren befristeten Zeit vernichtend geschlagen werden. Hierzu soll Heeresgruppe Mitte möglichst bald angreifen mit Auftrag, den Feind ostwärts Smolensk in doppelter Umfassung in Richtung Wjasma zu schlagen, starke Panzerkräfte auf beiden Flügeln. Erst nach der Einkreisungsoperation wird die Heeresmitte zur Verfolgung Richtung Moskau — rechts angelehnt an die Oka, links angelehnt an die obere Wolga — anzutreten haben."

Diese am 6. September — also auf dem Höhepunkt der Schlacht um Kiew — erlassene "Führerweisung Nr. 35" gab nun der Heeresgruppe Mitte den Auftrag, das seit dem 22. Juni in Betracht gezogene Feldzugsziel Moskau endlich anzugehen. Hierzu mußte die Heeresgruppe selbstverständlich von den anderen Heeresgruppen Kräfte und Material zugeführt bekommen; denn allein wäre sie angesichts der schweren Kämpfe der letzten Wochen im Raum Smolensk gar nicht mehr dazu in der Lage gewesen. Es waren insgesamt Kräfte mit 131 000 Mann, die bis Ende September eintrafen.

Die personellen Verluste der Heeresgruppe beliefen sich schon bis Ende August auf ca. 10% im Vergleich zum Stand am Beginn des Feldzuges, darunter sind als Soll auch alle rückwärtigen Dienste gerechnet. Die Frontverbände hatten deshalb selbstverständlich einen sehr hohen Anteil an diesen Verlusten. So meldete allein das IX. AK. (General d. Infanterie Geyer) einen Verlust seiner drei Infanteriedivisionen — 137., 263., 292. ID. — vom 22. Juni bis zum 5. September von insgesamt 12 700 Mann. Diese Zahl übertraf bereits das Soll an Personalbestand einer Friedens-Infanteriedivision!

Doch angesichts des ständig stärker werdenden Feindwiderstands wogen die Ausfälle an Material genau so schwer oder vielleicht wegen der bereits fortgeschrittenen Witterung noch schwerer. Die Panzergruppe 2 verfügte in der ersten Septemberwoche nur noch über 25% einsatzbereiter Panzerwagen im Vergleich zum 22. Juni; die Panzergruppe 3 meldete einen Bestand von 41% an Panzerkampfwagen. Die Statistik für die einzelnen Divisionen beider Panzergruppen vom 4. September wies z.B. folgende Zahlen auf:

| | Panzer-Division | Zahl der Panzerkampfwagen 22.6. | Verluste | in Reparatur | einsatzbereit |
|---|---|---|---|---|---|
| Panzergruppe 2: | 3. | 198 | 157 | | 41 |
| | 4. | 169 | 120 | | 49 |
| | 10. | 206 | 25 | 22 | 159 |
| | 17. | 180 | 142 | | 38 |
| | 18. | 200 | 138 | | 62 |
| Panzergruppe 3: | 7. | 299 | 82 | 87 | 130 |
| | 19. | 239 | 90 | 47 | 102 |
| | 20. | 245 | 95 | 62 | 88 |

Generalfeldmarschall von Bock, Oberbefehlshaber der Heeresgruppe Mitte. Der 1880 geborene Feldmarschall befehligte bereits im Polenfeldzug 1939 eine Heeresgruppe und übernahm am 1.4.1941 den Oberbefehl über die Heeresgruppe Mitte, die er bis Moskau führte. Bock wurde am 19.12.1941 von Hitler abgelöst, um vier Wochen später die Führung der Heeresgruppe Süd zu übernehmen. Das Bild zeigt den Feldmarschall beim Abflug zu seinem neuen Hauptquartier.

Feldmarschall Kesselring, Oberbefehlshaber der Luftflotte 2. Kesselring, einst Generalstabschef der Luftwaffe, war eine der großen Führerpersönlichkeiten dieser Waffengattung. Er übernahm im November 1941 den Oberbefehl über alle deutschen Wehrmachtteile im Mittelmeerraum.

General der Flieger Freiherr von Richthofen, Kommandierender General des VIII. Fliegerkorps (Nahkampffliegerkorps), führte verantwortlich die fliegenden Verbände vor Moskau. Der General gehörte zu den Schöpfern der Schlachtfliegerverbände, war Befehlshaber der "Legion Condor" und nach seiner 1943 erfolgten Beförderung zum Feldmarschall Oberbefehlshaber der Luftflotte 2 im Mittelmeerraum. Das Bild zeigt den General bei einem Frontbesuch der Panzergruppe 3 im Raum Smolensk.

Feldmarschall von Kluge, Oberbefehlshaber der 4. Armee, auf dem Gefechtsstand der 5. Panzerdivision. Neben ihm der Kommandeur, Generalmajor Fehn. Der Feldmarschall übernahm im Dezember 1941 die Führung der Heeresgruppe Mitte. (Er gab sich im August 1944 als Oberbefehlshaber West nach dem mißglückten Attentat auf Hitler den Freitod.)

Generaloberst Guderian, Schöpfer der deutschen Panzerwaffe und Oberbefehlshaber der 2. Panzerarmee, der mit seinen Truppen südostwärts an Moskau vorbeistieß und selbständig den Haltebefehl gab, als er die Erfolglosigkeit der Schlacht erkannte. Er wurde von Hitler abrupt seines Postens enthoben, später wieder als Generalinspekteur der Panzertruppe eingesetzt und war 1944 Chef des Generalstabes des Heeres.

Die Oberbefehlshaber der "Roten Armee", die dank der Überlegenheit ihrer Menschenmassen und ihres Materials die Schlacht von Moskau für sich entschieden. Bild oben zeigt Armeegeneral Schukow (ganz links) mit seinem Generalstabschef Generalleutnant Sokolovskij und den von der Partei gestellten Kriegsrat Chochlov.

Das untere Bild zeigt Generalleutnant Rokossowskij (den späteren Marschall) mit dem Stab der 16. Sowjetarmee an der Front zwischen Mohaisk und Moskau.

Diese Statistik brachte deutlich die verlorene Kampfkraft der Panzerdivisionen zum Ausdruck, die nun gegen einen stärker gewordenen Gegner zum neuen Angriff antreten sollten. Der Zahl von 1736 Kampfwagen am 22. Juni standen am 4. September nur noch 669 einsatzbereite Kampfwagen gegenüber.
Das OKH versuchte in den ersten Septemberwochen die Heeresgruppe Mitte für den großen Angriff gegen Moskau — der den Decknamen "Unternehmen Taifun" erhielt — aufzufrischen. Der bisherige Versorgungsbezirk um Minsk wurde erheblich vergrößert und nach dem Abflauen der Schlacht um Smolensk wurde entlang der "Rollbahn" zwischen Orscha und Smolensk ein weiterer Versorgungsbezirk errichtet.
Die Feldeisenbahndirektion 2 baute mit den ihr unterstellten Eisenbahn-Pionierbataillonen und den RAD-Abteilungen so schnell wie möglich die Eisenbahnstrecken Minsk-Smolensk, Mogilew-Rosslawl und Polozk-Witebsk-Smolensk aus, um den Nachschub an Menschen, Material und Waffen möglichst so weit nach vorn zu bringen,wie es die Feindlage zuließ.
Das OKH führte der Heeresgruppe Mitte von anderen Abschnitten Verstärkungen zu. So kam von der Heeresgruppe Nord — nachdem hier der Angriff auf Leningrad eingestellt werden mußte — die gesamte Panzergruppe 4 (Generaloberst Hoepner) heran. Bis zum 18. September trafen hinter der Front der 4. Armee ein: Generalkommando XXXXI. AK.mot. (General d. Panzertruppen Reinhardt), LVI. AK.mot. (General d. Panzertruppen Schaal), LVII. AK.mot. (General d. Panzertruppen Kuntzen) mit 1., 6., 8., 19., 20. PD. und 3. ID.mot. Neu auf dem Ostkriegsschauplatz erschien die 5. PD. (Generalleutnant Fehn), die für das Deutsche Afrikakorps vorgesehen war und sich bereits auf der Fahrt im Balkan befand.
Durch Nachschub an Panzerkampfwagen, Motoren, Ersatzteilen und Waffen, besonders aber durch die aufopfernde Arbeit

der Instandsetzungskompanien steigerte sich der Prozentsatz der einsatzbereiten Kampfwagen bei den nun drei aufmarschierenden Panzergruppen erheblich. Die Panzergruppe 2 vergrößerte ihren Anteil auf 50% der Sollstärke, die Panzergruppe 3 auf 75% und bei der Panzergruppe 4 waren es schon nahezu 100%.

Die Panzergruppen selbst erfuhren eine Aufwertung und wurden mit Beginn der Offensive gegen Moskau in Panzerarmeen umbenannt und aus den bisherigen AK.mot. entstanden Panzerkorps (Pz.K.). Die Führung der 3. Panzerarmee übernahm kurz nach Beginn des "Unternehmens Taifun" General d. Panzertruppen Reinhardt, da Generaloberst Hoth zum Oberbefehlshaber der 17. Armee in Südrußland ernannt worden war. Die Luftwaffe verstärkte sich jetzt gleichfalls. So wurde das bisher im Raum Leningrad eingesetzte gesamte VIII. Fliegerkorps (General d. Flieger Freiherr von Richthofen) in den nördlichen Bereich der Heeresgruppe Mitte zurückgeflogen. Die vom II. Fliegerkorps an der Kesselschlacht von Kiew teilnehmenden Geschwader kehrten gleichfalls in den Mittelabschnitt zurück. Ferner trafen die Flakregimenter des II. Flakkorps (Generalleutnant Dessloch) vom Südabschnitt ein, um das I. Flakkorps bei der Offensive zu verstärken.

Deutsche Luftaufklärung sowie Funkaufklärung der Abwehrdienststellen des Heeres meldeten Mitte September etwa genau die Aufstellung der "Roten Armee" gegenüber der Heeresgruppe Mitte. So wußte man, daß russische Baubataillone, Polizei-, Milizeinheiten und Hunderttausende zwangsverpflichteter Zivilpersonen sowie die Verbände der Jugendbewegung der KPdSU — Komsomolzen — mehrere Verteidigungslinien errichtet hatten oder noch bauten.

Die erste dieser Linien verlief von Ostaschkow am Sseliger-See im Norden in direkter Richtung nach Süden bis zur "Roll-

bahn" westlich von Wjasma. Eine zweite Befestigungslinie entstand von Rshew (im Norden) über Wjasma bis Klimov (im Süden), eine dritte verlief von Kalinin (im Norden) über Mohaisk bis Kaluga (im Süden) und schließlich gab es noch die erste stark befestigte Stellung vor Moskau. Diese erstreckte sich im halbkreisförmigen Bogen vom Wolga-Staubecken über Rusa westlich von Moskau bis nach Serpuchov an der Oka.
Drei sowjetische Heeresgruppen standen im gesamten Abschnitt zwischen den Waldaihöhen und dem Schlachtfeld bei Kiew: "Westfront" (Generaloberst Konjew), "Reservefront" (Marschall Budjennyj) und "Brjansker Front" (Generalleutnant Jeremenko). Von Norden nach Süden waren folgende Armeen in vorderster Front festgestellt: 22., 29., 30., 19., 16., 20., 24., 43., 50., 3. und 13., während in zweiter Linie 31., 49., 32. und 33. Armee aufmarschierten.
Nach den Plänen des OKH, die in Zusammenarbeit mit dem Heeresgruppenkommando entstanden, sollte die Offensive gegen Moskau im südlichen Teil der Front beginnen. Hier hatte die 2. Panzerarmee noch vor Beendigung der Schlacht bei Kiew umzugruppieren und aus dem Raum Gluchow in einem gewaltigen Stoß nach Nordosten auf Mzensk anzugreifen. Zwei bis drei Tage später sollten dann die übrigen Armeen der Heeresgruppe folgen, wobei es erste Aufgabe der drei Panzerarmeen war, frontnahe Feindverbände etwa in den Räumen Wjasma und Brjansk einzuschließen, um den Infanteriearmeen den Frontalangriff auf Moskau zu erleichtern. Die 3. und 4. Panzerarmee mußten 4. und 9. Armee mit fortreißen und gegen die sowjetische Hauptstadt vorgehen, während 2. Panzerarmee und 2. Armee durch Umgehung von Moskau den Südflügel abzudecken hatten.

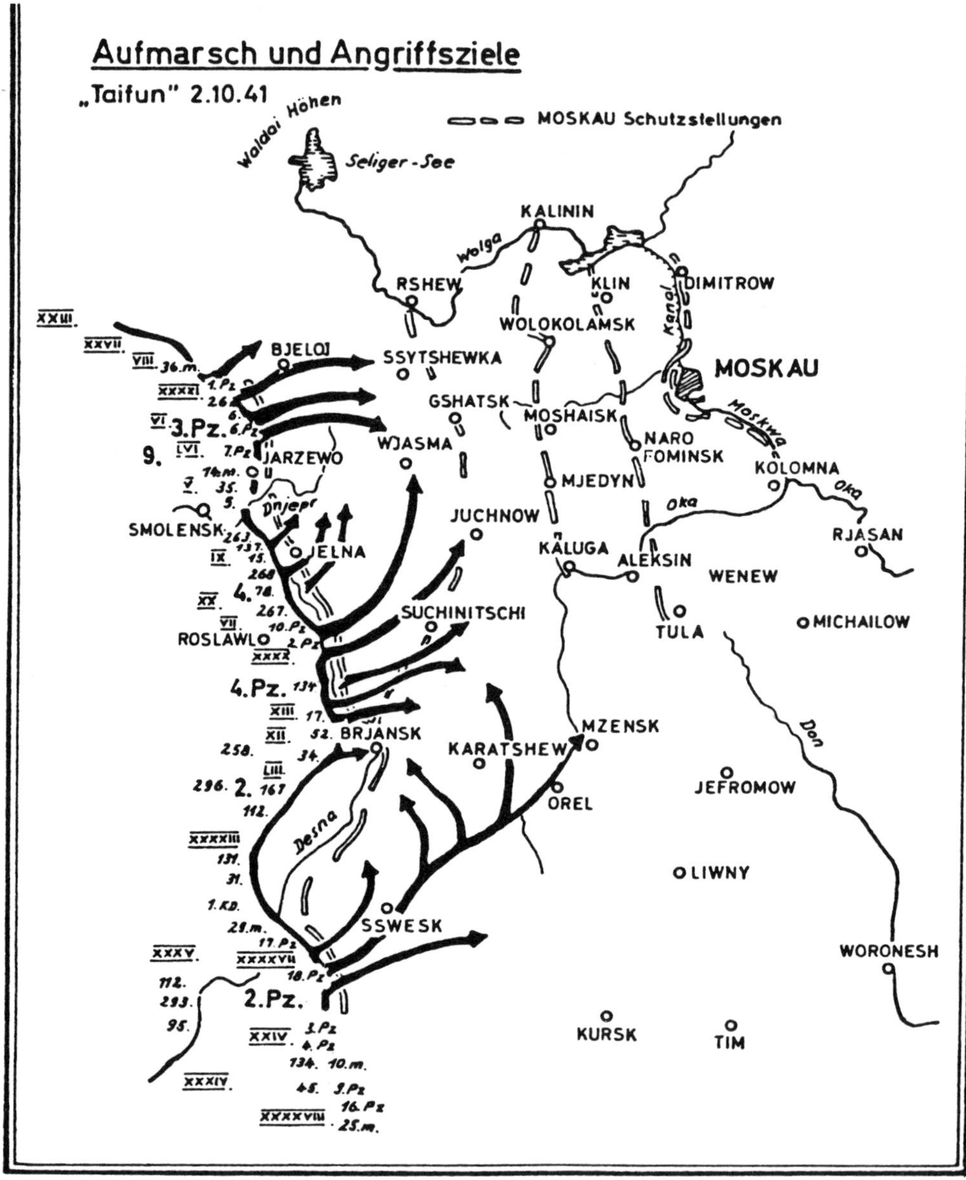
Aufmarsch und Angriffsziele
„Taifun" 2.10.41
MOSKAU Schutzstellungen
Waldai Höhen
Seliger-See
KALININ
Wolga
RSHEW
KLIN
DIMITROW
Kanal
WOLOKOLAMSK
BJELOJ
SSYTSHEWKA
MOSKAU
GSHATSK
MOSHAISK
Moskwa
3.Pz.
9.
JARZEWO
WJASMA
NARO FOMINSK
KOLOMNA
MJEDYN
Oka
Dnjepr
SMOLENSK
JUCHNOW
RJASAN
JELNA
KALUGA
ALEKSIN
WENEW
4.
SUCHINITSCHI
TULA
MICHAILOW
ROSLAWL
4.Pz.
BRJANSK
MZENSK
KARATSHEW
2.
Don
OREL
JEFROMOW
Desna
LIWNY
SSWESK
WORONESH
2.Pz.
KURSK
TIM

Die Bewegungen der Infanterie- und Panzerdivisionen der 2. Armee und 2. Panzerarmee für das "Unternehmen Taifun" begannen bereits Mitte September, nachdem sie aus der Umfassungsfront von Kiew herausfielen oder zur Endphase dieser Schlacht nicht mehr gebraucht wurden.
Von diesen Bewegungen berichteten zum Beispiel Tagebuchaufzeichnungen von Offizieren und Mannschaften:

> "Wir fahren um 10.00 Uhr am 15.9. aus unserem Quartier in Anissowo ab. Überschreiten die linke 16 to.-Kriegsbrücke, die sehr schön gebaut ist. Die große Hauptbrücke ist ein ganz stattliches Bauwerk mit Beton-, Eisen-und Holzkonstruktion. Tschernigow, sehr schön am rechten Dessna-Ufer gelegen, grüßt aus der Ferne . . ."

> "In Mglin Riesenverkehr. Stabsschilder aller möglichen Divisionen waren zu sehen. Ein kleiner Friedhof für Gefallene in Bahnhofsnähe. Auf guter Straße erreichen wir die Straße über den Iput. Es war viel Waldgebiet, aber frei und licht. Auf den Straßen arbeiteten Hunderte von Arbeitsdienstmännern, Bausoldaten und Gefangenen. Das Wetter war herbstlich, aber sonnig. . . ."

Die 2. Panzerarmee räumte vom 23. September an das bisherige Kampfgebiet ost- und nordostwärts von Kiew. Die Divisionen wurden praktisch um 180° gedreht und zogen nun nordostwärts, um den Aufmarschraum bei Gluchow zu erreichen. Natürlich ging ein solch neuer Marsch nicht ohne Reibereien und Schwierigkeiten vor sich, da es kaum genügend Treibstoff gab, um nun gleich wieder Tausende von Fahrzeugen in Gang zu bringen, da die rückwärtigen Dienste und Sanitätseinheiten zurückbleiben mußten, und überall in den Dörfern, in den Wäldern und abseits der Straßen sich noch Tausende von versprengten Rotarmisten aufhielten. Dazu war die Ernte bereits eingebracht, so daß sich die Truppe nicht mehr aus dem Lande selbst ernähren konnte.

Generaloberst Halder, Chef des Generalstabes des Heeres, traf am 24. September erneut im Hauptquartier der Heeresgruppe in Smolensk ein. Hier trug er Feldmarschall von Bock und den anwesenden Armee-Oberbefehlshabern mit ihren Stabschefs die genauen Pläne des OKH vor, nach denen die Heeresgruppe Mitte anzugreifen hatte. Der Aufmarsch für diese neue Offensive lief auf Hochtouren und war beinahe bis Ende September abgeschlossen.

Generaloberst Freiherr von Weichs, Oberbefehlshaber der 2. Armee, erließ einen Tagesbefehl mit den Worten:

> ”Der Aufmarsch zahlreicher Divisionen und Heerestruppen in den neuen Bereitstellungsräumen der 2. Armee erforderte außergewöhnliche Marschleistungen von der Truppe. Sie wurden ungeachtet schwierigster Wegeverhältnisse bewältigt. Besonders hervorzuheben sind hierbei erneut die Marschleistungen der Infanterie. . . .”

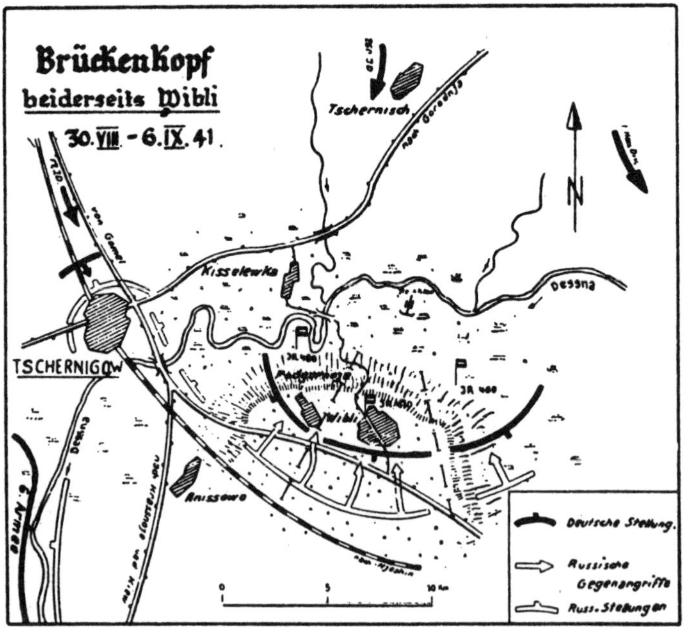

Feldmarschall von Bock erließ am 26. September 1941 den Angriffsbefehl:

Oberkommando der Heeresgruppe Mitte — H.Qu., 26.9.1941
Ia Nr. 1620/41 g.Kdos.Chefs — 35 Ausfertigungen
2. Ausfertigung

Geheime Kommandosache!
Chefsache!
Nur durch Offizier!

Heeresgruppenbefehl für den Angriff

1. Nach harter Wartezeit tritt die Heeresgruppe erneut zum Angriff an.
2. 4. Armee mit unterstellter Panzergruppe 4 greift, mit Schwerpunkt beiderseits der Straße Rosslawl — Moskau, an. Nach gelungenem Durchbruch schwenkt die Armee, unter Sicherung gegen Osten, mit starken Kräften gegen die Autobahn Smolensk — Moskau beiderseits Wjasma ein.
3. 9. Armee mit unterstellter Panzergruppe 3 durchbricht die feindlichen Stellungen zwischen der Autobahn und der Gegend um Bjeloj und stößt bis zur Bahn Wjasma-Rshew durch. Der Hauptstoß der von starker Infanterie dauernd unterstützten schnellen Kräfte ist in Richtung Cholm zu führen; ihr Eindrehen ostwärts des oberen Dnjepr gegen die Autobahn bei und westlich Wjasma, unter Sicherung gegen Osten, ist beabsichtigt. Der Angriff der Armee ist in der Nordflanke zu sichern. Die über Jetkino nach Bjeloj führende Straße ist für den eigenen Nachschub wegzunehmen.

4. Auf den inneren Flügeln der 4. und 9. Armee zwischen der Gegend von Jelnja und der Autobahn ist, solange nicht auch auf diesen Fronten angetreten werden kann, der Angriff planmäßig vorzutäuschen und durch scharf zusammengefaßte Einzelvorstöße mit begrenzten Zielen der Feind nach Möglichkeit zu fesseln.
5. 2. Armee deckt die Südflanke der 4. Armee. Sie durchbricht hierzu die Dessna-Stellung mit Schwerpunkt auf ihren Nordflügel und stößt Richtung Szuchinitschi-Meschtschowsk durch. Gegen das Stadt- und Industriegebiet von Brjansk-Ordshonikidsegrad hat sich die Armee zu sichern. Die Möglichkeit, das Stadt- und Industriegebiet — in Sonderheit die Bahnanlagen und Übergänge — durch Handstreich wegzunehmen, ist, unbeschadet der Trennungslinie zur Panzergruppe 2, auszunutzen.
6. Panzergruppe 2 stößt — voraussichtlich zwei Tage vor Angriffsbeginn der Armeen antretend — über die Linie Orel-Brjansk vor. Der rechte Flügel ist an Swopa- und Oka-Abschnitt anzulehnen. Ihr linker Flügel rollt die Dessna-Stellung von Süden her auf und beseitigt den Feind im Sudostj-Dessna-Bogen im Zusammenwirken mit der 2. Armee.

   Das Stadt- und Industriegebiet von Brjansk-Ordshonikidsegrad ist durch einen schnellen Verband, wenn es im ersten Anlauf gelingt, wegzunehmen. Andernfalls ist es zunächst abzuschließen und später durch Kräfte des XXXV. A.K. in Verbindung mit der Luftwaffe zu nehmen. . . .
7. . . .
8. . . .

9 . . ."

# Angriff und Doppelschlacht

Die 2. Panzerarmee (Generaloberst Guderian) eröffnete die Schlacht um Moskau praktisch zwei Tage vor Beginn des eigentlichen Angriffsunternehmens. Die Divisionen und Kampfgruppen der Armee hatten sich seit ca. sieben Tagen vom russischen Gegner ostwärts und nordostwärts von Kiew gelöst, waren um 180° geschwenkt und rückten in der letzten Septemberwoche in den Abschnitt zwischen Gadjatsch am Psiol (im Süden) und Nowgorod Ssewersk an der Dessna (im Norden) in den bisher nur notdürftig nach Osten geschützten Frontabschnitt am Nordflügel der Armee.
Generaloberst Guderian bezog sein Hauptquartier in Konotop. Das XXIV. Pz.K. (General d. Panzertruppen Freiherr Geyr von Schweppenburg) erreichte als erster Großverband mit 3. und 4. PD. den Bereitstellungsraum, den bisher die 10. ID.mot. sicherte. Nach Norden schloß sich das XXXXVII. Pz.K. (General d. Panzertruppen Lemelsen) mit 17. und 18. PD. an, während vom Süden her das XXXXVIII. Pz.K. (General d. Panzertruppen Kempf) mit 9. PD., Teile 10. ID.mot. und 25. ID.mot. im Anmarsch war. Dieses Korps zog hinter die Frontlinie des IR. "Großdeutschland", das allein auf breitem Abschnitt westlich von Bjelopolje den Bereitstellungsraum schützte.
Die 2. Panzerarmee erhielt Zuführung vom XXXIV. AK. (General d. Infanterie Metz) mit 95. und 134. ID. sowie dem aus dem Pripjetraum heranmarschierenden XXXV. AK. (General der Artillerie Kaempfe) mit 262., 293. und 296. ID. Doch waren beide Korps Ende September noch nicht in vorderster Front eingetroffen.

Generaloberst Guderian befahl den Angriff des XXIV. und XXXXVII. Pz.K. beiderseits der Straße nach Orel, um hier die Linie der 13. Sowjetarmee zu durchbrechen.
Die Nacht vom 29. auf 30. September verlief ruhig. Der andauernde Regen verschluckte die Motorengeräusche der Panzerregimenter und der tiefschwarze Himmel ließ keine Feindaufklärung zu, obwohl am Tage vorher russische Kampf- und Jagdflugzeuge die Bewegungen der motorisierten Kolonnen häufig erschwerten.
Die Batterien der beiden Panzerkorps eröffneten morgens 5.30 Uhr am 30. September die Schlacht um Moskau. Der Gegner wurde ganz überrascht und räumte schon in den Vormittagsstunden seine bisherige Stellung. Im Abschnitt der 3. PD. setzte der Russe sogar Minenhunde ein — zum erstenmal im Ostfeldzug — die aber unschädlich gemacht werden konnten und kaum Schaden anrichteten. Erst nachdem sich die zurückstehenden Artillerieabteilungen der 13. Sowjetarmee einschossen, dabei wurden auch "Stalinorgeln" festgestellt, stiegen auf deutscher Seite die Verluste.
Die eingesetzten Verbände der 2. Panzerarmee erreichten bis zum Abend des ersten Schlachttages fast überall die gesteckten Angriffsziele. Das XXXXVII. Pz.K. nahm Shurawaka und drang weit darüber hinaus nach Nordosten vor. Das XXIV. Pz.K. kam gleichfalls gut voran und erkämpfte sich Zugang zu den Höhen vor Chinel.
Dieser Erfolg konnte am nächsten Tag noch voll erweitert werden. Die 4. PD. (Generalmajor Freiherr von Langermann und Erlencamp) stieß auf der Straße nach Orel weiter vor und erreichte mit der Pz.Brigade unter Oberst Eberbach Ssewersk. Die benachbarte 3. PD. (Generalleutnant Model) drang bis Kutscherowka vor. Hier ging es infolge der aufgeweichten Straßen nicht weiter. Die 10. ID.mot. (Generalleutnant von Loe-

per) sicherte die rechte Flanke des Korps, da dort noch nicht die Infanteriedivisionen aufgeschlossen hatten.
Doch genau wie hier, meldete auch das XXXXVII. Pz.K. Erfolge. Ihre 17. (Generalleutnant von Arnim) und 18. PD. (Generalmajor Nehring) stießen Seite an Seite über Sseredina und Dmitrowsk bis zur Straße Orel-Brjansk durch, erreichten Karatschew und standen damit am zweiten Angriffstag schon 130 km vom Ausgangspunkt entfernt!
Damit war die Front der 13. Sowjetarmee (Generalmajor Gorodnjanskij) durchbrochen — und der Schutz der rechten Flanke der Heeresgruppe Mitte für das „Unternehmen Taifun" gesichert!
Als sich die Nacht zum 2. Oktober 1941 auf das durch das Regenwetter aufgeweichte Land zwischen dem Wop nördlich von Smolensk und Ssewsk an der Dessna im Süden senkte, verlasen die Kommandeure und Einheitsführer der Heeresgruppe Mitte einen Tagesbefehl ihres Obersten Befehlshabers Adolf Hitler, der u.a. folgende Worte brachte:

> "Die letzte große Entscheidungsschlacht dieses Jahres wird diesen Feind vernichtend treffen. . . .
> Vom Deutschen Reich aber und von ganz Europa nehmen wir damit die Gefahr weg, wie sie seit den Zeiten der Hunnen- und später Mongolenstürme entsetzlicher nicht mehr über den Kontinent schwebte. . . .
> Das deutsche Volk wird deshalb in den kommenden Wochen noch mehr bei Euch sein als bisher! . . ."

Als sich die Sonne — und sie schien wirklich — am frühen Morgen des 2. Oktober über den östlichen Horizont schob, begann das "Unternehmen Taifun"; die Schlacht um Moskau.
Die gesamte Heeresgruppe Mitte des Feldmarschalls von Bock stürmte mit drei Infanterie- und drei Panzerarmeen aus den bisher erreichten Stellungs- und Grabenlinien nach Osten vor.

Insgesamt traten 56 Infanterie-, 8 motorisierte- und 14 Panzerdivisionen zum Angriff an, unterstützt von starken Teilen der Luftflotte 2 (Feldmarschall Kesselring).

Das deutsche Volk erfuhr an diesem Tage noch nichts von der neuen Schlacht im Osten. Die Berichte des Oberkommandos der Wehrmacht brachten erst am nächsten Tag — dem 3. Oktober — die belanglose Nachricht "Kampfflugzeuge bombardierten in der Nacht zum 3. Oktober mit beobachteter Wirkung militärische Anlagen in Moskau . . ." und am nächsten Tag klang durch den Rundfunk die Meldung:

> "An der Ostfront sind Kampfhandlungen von großer Tragweite im Gange."

Die Schlacht war da allerdings schon 48 Stunden alt.

Die 3. Panzerarmee riß am ersten Schlachttage westlich von Bjeloj die russische Front auf. Der Bericht einer im Westen von Jarzewo eingesetzten Infanteriedivision lautete:

> "Nach einem gewaltigen Feuerschlag der Artillerie, unterstützt durch Nebelwerfer, setzte sich die ganze Front wieder in Bewegung. Die Überraschung des Gegners und der Durchbruch gelangen vollständig! Nach kurzem, aber hartem Kampf wurden die in der Tiefe liegenden feindlichen Stellungen bei Ssekatschi und Schukowo durchbrochen und bereits um 10.00 Uhr konnten die wichtigsten Übergänge über die Wotrja bei Pogorellzij und Karpowo unbeschädigt in Besitz genommen werden. Nachdem die beiden Regimenter IR. 109 und 111 schwächeren feindlichen Widerstand zwischen Wotrja und Wop gebrochen hatten, gelang es ihnen, schon 15.00 Uhr Brückenköpfe über den Wop zu bilden. . . ."

# Auf einem Hügel bei Wjasma

*Von unserem an die Ostfront entsandten Sonderberichterstatter Dr. Heinz Höpfl*

„Irgendwo im Osten." Wir stehen im Kartenzimmer des Hauptquartiers der Heeresgruppe Mitte, die unter dem Oberbefehl des Generalfeldmarschalls von Bock die großen Schlachten von Bialystok, Minsk und Smolensk schlug und in der Entscheidungsschlacht von Wjasma und Brjansk Timoschenkos Armeen vernichtete. Der Blick wird gefesselt von einer Karte, die in scheinbar einfachen Linien und Pfeilen, den Raum von Wjasma umschließend, ein kriegsgeschichtlich einmaliges Drama festhält. Es ist jene Karte, die die Planung des entscheidenden, tödlichen Schlages gegen die verbissen zur Wiedereroberung des verlorenen „Tores von Moskau", Smolensk, anrennenden Timoschenko-Armeen enthielt. Ehe die Welt von der Kesselschlacht Wjasma—Brjansk erfuhr, ehe das grandiose Cannae des Ostens Wirklichkeit wurde, war hier gleichsam vorherbestimmt, welchen Verlauf dieses Ereignis nehmen sollte nach dem Willen der deutschen Führung. Wollte man all das, was die oberste Kriegführung von dem deutschen Soldaten verlangen kann an Aufopferung und Entschlossenheit, an Kühnheit und Ausdauer, an todesverachtender Hingabe an das gesteckte Ziel in ein einziges Gleichnis verdichtet veranschaulichen, es gäbe vielleicht kein atemberaubenderes Beispiel als diese Umsetzung eines unerhört kühnen und genialen Planes in die Wirklichkeit, die heute mit Daten und Zahlen belegt ist. Denn fast bis in die Einzelheiten hinein hat der deutsche Soldat, vor allem der Infanterist, in dem mehrtägigen schweren Ringen im Raum von Wjasma verwirklicht, was sein Oberster Kriegsherr von ihm fordern mußte, als er zum Vernichtungsschlag gegen die letzten, voll ausgerüsteten Armeen des Gegners ansetzte.

Einen Tag später stehen wir auf einer Anhöhe im Raum der Schlacht von Wjasma. Ein Offizier einer Potsdamer Division, die hier eingesetzt war, erklärt, wie sich der Ring um die Armeen Timoschenkos schloß. (Über die operative Entwicklung und Durchführung der Entscheidungsschlacht von Wjasma und Brjansk veröffentlichte der „VB." am 2. November eine umfassende Darstellung aus der Feder von Oberstleutnant Soldan.) Fünf Tage erst sind vergangen, seitdem der Wehrmachtbericht den Abschluß der Schlacht meldete.

Aus den Worten des Offiziers ersteht noch einmal an der historischen Stätte vor dem geistigen Auge das Bild des gewaltigen Ringens. Noch liegen die Trümmer zerschlagener Panzer, Geschütze und Lastkraftwagen umher, so wie sie die Geschosse der deutschen Artillerie oder die Bomben der Stukas trafen; Munition aller Kaliber, Gasmasken, Stahlhelme in wirren Haufen; hier und dort noch die Leichen gefallener Bolschewisten, die Kadaver zerrissener oder vor Hunger und Kälte verendeter Pferde; zu Hunderten suchen herrenlos gewordene, bis auf die Haut abgemagerte Pferde die letzten Grashalme — das Bild einer gestorbenen Schlacht. Und dort schmücken Birkenkreuze die Heldengräber deutscher Soldaten, die hier ihr Leben ließen.

„Kesselschlacht" ist ein verführerisch vereinfachendes Wort, das leicht vergessen läßt, wie schwer und opfervoll die Einkreisung und Vernichtung eines Millionenheeres ist, das aus fanatisch und hinterhältig kämpfenden Bolschewisten besteht. Der Kessel von Wjasma umfaßte — wie der von Brjansk — riesige Räume mit undurchdringlichen Wäldern, leicht zu verteidigenden Höhenzügen und weiten offenen Flächen, mit Minen aller Art verseucht und von Schützengräben und Schützenlöchern übersät, durchzogen von tiefen Tankfallen und unpassierbaren Sumpfstrecken, Bunkern über Bunkern, oft auf kurze Entfernung unerkennbar. Selbst von unserer Anhöhe aus, die den Blick freigibt bis an den fernen Horizont, der die Umrisse von Dörfern und Wäldern verschwimmen läßt in ein undeutbares Etwas, war nur ein kleiner Teilausschnitt jenes Raumes zu übersehen, der von unseren Soldaten Tag und Nacht kämpfend zu durchmessen war.

Der erste Angriffstag — es war der 2. Oktober — ein Tag der Infanteristen und Pioniere, war von herrlichstem Sonnenwetter begünstigt. Dann setzte Regen, Schnee und Kälte ein, Gelände und Wege versanken im Schlamm. Noch hält der Gegner für örtliche Angriffe, was schon Teilstück einer großen Planung war. Die ersten Gefangenen werden eingebracht. Sie ziehen jetzt in stumpfer Gleichgültigkeit, von wenigen Soldaten nur bewacht, oft durch die Feuerlinie hindurch, zu einem Sammelplatz. Hier sperrt ein Wasserlauf den Weg, dort werden aus Baumkronen Handgranaten geworfen; hier ist eine Gasse durch ein Minenfeld zu bahnen, dort brechen Sowjetpanzer aus einem Walde vor. In längst gesäuberte Abschnitte stürzen sich mit wilden Rufen, in den Rücken unserer Truppen, neue Horden von Bolschewisten, Betrunkene darunter, die die Nachhuten angreifen; mit weit vorne kämpfenden Einheiten reißt die Verbindung ab. Noch immer weiß der Feind nicht, daß er eingekesselt ist. Fliegeraufnahmen bringen der deutschen Führung die Gewißheit, daß die Bolschewisten sich nicht abzulösen verstanden, weil sie die ihnen drohende Gefahr zu spät erkannten. Unabsehbar ist die Zahl der Eingeschlossenen. Der deutschen Truppenführung werden in diesem Wirrwarr unlösbar scheinende Aufgaben gestellt. Der Einsatz von Stukas, vom Infanteristen in schweren Stunden so oft dankbar begrüßt, ist hier und dort unmöglich, um deutsche Einheiten, in verbissene Kämpfe verwickelt, nicht zu gefährden.

Die am linken Flügel der Heeresgruppe operierende 9. Armee (Generaloberst Strauß), der die 3. Panzerarmee (General d. Panzertruppen Reinhardt) unterstellt war, überwand auf ganzer Frontbreite den Wop-Abschnitt. Der linke Flügel — XXXXI. Pz.K. (dessen Führung übernahm am 5. Oktober Generalleutnant Model) — drang mit 36. ID.mot. (Generalleutnant Ottenbacher) links und 1. PD. (Generalmajor Krüger) in Richtung Bjeloj vor. Dann folgte das VI. AK. (General d. Pioniere Förster) mit 26. ID. links (Generalmajor Weiß) und 6. ID. (Generalleutnant Auleb), das die Verbindung zwischen dem rechts stehenden LVI. Pz.K. (General d. Panzertruppen Schaal) aufrecht halten mußte. Dieses Korps griff mit 6. PD. links (Generalmajor Rauß) und 7. PD. rechts (Generalleutnant Freiherr von Funck) nördlich Jarzewo mit allgemeiner Richtung Wjasma an.
Die Panzerdivisionen durchdrangen in wenigen Stunden das bis in eine Tiefe von 25 km sich ostwärts des Wop erstreckende Waldgelände, rissen hier die Front der 30. (Generalmajor Chomenko) und 19. Sowjetarmee (Generalleutnant Lukitsch) auseinander und gewannen freies Gelände nach Osten.
Die Front südwestlich Jarzewo sicherte das V. AK. (General d. Infanterie Ruoff) mit 35. ID. links (Generalleutnant Fischer von Weikersthal) und 5. ID. rechts (Generalmajor Allmendinger). Diese Division hielt die Verbindung zur linken Flügeldivision der 4. Armee, wobei der Dnjepr die Armeegrenze bildete. Die übrigen drei Armeekorps der 9. Armee standen mit Front nach Nordosten und mußten hier den Zusammenhang mit der Heeresgruppe Nord wahren, die auf das Waldaigebirge zuging und hier nicht weiterkam. Da blieb vorerst die Masse der Infanteriedivisionen der 9. Armee liegen, um die Sicherheit der linken Flanke der Heeresgruppe aufrecht zu halten. Von rechts nach links standen in Front:

| | |
|---|---|
| VIII. AK. | (General d. Artillerie Heitz) mit 28., 8., und 87. ID., |
| XXVII. AK. | (General d. Infanterie Wäger) mit 255., 162., und 86. ID., |
| XXIII. AK. | (General d. Infanterie Schubert) mit 251., 102., 256. und 206 ID. |

Die 4. Armee des Feldmarschalls von Kluge, die südostwärts von Smolensk, im Raum Jelnja und am Oberlauf der Dessna aufmarschierte, mußte vorerst den Flankenschutz für die ihr unterstellte 4. Panzerarmee des Generalobersten Hoepner übernehmen. Ihre Korps und Divisionen sollten links angelehnt an der Panzerarmee den inneren westlichen Halbkreis zwischen Jelnja und Wjasma abschirmen, da Wjasma selbst Ziel der gepanzerten Kräfte war.

Die 4. Armee griff von links nach rechts an mit dem IX. AK. (General d. Infanterie Geyer) — 137., 263., 183., 292. ID. —, XX. AK. (General d. Infanterie Materna) — 268., 15., 78. ID. — und dem VII. AK. (General d. Artillerie Fahrmbacher) — 267., 7., 23. und 197. ID. Der Abschnitt dieser drei Korps erstreckte sich etwa zwischen dem Dnjepr bei Smolensk und ostwärts Rosslawl.

Daran schloß sich die 4. Panzerarmee an, die folgende Angriffsziele zugewiesen bekam: Wjasma, Juchnow, Suchinitschi und nördlich Brjansk. Der Armee unterstanden vier Korps, von denen die drei Panzerkorps nach Nordosten mit Fernziel Wjasma-Juchnow stießen, während das einzige Infanteriekorps den rechten Flügel bildete, um hier wiederum einen gedachten Kessel um Brjansk nach Norden hin abzuschirmen.

Generaloberst Hoepner setzte zum "Unternehmen Taifun" von links nach rechts ein: LVII. Pz.K. (General d. Panzertruppen Kuntzen) mit 20. PD., 3. ID. mot. und SS-PD. "Das

Reich"; XXXXVI. Pz.K. (General d. Panzertruppen von Vietinghoff) mit 5. und 11. PD. sowie der 252. ID.; XXXX. Pz.K. (General d. Panzertruppen Stumme) mit 2. und 10. PD. sowie der 258. ID. Das XII. AK. (General d. Infanterie Schroth) bildete mit 98. und 34. ID. den rechten Flügel zur benachbarten 2. Armee.

Diese Armee unter dem Oberbefehl von Generaloberst Freiherr von Weichs sollte vorerst verhalten und sich schließlich dem Angriff der 2. Panzerarmee anschließen, wenn diese über Karatschew und Orel vorgedrungen war. Die 2. Armee stellte sich mit drei Armeekorps im Raum westlich Brjansk bis zur Dessna westlich von Ssewsk auf. Es waren dies von Nord nach Süd: XIII. AK. (General d. Infanterie Felber) mit 17. und 260. ID.; XXXXIII. AK. (General d. Infanterie Heinrici) mit 52. und 131. ID. und das LIII. AK. (General d. Infanterie Weisenberger) mit 56., 31. und 167. ID.

Der Schwerpunkt des "Unternehmens Taifun" in der ersten Feldzugswoche lag eindeutig bei der 2. Panzerarmee des Generalobersten Guderian am rechten Flügel der Heeresgruppe. Diese Armee befand sich bereits seit zwei Tagen im steten Angriff nach Nordosten und hatte von links nach rechts eingesetzt:

| | |
|---|---|
| XXXXVII. Pz.K. | (General d. Panzertruppen Lemelsen) mit 29. ID.mot., 17. und 18. PD.; |
| XXIV. Pz.K. | (General d. Panzertruppen Freiherr Geyr) mit 4. und 3. PD., 10. ID.mot.; |
| XXXXVIII. Pz.K. | (General d. Panzertruppen Kempf) mit 9. PD., 25. und 16. ID.mot.; |
| XXXV. AK. | (General d. Artillerie Kaempfe) mit 95., 296., 262., 293. ID. und 1. Kav.D.; |

Das "Unternehmen Taifun" begann bereits am 30. September, als die Panzergruppe 2 bei Gluchow (Bild oben) zum Angriff antrat. Am 2. Oktober lief dann der Angriff der übrigen Armeen. Das Bild zeigt den Vorstoß eines Panzerregiments auf der Rollbahn Smolensk-Wjasma.

Wjasma wurde schon wenige Tage nach Beginn der Offensive von Panzertruppen genommen, die damit eine der beiden Doppelschlachten um Wjasma und Brjansk einleiteten, die zu einem großen Aderlaß der "Roten Armee" führten. Der Einbruch der Schlechtwetterperiode verhinderte aber die volle Ausnutzung diese Erfolges, so daß sich die "Rote Armee" wieder festsetzte.

Die ersten Anzeichen des neuen Gegners "Schlamm" waren Ende August zu erkennen. Doch schon wenige Tage nach dem erfolgversprechenden Beginn des "Unternehmens Taifun" regnete es auf ganzer Frontbreite in Strömen. Dieser Regen — stellenweise mit Schneeschauer vermischt — brachte den zügigen Angriff zum Stehen.

Während die Infanterie sich schon in diesen Tagen meterweise durch Schlamm und Dreck vorwärtskämpfen mußte, ging es nur bei den motorisierten Truppen weiter. Das obere Bild zeigt die Vorausabteilung der SS-Division "Das Reich", das untere die gemischte Kampfgruppe der 3. und 4. Panzerdivision.

XXXIV. AK. (General d. Infanterie Metz)
mit 45. und 134. ID.

Die letzten beiden Armeekorps trugen damals noch die Bezeichnung Höheres Kommando, da sie bei Beginn des Ostfeldzuges als Führungsstäbe gebildet waren für die Truppenverbände, die im rückwärtigen Gebiet zum Einsatz kommen sollten. Die Umbenennung im Generalkommandos von Armeekorps erfolgte während des "Unternehmens Taifun". Es war bei Beginn des Angriffs auf Moskau die Aufgabe dieser beiden Korps, die gesamte und immer länger werdende Südflanke der Heeresgruppe Mitte zu sichern und dazu noch Anschluß an die Heeresgruppe Süd zu halten, die mit ihrem linken Flügel von Kiew aus in Richtung Kursk und Charkow vorgehen sollte.
Das Heeresgruppenkommando spielte in diesen ersten Tagen der neuen Offensive praktisch ein "Vabanque-Spiel", das schon in den ersten zwei Wochen die vor der Heeresgruppe stehenden Sowjetarmeen in großen Kesseln einschließen mußte. Deshalb standen Feldmarschall von Bock nur wenige kampfkräftige Einheiten als Reserve zur Verfügung. Das Heeresgruppenkommando selbst befahl nur über die 19. PD., die Pz.-Lehr-Brigade 900 und das IR.mot. "Großdeutschland" als Reservetruppen. Das AOK 9 behielt sich die 161. ID. und das AOK 2 die 112. ID. als Reservetruppe zurück; alle übrigen Armeeoberkommandos besaßen am 2. Oktober nicht eine Division, die als Reserve hätte zum Einsatz kommen können.
Die ersten Meldungen der Heeresgruppe, die bis Mittag des 2. Oktober beim OKH im fernen Ostpreußen eintrafen, veranlaßten den Chef des Generalstabes des Heeres in sein Tagebuch einzutragen:

"Mitte: ist heute bei strahlendem Herbstwetter 5.30 Uhr zum Großangriff "Taifun" angetreten. Während Guderian trotz der Schwierigkeiten an seinem zurückhängenden rechten Flügel vorwärts Boden gewinnt, hat der Angriff der übrigen Armeen und Panzergruppen bis Mittag nur zwischen 6-12 km Feindgelände gewonnen. Teilweise überstürzte Rückzugsbewegungen des Feindes."

Bis zum Abend des ersten Angriffstages wurde bekannt, daß die 2. Panzerarmee den gegenüberliegenden Feind voll durchbrochen hatte und sich im Vorgehen auf Orel befand. Die 2. Armee mußte härteste Kämpfe überstehen, um über die Dessna zu kommen. Der Übergang wurde überall erzwungen und die gegenüberliegende 3. Sowjetarmee (Generalmajor Kreiser) 5 km zurückgetrieben. Die 4. Panzerarmee konnte den Zusammenhang der 43. Sowjetarmee (Generalmajor Golubjew) links und der 24. Sowjetarmee (Generalmajor Rakutin) rechts sprengen und stieß etwa 15 km weit vor. Die 4. Armee griff frontal die 20. Sowjetarmee (Generalleutnant Jerschakov) an und warf die russischen Verbände zwischen 6 und 12 km nach Osten zurück. Die 3. Panzerarmee durchstieß die Frontlinien der 16. (Generalleutnant Rokossowskij) und der 19. Sowjetarmee (Generalleutnant Lukin) und stieß stellenweise bis in 20 km Tiefe vor. Die links benachbarten Infanteriedivisionen der 9. Armee warfen südostwärts der Düna gleichfalls Kräfte der 30. (Generalmajor Chomenko) und der 29. Sowjetarmee (Generalleutnant Masslennikow) zurück und schützten damit energisch den linken Flügel der Heeresgruppe.

Der erste größere Erfolg zeigte sich am zweiten Schlachttag, als es der 2. Panzerarmee gelang, mit der 4. PD. (Generalmajor Freiherr von Langermann und Erlencamp) voraus fast bis Orel vorzudringen und hier den starken Widerstand der sowjetischen Truppen des Generalleutnants Tjurin zu überwinden. Damit wurde möglich, daß am gleichen Tag das XXXXVII. Pz.K. nach links mit Richtung Brjansk abschwenkte. Die 18.

PD. (Generalmajor Nehring) stieß über die Straße Orel-Brjansk vor und konnte am 5. Oktober Karatschew besetzen. Die 17. PD. (Generalleutnant von Arnim) trat daraufhin nach Brjansk an, drang trotz härtesten Widerstands in und durch die Stadt und besetzte die Dessnabrücken.
Dieser erste große Erfolg im äußersten Süden der breiten Angriffsfront wurde verdoppelt durch einen ebensolchen Erfolg im äußersten Norden. Die hier vorgehende 3. Panzerarmee hatte am dritten Schlachttag den Raum südlich Bjeloj gewonnen und drehte nun mit ihren Divisionen nach Südosten in Richtung Wjasma ein. Dabei warf das LVI. Pz.K. die 103. sowjetische Panzerbrigade zurück, die bereits mit leichten und mittleren US-Panzerkampfwagen ausgerüstet war.

Die 7. PD. (Generalleutnant Freiherr von Funck) gewann als erster Verband der Armee die Rollbahn bei Wjasma und marschierte hier in 15 km Breite entlang der Straße auf. Im Zuge dieses Erfolges gelang es schon am 4. Oktober die Verbindung mit den ersten Kampfgruppen der von Süden herangekommenen Divisionen der 4. Panzerarmee herzustellen.
Die Armee des Generalobersten Hoepner stürmte am dritten Kampftag, nachdem die Fronten der 29. und 43. Sowjetarmee endgültig zusammenbrachen, in breiter Linie nach Nordosten vor. Die 10. PD. (Generalmajor Fischer) stand plötzlich allein auf weiter Flur. Die Division konnte Mosalsk stürmen und schon am nächsten Tag nach Juchnow vordringen, um von hier in einem Gewaltmarsch weiter auf Wjasma zu ziehen. Die 2. PD. (Generalleutnant Veiel) wurde dadurch gleichfalls vorgerissen und folgte dem Angriff, so daß das XXXX. Pz.K. (General d. Panzertruppen Stumme) direkt vor Wjasma stand.
Ein Kriegsberichter der Propagandakompanie, der diesen Vormarsch miterlebte, schrieb in die Heimat:

"In zwei Kampfgruppen hatte sich eine Panzer-Division — 20 km von Wjasma entfernt — aufgeteilt, um die Stadt in den frühen Morgenstunden von zwei Seiten her zu nehmen. In einem fünftägigen, ununterbrochenen Marsch war sie kämpfend tief in den Leib des Feindes hineingestoßen, über die Stadt hinaus, um sie dann von der Flanke — nach entsprechender Stukavorbereitung — zu überrennen. In der Nacht hatte sich die Division zum Panthersprung in nordöstlicher Richtung bereitgestellt, und nach fünf Tagen und Nächten war der Sprung über 150 km Luftlinie gelungen: Die Division hielt die Stadt in stählernen Pranken.
Während wir diese Zeilen schreiben, treibt der Wind gelbschwarze Rauchschwaden über die Stadt — diesen Knotenpunkt im angeschlagenen Nervensystem der Sowjets — und peitscht das Feuer, das sich gierig weiterfrißt. Auch hier wurde der wahnsinnige Befehl in die Tat umgesetzt: Was nicht zu halten ist, soll brennen. Auf dem Marktplatz, über den unsere Schützen schwärmten, um den Restteil der Stadt von zurückgebliebenen Sowjetarmisten zu säubern, steht auf einem Sockel ein Standbild von Lenin.
Auf einer Höhe — nur wenige Kilometer entfernt — sind ostwärts der Stadt in den frühen Mittagsstunden Infanteriegeschütze, Batterien der Artillerie, Pak und Flak in Stellung gegangen. Jenseits einer weitflächigen Mulde wurden stärkere Feindbewegungen beobachtet. Jetzt schlägt in ihre Reihen der Tod. Jeden Einschlag kann man beobachten. Dumpf hallen die Abschüsse, dann quirlen die hellen und dunklen Wölkchen der Einschläge auf. In direktem Beschuß feuern Artillerie und Flak und dann bringen auch schon die Schützen, die in die Mulde vordrangen, die ersten Gefangenen. Es sind mehrere Hundert, die lahm und blutbeschmiert in langen Reihen die Straße hochkommen.

Die meisten schauen dumpf in das Grau des Tages, einige haben das entsetzliche Erleben des deutschen Feuers abgeschüttelt, und man glaubt ihnen ansehen zu können, daß sie froh sind, die Hölle ihrer Kommissare und dem Schlag der deutschen Waffen mit heiler Haut entronnen zu sein. Sie werden verhört. Linkisch, fast hilflos halten sie aus Zeitungspapier gedrehte Zigaretten in schwieligen, derben Händen, während sie ihre Aussagen stammeln. Dann treten sie den Marsch zur Millionenarmee der Gefangenen an. Wie ein Wurm kriecht der geschlagene Haufen durch die rückwärtige Senke.

Und dann kommt die Meldung —, es ist Spätnachmittag geworden — daß sich die Spitzen zweier Panzergruppen an einer Brücke nördlich Wjasma getroffen haben. Das heißt: Wieder hat sich der Ring um einen gewaltigen Kessel geschlossen. Wir wissen es nicht, wieviel Divisionen, wieviel Armeen, wieviel Geschütze und wieviel Panzer in diesen weiten Wäldern stecken, deren Rand wir mit dem Auge absehen können, wir wissen nur, daß es für sie kein Entrinnen mehr gibt. Das sagen die Handgranaten im Koppel der Schützen, die Mündungen der aufgefahrenen Geschütze, das steht auf den breiten Stirnen der Panzer, das wird auf Kartentischen errechnet.

Wjasma war Scheitelpunkt bei der Bildung dieses Kessels, der einer der gewaltigsten ist, den die deutschen Kräfte in den Leib des Feindes im Osten hineinschnitten. Wjasma fiel: Nachdem es Stukas angriffen, haben es deutsche Panzer überrannt, Schützen in Besitz genommen."

So bildeten sich im Norden und im Süden der Angriffsfront der Heeresgruppe Mitte plötzlich zwei Kessel.

Die Vereinigung zwischen den Angriffsspitzen des LVI. Pz.K. der 3. Panzerarmee und des XXXX. Pz.K. der 4. Panzerarmee bei und in Wjasma führten zur Bildung eines Kessels westlich dieser Stadt beiderseits der Autobahn nach Jarzewo. Hier steckten Teile der 16., 19., 20. und 32. Sowjetarmee, die in den folgenden Tagen energisch versuchten, nach Osten auszubrechen.

Diese russischen Durchbruchsversuche mußten scheitern, als jetzt auch die Infanteriedivisionen der 4. Armee heran waren und im Westen und Süden den Kessel endgültig schlossen und von Tag zu Tag enger zusammendrückten.

Die Divisionen der 4. Armee waren schon am ersten Angriffstag fast überall über die Dessna gekommen und hatten zum Teil im Nahkampf die russischen Bunkerlinien aufgebrochen und stellenweise freies Gelände erreicht. Dabei konnte die 78. ID. (Generalleutnant Gallenkamp) schon am ersten Tag bis 10 km Raum nach Osten gewinnen. Die Infanteristen mußten in gewaltigen und kräftezehrenden Fußmärschen den weit vorgeprellten Panzerdivisionen folgen und standen wirklich am dritten Tag bereits im Rücken der 20. Sowjetarmee, wobei es der 292. ID. (Generalmajor Lucht) gelang, das schon im Sommer hart umkämpfte Jelnja zurückzuerobern.

Doch genau wie hier bei Wjasma schloß sich im selben Zeitraum der Kessel um Brjansk.

Die 2. Panzerarmee stand mit dem XXXXVII. Pz.K. bei Brjansk und baute vorerst eine Rundumverteidigung um die Stadt auf. Noch stand das Korps allein in diesem Raum und mußte sich nach allen Seiten verteidigen, da die 13. Sowjetarmee versuchte, wieder nach Brjansk durchzukommen. Das XXIV. Pz.K. war inzwischen weiter nach Nordosten marschiert und näherte sich Mzensk.

Das XXXXVIII. Pz.K. übernahm den Flankenschutz nach Süden, da hier die Infanteriedivisionen noch nicht heran waren. Erst als das XXXIV. AK. nach Rylsk gelangte, besserte sich die

Lage und die Divisionen des General d. Panzertruppen Kempf hatten freie Bahn in Richtung Kursk.
Das AOK 2 erhielt nun Befehl, unverzüglich mit den Divisionen nach Osten anzugreifen und Verbindung mit der 2. Panzerarmee bei Brjansk herzustellen. Die Infanteriedivisionen hatten in den ersten beiden Tagen schwere Kämpfe mit ernsten Verlusten hinter sich. Erst als Teile der 43. und 50. Sowjetarmee begannen nach Osten auszuweichen, kam der Vormarsch wieder in Gang. Die Masse der 2. Armee hatte endlich am 5. Oktober die Dessna überwunden und erreichte am nächsten Tag die Straße Rosslawl-Brjansk. Damit war hier der zweite Kessel um starke Kräfte mehrerer sowjetischer Armeen geschlossen!
Diese Erfolge ermunterten das OKW, OKH und auch das Heeresgruppenkommando den bisherigen Operationsplan umzuwerfen und neue Ziele den Armeen zu geben. Der hierzu notwendige Heeresgruppenbefehl wurde am 7. Oktober erlassen und lautete:

Oberkommando der Heeresgruppe Mitte H.Qu., 7.10.1941
Ia Nr. 1870/41 g.Kdos.Chef. 27. Ausfertigung

Geheime Kommandosache!
Chefsache!
Nur durch Offizier!

Befehl für die Fortsetzung der Operation Richtung Moskau

1. Die westlich Wjasma eingeschlossenen Feindarmeen gehen ihrer Vernichtung entgegen. Die ganze Einschließungsfront greift hierzu weiter an. Alle hierbei ent-

behrlichen Kräfte treten ungesäumt zur Verfolgung entkommener Feindteile Richtung Moskau an, um dem Gegner keine Gelegenheit zum Aufbau einer neuen Abwehrfront zu lassen.

2. 2. Panzerarmee stößt so früh wie möglich auf Tula durch und gewinnt die dortigen Übergänge für weiteres Vorgehen sowohl Richtung Kolomna wie Kaschira-Serpuchov.
Das Stadt- und Industriegebiet von Brjansk-Ordshonikidsegrad mit den dortigen Übergängen ist bis zur Ablösung durch Kräfte der 2. Armee sicher festzuhalten. Die Versorgungsstraße und -bahn Brjansk-Orel ist durch ausreichende Kräfte zu sichern.

3. 4. und 9. Armee vernichten die im Raum Dorogobush-Wjasma eingeschlossenen Feindarmeen unter möglichst baldiger Herauslösung der schnellen Verbände für die neuen Aufgaben durch Inf.Korps.

4. 4. Armee stößt ohne Verzug vor:
   a) mit neu unterstelltem XIII. und dem XII. A.K. gegen und über die Linie Kaluga-Medyn,
   b) mit dem zunächst der Armee unmittelbar unterstellten LVII. A.K. (20. Pz.Div., 19. Pz.Div., die herauszuziehen ist, und 3. I.D. mot) über Medyn gegen die Protwa-Übergänge von Malojaroslawez und Borowsk. Der dortige befestigte Abschnitt ist durch vorausgeworfene Kräfte wegzunehmen. Eine kampfkräftige Abteilung hat die Übergänge von Kaluga schnell in die Hand zu nehmen und bis zum Herankommen des XIII. A.K. festzuhalten,

c ) mit allen verfügbaren Kräften der Panzergruppe 4 im allgemeinen Zuge der Autobahn von Wjasma auf Mohaisk unter schneller Wegnahme der dortigen Befestigungen.

5. 9. Armee gewinnt mit Kräften der Panzergruppe 3 die Linie Gshatsk — südlich Szytschowka zur Abschirmung der Kesselschlacht nach Nordosten. Alle freiwerdenden Teile der Panzergruppe sind in und hinter dieser Linie zu baldigem Vorstoß Richtung Kalinin oder Rshew zu versammeln. Erdaufklärung ist gegen die Bahnlinie Wolokolamsk-Rshew vorzutreiben.

6. 2. Armee vernichtet die im Raum Trubtschewsk-Shisdra befindlichen Feindgruppen im Zusammenwirken mit 2. Panzerarmee (siehe Ziffer 2) unter schnellem Freikämpfen der wichtigsten Versorgungsstraße Rosslawl-Brjansk.
Später wird es Aufgabe der 2. Armee sein, Richtung Tula-Kaluga vorzugehen.
Die 1. Kav.Div. und die marschfähigste Inf.Div. werden nach Vernichtung der südlich der Straße Rosslawl-Brjansk befindlichen Feindkräfte der 2. Panzerarmee in Richtung Orel zuzuführen sein.

7. Trennungslinien:
   a) zwischen 2. Panzerarmee und 2. Armee:
      Wird erst später befohlen.
      Abgrenzung für Sicherung usw. in den rückwärtigen Armeegebieten im unmittelbaren Einvernehmen.
   b) zwischen 2. Armee und 4. Armee:

Bis Jerschitschi wie bisher, dann Ljudinowo (2.) — Kosolsk (4.), dann für Aufklärung und Sicherung zwischen 2. Panzerarmee und 4. Armee Kosolsk (4.) — Verlauf der Shisdra bis zur Mündung in die Oka-Straße Fersikowo nach Sserpuchow (4.)

c) zwischen 4. Armee und 9. Armee:
Autobahn bis Wjasma wie bisher, dann Wjasma (4.) — Autobahn bis Gshatsk (Autobahn für 4., Ort Gshatsk für 9.) - Rusa (4.). Nach Antreten der Inf. Verbände wird als Trennungslinie die Autobahn auch ab Wjasma für 9. Armee befohlen werden.

8. Änderung in der bisherigen Kräftegliederung:
Es treten:
a) Höh.Kdo. XXXV mit 1. K.D., 95., 262., 293. und 296. Div. am 10.10.1941, 12.00 Uhr, von 2. Panzerarmee zu 2. Armee.
b) XIII. A.K. mit 17., 52. und 260. Div. am 8.10.1941, 12.00 Uhr, von 2. Armee zu 4. Armee. Das z.Zt. um Shisdra sichernde verst. I.R. 163 oder 52. Div. bleibt zunächst der 2. Armee taktisch unterstellt.

9. I.R. "Groß-Deutschland" ist durch 4. Armee als Heeresgruppen-Reserve um Rosslawl zu versammeln.

gez. v. Bock

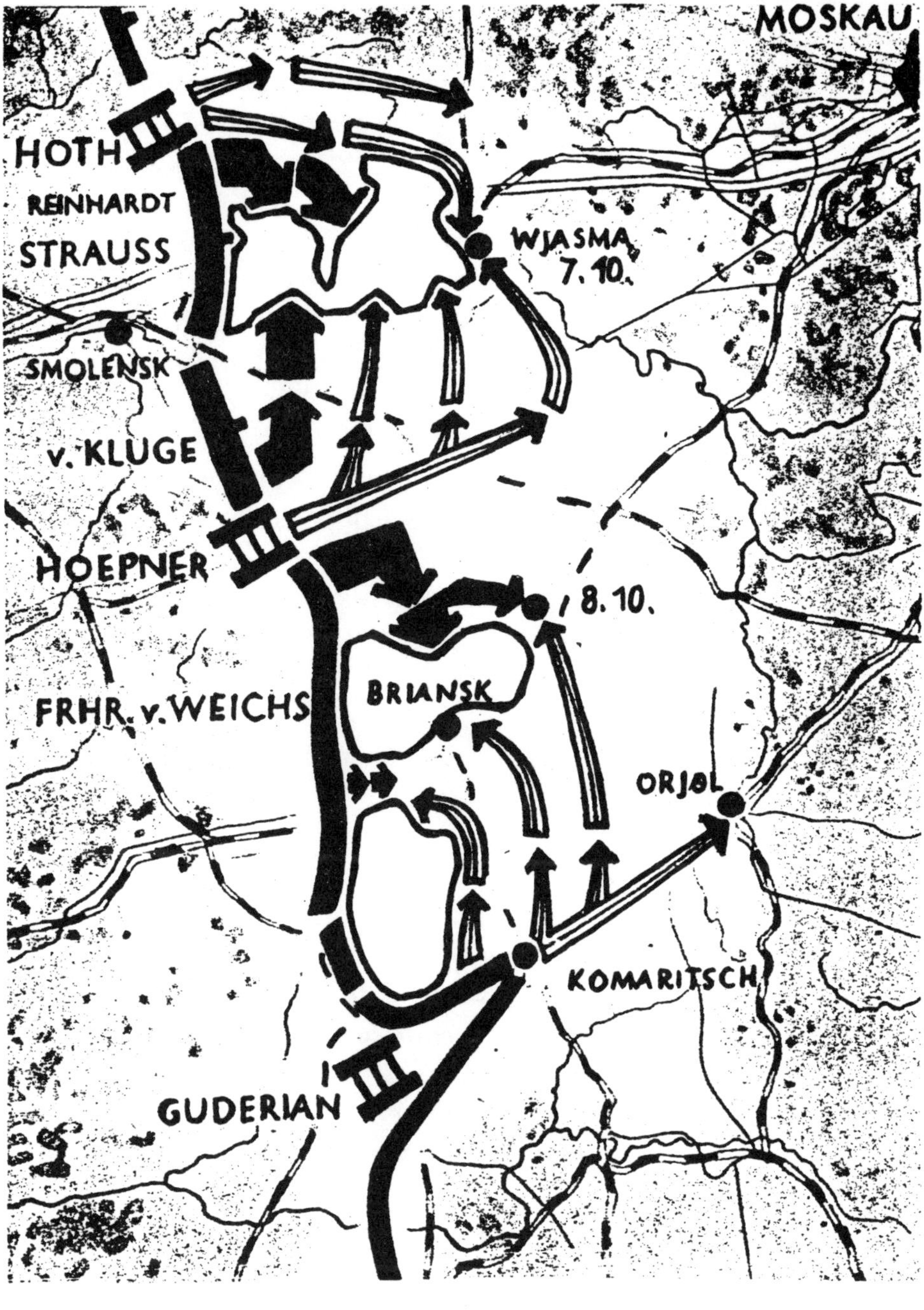


DIE DOPPELSCHLACHT VON
WJASMA UND BRJANSK

Teile folgender sowjetischer Armeen steckten an diesem 7. Oktober im Kessel von Wjasma: 19., 20., 24., 30., und 43. Armee; im Kessel bei Brjansk verbluteten Teile der 3., 13. und 50. Armee. Der Oberbefehlshaber der 50. Armee, Generalmajor Petrov, fiel bei einem Ausbruchsversuch südlich Brjansk und die Oberbefehlshaber der 19. (Generalleutnant Lukin), 20. (Generalleutnant Jerschakov) und 32. Sowjetarmee (Generalmajor Wischnewskij) gerieten später mit der Masse ihrer Soldaten in deutsche Gefangenschaft.
Hitler verbot angesichts der sich anbahnenden Erfolge dieser Doppelschlacht bereits am 7. Oktober die Annahme einer etwaigen Kapitulation Moskaus! Das OKW erließ sieben Tage später einen entsprechenden Befehl an die verschiedenen Oberkommandos von Heer und Luftwaffe. Der Befehl besagte u.a., daß Moskau selbst nicht im Angriff genommen werden sollte, sondern ähnlich wie bei Leningrad nur eng einzuschließen und auszuhungern sei!
Die Berichte des OKW gaben der deutschen Bevölkerung am 8. und 9. Oktober erstmalig Nachricht über die neuesten Ereignisse an der Ostfront:

> OKW-Bericht vom 8.10.1941:
> "Während in der Ukraine die Angriffs- und Verfolgungsoperationen in vollem Flusse sind, hat der am 2. Oktober eingeleitete Durchbruch in der Mitte der Ostfront zu einer neuen Folge gewaltiger Vernichtungsschlachten geführt. Allein im Raum von Wjasma sind — wie durch Sondermeldung bekanntgegeben — mehrere sowjetische Armeen eingeschlossen. Sie gehen unerbittlich ihrer Vernichtung entgegen."
>
> OKW-Bericht vom 9.10.1941:
> "In der Mitte der Ostfront haben — wie ebenfalls durch Sondermeldung bekanntgegeben — die tiefen Durchbruchs-

operationen zu einer weiteren großen Umfassungsschlacht geführt. Von starken Panzerkräften im Rücken angegriffen, haben nunmehr auch im Raum Brjansk drei feindliche Armeen ihre Vernichtung zu erwarten. Zusammen mit den bei Wjasma eingeschlossenen Verbänden hat hier der Marschall Timoschenko die letzten voll kampfkräftigen Armeen der sowjetischen Gesamtfront geopfert. Das Trugbild fortgesetzter Angriffserfolge, die von der lügenhaften Propaganda des Gegners gerade diesen Armeen seit Wochen zugeschrieben waren, ist damit endgültig zerrissen."

Das russische Oberkommando in Moskau erkannte in diesen Tagen die Schlappe, die ihre Armeen erlitten und zog erste Konsequenzen. Die Oberbefehlshaber der drei Fronten (Heeresgruppen) wurden abgelöst. Generaloberst Konjew wurde durch Armeegeneral Schukow ersetzt, und zu dessen Stellvertreter degradiert, bevor er einen Monat später zum Oberbefehlshaber der neuen Heeresgruppe "Kalininfront" ernannt wurde. Marschall Budjennyj mußte den Oberbefehl über die "Reservefront" abgeben und wurde zu einem unbedeutenden Posten nach Asien abgeschoben. Der Stab der "Reservefront" wurde schließlich am 12. Oktober ganz aufgelöst und mit dem der "Westfront" verschmolzen. Generalleutnant Jeremenko, Oberbefehlshaber der "Brjansker Front", mußte abtreten und Platz für seinen bisherigen Generalstabschef, Generalmajor Sacharow, machen, der den Oberbefehl über die "Brjansker Front" übernahm.

Armeegeneral Schukow, der neue Oberbefehlshaber der "Westfront", gruppierte angesichts der sich bildenden zwei Kessel um Brjansk und Wjasma seinen gesamten Frontabschnitt neu um. Er ließ die bedrohten Truppen nach Osten ausweichen und befahl folgende Aufstellungsräume seiner Armeen von Nord nach Süd:

| | |
|---|---|
| 16. Armee | (Generalleutnant Rokossowskij) Raum Wolokolamsk; |
| 5. Armee | (Generalmajor Leljuschenko, später Generalmajor Goworow) Raum Mohaisk; |
| 43. Armee | (Generalleutnant Akimow) Raum Malojaroslawez; |
| 49. Armee | (Generalleutnant Zacharkin) Raum Kaluga. |

Die Truppen des Militärbezirks Moskau unter dem Befehl von Generalleutnant Artemjew wurden mobilisiert, verließen ihre bisherigen Unterkünfte im Großraum der sowjetischen Hauptstadt und rückten bis in das Gebiet beiderseits von Mohaisk vor, um hier Stellung zu beziehen. Die 19., 20., 24., 32. und 39. Armee wurden ganz aufgelöst, dafür um Mohaisk eine neue 26. Armee unter Generalmajor Kurkin gebildet. Dieser Armee wurden die Truppenteile zugeführt, die aus den Kesseln von Wjasma und Brjansk ausgebrochen waren und Anschluß an die "Rote Armee" fanden.

Die Schlacht tobte bis Mitte Oktober mit ganzer Härte weiter in den beiden Kesseln. Trotz verzweifelter Gegenwehr, fortgesetzter Ausbruchsversuche mit hohen Verlusten brach schließlich nach und nach der Widerstand der eingeschlossenen Kräfte zusammen. Bis zum 12. Oktober wurden bereits 200 000 gefangene Rotarmisten gezählt.

Die deutschen Panzerdivisionen hatten längst die Kesselfront verlassen und drehten zum weiteren Vormarsch nach Osten ein.

Da meldeten sich in den letzten Tagen neue Gegner, die den Angreifern noch schwer zu schaffen machen sollten: Schlamm und erster Schnee.

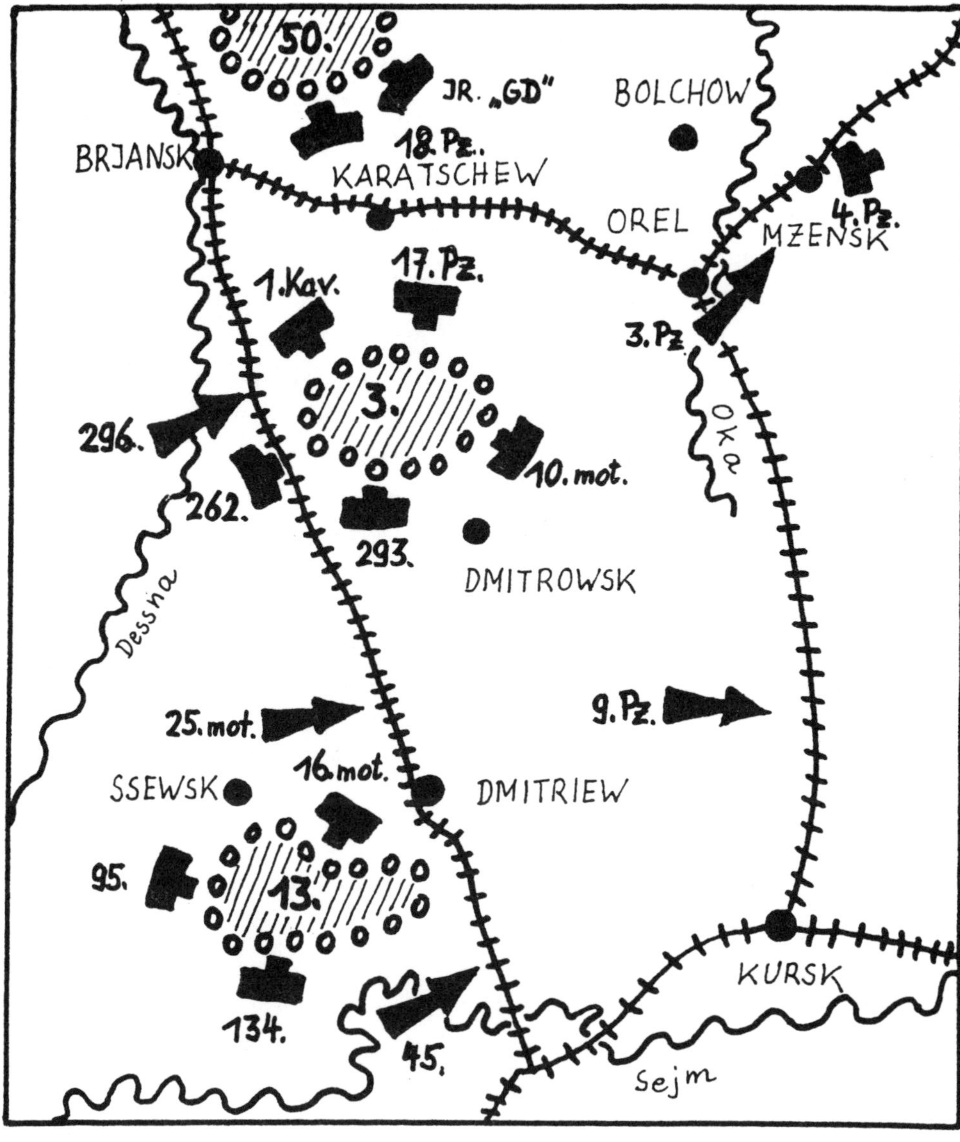
50.
JR. „GD"
BOLCHOW
18. Pz.
BRJANSK
KARATSCHEW
4. Pz.
OREL
MZENSK
17. Pz.
1. Kav.
3. Pz.
3.
Oka
296.
10. mot.
262.
293.
DMITROWSK
Dessna
9. Pz.
25. mot.
16. mot.
SSEWSK
DMITRIEW
95.
13.
KURSK
134.
45.
Sejm

Die Schlachten um Wjasma und Brjansk traten in diesen Tagen praktisch "auf der Stelle". Zwar stießen im Süden der Front die Verbände der 2. Panzerarmee weiter vor. Das XXIV. Pz.K. des Generals d. Panzertruppen Freiherr Geyr von Schweppenburg erreichte mit der 4. PD. noch Mzensk und blieb dann hier im Schlamm liegen. Die 3. PD. — deren Führung Generalmajor Breith übernahm — kämpfte sich mühsam an Orel und auf Bolchow heran. Einer, der diese Tage miterlebte, berichtete:

"Am Nachmittag des vierten Tages stand die Panzerspitze vor der Großstadt Orel und formierte sich zum Angriff auf dieses bedeutende Industrie- und Rüstungszentrum. Noch stiegen auf dem nahen Sowjetflugplatz die feindlichen Bomber auf, um ihre Last über den angreifenden Deutschen abzuladen; noch schoß die gegnerische Artillerie aus der Stadt heraus auf das südliche Vorfeld; noch brach wildes Schützenfeuer aus den Waldstücken, die Orel rechts und links umsäumen. Auf der Bahnlinie, die südlich der Stadt vorbeiführt, bewegte sich noch ein Sowjetzug, als die deutschen Panzer zum Angriff anrollten. Die deutsche Artillerie nahm inzwischen Bahndamm, Stadt und Flugplatz unter schweres Feuer; und es war ein grausam-schönes Bild, die an hundert Stellen brennende Stadtsilhouette zu betrachten, während die vordersten deutschen Panzer feuernd über den hohen Bahndamm kletterten.

Dann war ein schwerer Straßenkampf zu bestehen. Um einzelne Stadtteile, wie etwa das Bahnhofsviertel, wurde noch nach Einbruch der Dunkelheit hart gerungen. Aber die Panzer und die motorisierten Schützeneinheiten, die gemeinsam ins Weichbild der Stadt eingedrungen waren, gewannen stündlich an Boden; und am Morgen des fünften Angriffstages, nach einem Vorstoß von mehr als 220 km, zog der deutsche Stadtkommandant in Orel ein, in jene

Der deutsche Soldat fand — im Gegensatz zu den Angehörigen der später eingesetzten Zivilverwaltung des Generalkommissariats — schnell Kontakt zu der einfachen russischen Bevölkerung, die in der deutschen Wehrmacht anfangs ihre Befreier vom sowjetischen Joch erblickte. Deshalb bestellten Bauer und Soldat gemeinsam im rückwärtigen Gebiet die Felder, besserten Straßen aus, bauten Eisenbahnlinien u.a.m.

Der weißrussische Bauer lebte im Sommer und Herbst 1941 noch genauso arm und bescheiden wir zur Zeit der Zaren. Er kannte außer seinem Heimatdorf, seiner pausenlosen Feld- oder Kolchosenarbeit nichts und bestaunte mehr als genug die Fahrzeuge, Waffen und Ausrüstung der deutschen Soldaten.

Das weite russische Land mit seinen Steppen und Wäldern, seinen Flüssen und Sümpfen, den alten Städten mit ehrwürdigen Kathedralen und den armseligen Dörfern am Rande der morastigen Straßen zeigte im Sommer und Herbst ein Bild der Zerstörung. Da lagen die gesprengten Eisenbahnbrücken im Dnjepr wie hier bei Mogilew oder zeugten die Trümmer einer der Kathedralen von Witebsk vom Schrecken des Krieges.

Der Feldzug war im Abschnitt der Heeresgruppe Mitte im Sommer zum Stehen gekommen, da sich der Schwerpunkt in die Ukraine verlegt hatte. Die zurückgebliebenen Infanteriedivisionen versuchten krampfhaft ihre Stellungen gegen die von Monat zu Monat stärker werdenden Sowjetkräfte zu halten.

Noch waren die deutschen Waffen und Soldaten den Rotarmisten überlegen. So dauerte die Abwehrschlacht um Jelnja fast vier Wochen — das Bild zeigt das Einbringen russischer Gefangener — dann mußten an dieser Stelle die deutschen Truppen zum erstenmal „zurück".

Jetzt war der Herbst gekommen; tagelang regnete es, Straßen und Wege versanken in Schlamm und Modder. Es ging nicht mehr weiter. Die Anstrengungen waren zu groß. . . Schon Ende August funkte Feldmarschall von Bock nach Berlin: "Ende der Widerstandskraft der Heeresgruppe ist vorauszusehen!"

Stadt, die von den Sowjets für eine der großen Bastionen vor dem Raum von Moskau gehalten wurde."

Hinter dieser Frontlinie, die eigentlich keine mehr war, ging aber der Kampf um Ortschaften, Wälder und Sümpfe weiter. Die 16. ID.mot. (Generalmajor Henrici), 25. ID.mot. (Generalleutnant Clössner), 45. ID. (Generalleutnant Schlieper), 95. ID. (Generalleutnant Sixt von Arnim) und 134. ID. (Generalleutnant von Cochenhausen) schlossen einen festen Ring um die 13. Sowjetarmee zwischen Ssewsk und Dmitriew, das von der 9. PD. (Generalleutnant Hubicki) genommen worden war.

Die 3. Sowjetarmee wurde im Raum Kromny zusammengepreßt. Hier widerstanden Teile der 17. PD. (Generalleutnant von Arnim), 10. ID.mot. (Generalleutnant von Loeper), 262. ID. (Generalleutnant Theissen), 293. ID. (Generalleutnant von Obernitz) und 1. Kav. D. (Generalmajor Feldt) den oft mit beispielloser Tapferkeit und Härte unternommenen Ausbruchsversuchen des Gegners.

Generaloberst Freiherr von Weichs hatte schon am 7. Oktober verantwortlich die Befehlsführung im Abschnitt Brjansk übernommen, um Generaloberst Guderian für die Führung seiner motorisierten Korps nach Osten freizumachen.

Genau wie hier im Süden der Front vollendete sich auch im Norden der Kampf um den Kessel bei Wjasma. Dieser Kessel wurde endgültig am 8. Oktober dichtgemacht, nachdem sich die Verbindung zwischen der 4. Panzerarmee vom Süden und der 3. Panzerarmee vom Norden gefestigt hatten. Als sich dann die Infanteriedivisionen der 4. Armee herangearbeitet hatten und vom Norden die Divisionen der 9. Armee bei Dorogobush auftauchten, konnten die Panzerdivisionen wieder Front nach Osten aufnehmen. Das V. und VI. AK. der Generale Ruoff und Förster übernahmen den weiteren Flankenschutz zwischen Bjeloj und der Rollbahn Wjasma-Moskau.

Die Geschichte der 35. ID. berichtete über diese Tage:

"Nach kurzer Rast am 9. Oktober, die zum Heranziehen aller Teile und zur Bereinigung des Gefechtsfeldes ausgenutzt wurde, trat die Division am 10. Oktober den Vormarsch über die Wjasma an, um die Panzerdivision, welche in der Zwischenzeit bei Wjasma am 7. Okt. den Ring um die Masse der Heeresgruppe Timoschenkos geschlossen hatte, abzulösen und zum weiteren Vorstoß nach Osten frei zu machen. Am 11. Oktober schloß die Division hinter der in schweren Abwehrkämpfen dicht nordwestlich Wjasma stehenden 7. Pz. Div. zur Ablösung auf. Die Russen machten verzweifelte Ausbruchsversuche, um sich der Umklammerung zu entziehen. Es gelang ihnen in der Nacht vom 11./12. Oktober in die nur dünn besetzte Abwehrfront der Panzerdivision einzubrechen und in der Mitte der Front einen 5 km tiefen Einbruch zu erzielen. In diese Einbruchstelle ergoß sich ein Strom von Verbänden aller Art, welche das Ziel hatten, aus dem Kessel nach Norden zu entkommen. Die Division, welche nach anstrengenden Marschleistungen auf aufgeweichten Straßen mit dem letzten Regiment gerade erst gegen Mitternacht eingetroffen war, trat mit den Regimentern 34 und 109 am Morgen des 12. Oktober zum Gegenangriff an, warf, unterstützt durch die Panzerdivision, den Gegner über die alte HKL zurück und machte die letzten Ausbruchsversuche der Russen an diesem Tag zunichte. Das Schlachtfeld bot mit seinem Chaos von Gefallenen, Verwundeten, Pferden, Fahrzeugen und Waffen aller Art ein unbeschreibliches Bild der Verwüstung. Vor der Front des I.R. 34 hatte der Feind besonders hohe Verluste. In 10tägigen Kämpfen hatte die Division 8500 Gefangene gemacht, 64 Panzer, 325 Geschütze aller Art, 360 M.G. und Granatwerfer, 2500 Gewehre, 1350 Lkw. und Pkw., 116

Zugmaschinen, 500 bespannte Fahrzeuge und 750 Pferde vernichtet oder erbeutet."

Die freigemachten Panzerdivisionen stießen trotz schlechtester Wetterlage und chronischem Spritmangel weiter in die Tiefe des russischen Raumes.
Die 3. Panzerarmee des Generals d. Panzertruppen Reinhardt gewann am schnellsten ihre Operationsfreiheit zurück. Ihre Vorausabteilungen erreichten schon am 11. Oktober die Wolga bei Pogoreloje-Gorodischtsche. Damit standen zum erstenmal deutsche Soldaten an der Wolga!
Dann verebbte erst einmal jeder weitere Vormarsch — denn inzwischen war ein neuer gefährlicherer Gegner als die "Rote Armee" selbst aufgetaucht — der Schlamm!
Doch in jenen Tagen gingen die Schlachten um Wjasma und Brjansk ihrem Ende entgegen. Der Bericht des OKW brachte am 15. Oktober in einer Sondermeldung die Nachricht von der endgültigen Vernichtung der eingeschlossenen Feindkräfte.
Die Endzahl der sowjetischen Verluste betrugen schließlich — ohne die Zahl der gefallenen Rotarmisten, die nie ermittelt und von russischer Seite nie bekanntgegeben wurde — 673 000 Gefangene, 1 242 Panzer und 5 412 Geschütze aller Art erbeutet oder vernichtet.
Feldmarschall von Brauchitsch, Oberbefehlshaber des Heeres, erließ einen Tagesbefehl:

"Soldaten der Heeresgruppe Mitte!
Nach langen Wochen schwerster Abwehrkämpfe seid Ihr am 2. Oktober zum Angriff angetreten. Vom ersten Augenblick an habt Ihr Euch dem Gegner wiederum weit überlegen gezeigt, habt die feindliche Front durchbrochen und unter der vorzüglichen Führung Eures Oberbefehlshabers der Heeresgruppe und Eurer Armeeführer eine Umfas-

sungsschlacht geschlagen, deren Ergebnis die Vernichtung von acht Armeen ist.
Wieder habt Ihr Euch in diesen harten Kämpfen gegen zähen feindlichen Widerstand, unter ungünstigen Wetterbedingungen und bei schwierigsten Wegeverhältnissen als die besten Soldaten bewährt. Truppe und Führung haben hervorragende Leistungen vollbracht. Voll Dank und Stolz sieht ganz Deutschland auf sein Heer! . . ."

# Heeresgruppe Timoschenko in Stärke von 8 Armeen vernichtet

## 648196 Gefangene, 1197 Panzer und 5229 Geschütze erbeutet oder vernichtet

Aus dem Führerhauptquartier, 18. Oktober

Das Oberkommando der Wehrmacht gibt bekannt:

Die Doppelschlacht von Brjansk und Wjasma ist siegreich beendet.

Unter dem Oberbefehl des Generalfeldmarschalls v. Bock haben Truppen des deutschen Heeres in engstem Zusammenwirken mit der Luftflotte des Generalfeldmarschalls Kesselring die sowjetische Heeresgruppe des Marschalls Timoschenko in Stärke von acht Armeen mit 67 Schützen-, sechs Kavallerie-, sieben Panzerdivisionen und sechs Panzerbrigaden vernichtet. Die Säuberung des Kampfgebietes von zersprengten Resten des Feindes ist noch im Gange.

Insgesamt wurden bei diesen Kämpfen bisher 648 196 Gefangene gemacht. 1197 Panzerkampfwagen, 5229 Geschütze aller Art sowie unübersehbares Kriegsmaterial erbeutet oder vernichtet.

Die blutigen Verluste des Feindes sind wiederum schwer.

An der Durchführung dieser Operationen waren die Armeen des Generalfeldmarschalls von Kluge, der Generalobersten Freiherr von Weichs und Strauß sowie die Panzerarmeen der Generalobersten Guderian, Hoth, Höppner und des Generals der Panzertruppen Reinhardt beteiligt.

**Münchener Ausgabe A**
289. Ausg. 54. Jahrg. Einzelpreis für München 15 Rpf., für auswärts 20 Rpf.

„Freiheit und Brot!"

**Münchener Ausgabe A**
München, Donnerstag, 16. Oktober 1941

# VÖLKISCHER BEOBACHTER

Verlag: Frz. Eher Nachf., G. m. b. H., München 22, Thierschstraße 11—17. Sammelruf 2 21 31, nach 17 Uhr 2 21 34. Drahtanschrift: Eherverlag — Postscheck: München 113 46, Prag 773 03, Preßburg 58 60, Bern III 72 05, Budapest 135 32, Belgrad 682 37, Bukarest 249 68, Brüssel 350 797, den Haag 211 846, Bayerische Hypotheken- und Wechselbank, München, Filiale Kaufingerstraße, Bayerische Gemeindebank, Girozentrale München, Brienner Straße 49, Bank der Deutschen Arbeit AG., München, Deutsche Bank, Filiale München, Depositenkasse Maximilianstraße, Reichsbankgirokonto, Kreditanstalt der Deutschen, Prag, Kommerzialbank Krakau, Slovenska Banka, Bratislava

Kampfblatt der nationalsozialistischen Bewegung Großdeutschlands

Schriftltg.: München 13, Schellingstr. 39, Sammelruf 2 08 01 - Briefanschrift: München 2 BS, Schließfach 294 - Drahtanschrift: Beobachter München - Berliner Schriftleitung: Berlin SW 68, Zimmerstraße 88, Ruf 11 00 22 - Wiener Schriftleitung: Wien VII, Seidengasse 3—11, Ruf B-3 95 40 - Erscheinungsweise wöchentlich 7 mal - Bezugspreis in München durch Träger RM 2.90 einschl. Zustellgeld, in Orten mit Agenturen RM 3.— einschl. Zustellgeld, durch die Post RM. 2.90 einschl. 83 Pf. Postgebühr, ausschl. 42 Pf. Zustellgebühr - Anzeigen: München 22, Thierschstr. 11—17, Ruf 2 21 31, Anzeigenschluß 16 Uhr, 1 Tag vor Erscheinen - Gewünschte Einzelnummern sind nur gegen vorher. Einsendung v. 30 Pf. lieferbar

## 560000 Gefangene aus den Kesseln von Wjasma und Brjansk

# Doppelschlacht vor dem Abschluß

## 888 Panzerkampfwagen und 4133 Geschütze erbeutet oder vernichtet

## Roosevelt fordert Gegenleistungen

**Die USA. wollen alle britischen Stützpunkte benutzen**

v. b. **Berlin**, 15. Oktober

Roosevelt sprach vor der Pressekonferenz im Weißen Haus über die Verwendung des ersten 7-Milliarden-Kredits der Englandhilfe, dem jetzt eine zweite 6-Milliardenvorlage folgte. Er stellte dabei fest, daß die Lieferungen an England bei fortschreitender Abwicklung früherer gegen Barzahlung aufgegebener Aufträge in steigendem Maße aus der Tasche der USA.-Steuerzahler bestritten werden müssen. Gleichzeitig teilt die Agentur uns mit, Roosevelt habe bereits eine Gegenrechnung in London präsentiert: Benutzung aller Stützpunkte des Empires durch die USA. und Gleichschaltung der englischen Handelspolitik mit dem amerikanischen System unbedingter Meistbegünstigung, was praktisch darauf hinauslaufen müßte, daß weite Gebiete des Empires wirtschaftlich unter amerikanischen Einfluß kämen.

Roosevelt hat auf eine Anfrage des Senators Vanderberg geantwortet, die USA.-Regierung habe die grundsätzlichen Bedingungen für die britischen Gegenleistungen formuliert und London mitgeteilt. Die englische Regierung prüfe sie jetzt, so ihm daraus zur Verfügung stehen, dazu, um eine Sonderabmachung mit Brasilien zu treffen mit dem Ziel, das brasilianische Rüstungspotential für die USA. arbeiten zu lassen. Aber auch den jetzt mit Argentinien abgeschlossenen Handelsvertrag hat er in Verbindung zum Pacht- und Leihgesetz gebracht, vor allem in der Absicht, damit die südamerikanischen Staaten in die englisch-amerikanisch-bolschewistische Front hineinzuziehen und sie seinen Stützpunktwünschen gefügig zu machen. Im übrigen bleibt es sein Bestreben, den ganzen Warenverkehr aller Länder der westlichen Hemisphäre unter USA.-Kontrolle zu bringen, deren Exportüberschüsse monroepolitisch billig aufzukaufen und dann durch die USA. mit entsprechenden Zwischengewinnen veräußern zu lassen, wobei er ein ausschlaggebendes Werkzeug für politische Erpressungen gegenüber rohstoffarmen Ländern zu erlangen hofft. Der argentinische Vertrag beruht auf dem Hull-System der Meistberechtigung, das Roosevelt auch England abnötigen will. Er verspricht für die USA. eine erhebliche Ausweitung seiner Ausfuhr nach Argen-

## Die Masse der deutschen Kräfte für neue Operationen frei

**Aus dem Führerhauptquartier, 15. Oktober**

**Das Oberkommando der Wehrmacht gibt bekannt:**

**Die Doppelschlacht von Brjansk und Wjasma nähert sich ihrem Abschluß. Im Laufe des heutigen Tages wurden auch die in den Kesseln nördlich Brjansk eingeschlossenen Kräfte unter schwersten blutigen Verlusten des Gegners zerschlagen. Die Säuberung des Waldgebietes südlich Brjansk von den dort umzingelten Resten der geschlagenen feindlichen Armeen ist noch im Gange. Die Masse der in dieser gewaltigen Durchbruchs- und Umfassungsschlacht beteiligten deutschen Kräfte ist bereits für die Fortführung der Operationen frei geworden.**

**Bisher sind 560000 Gefangene eingebracht sowie 888 Panzerkampfwagen und 4133 Geschütze als erbeutet oder vernichtet gemeldet.**

## Das Land der gemordeten Seelen

Für einige Tage in die Heimat berufen, fand sich der Leutnant im Kreis ehemaliger Kameraden ein und erzählte uns von seinen Eindrücken im Osten. Er sprach, verhalten manchmal, dann wieder lebhaft, nahezu leidenschaftlich, man spürte, wie sehr ihm das Mitgeteilte nahe ging.

Wir hatten unermeßliche Weiten zurückgelegt, so berichtete er, und sahen monatelang nichts als schlecht bestellte oder gar unbebaute Felder, monatelang nichts als Dörfer mit kümmerlichen, strohbedeckten Holzhütten, und gab es — selten einmal — Städte, so wehte uns Kälte an, eine furchtbare, unerbittliche Kälte. Wo waren die Gegenkräfte, fragte ich mich, nicht die politischen des Handelns — die gab es nicht —, aber die inneren verschwiegener Wünsche und Sehnsüchte, die innere Abwehr, die Funken menschlichen Widerstandes gegen die Umwelt des bolschewistischen Terrors? Ich suchte vergebens danach. Und eines Tages erfuhr ich zum erstenmal — klar und überzeugend, daß ich nach etwas suchte, was nicht mehr da war. Ein ehemaliger Bühnenleiter, der nun in einer kleinen Stadt ein Kino führt, gab mir die Antwort. Der Mann mit der Horn-

# "Festung Moskau"

Die russische Regierung und das Oberkommando der "Roten Armee" erkannten mit Beginn des deutschen Unternehmens "Taifun", daß nun die Schlacht um die russische Hauptstadt entbrannte. Parteichef und Generalissimus Stalin hatte seit Beginn des Ostfeldzuges betont, daß mit Moskau die Sowjetunion "stehe oder falle". Deshalb ließ er in den Sommermonaten stärkste Kräfte seiner Armee und der ihr unterstellten Fliegergeschwader westlich Moskau stehen. Er nahm bewußt den Verlust der Schlacht um Kiew in Kauf, nur um Rußlands Hauptstadt zu retten.
Stalin sah in der Verteidigung Moskaus die entscheidende strategische Aufgabe. So ließ er bereits in der ersten Feldzugswoche eine Hauptreserve von nahezu drei Armeen am Dnjepr aufstellen, die allein den Auftrag erhielten, Moskau zu schützen. Die Arbeiterschaft der Hauptstadt wurde schon im Juli zu den sogenannten Milizdivisionen einberufen, die sofort in Marsch gesetzt werden sollten, sobald sich die deutschen Truppen Moskau näherten.
Gleichzeitig begannen die ersten Arbeiten an den Verteidigungsanlagen im Vorfeld der Hauptstadt zwischen Wjasma und Mohaisk. Diese Anlagen wurden vorläufig unter Aufsicht und Führung der örtlichen Zentralen der KPdSU fast ausschließlich von der Zivilbevölkerung ohne technische Hilfsmittel und Großgeräte errichtet. Der Schwerpunkt dieser ersten notdürftigen Stellungen lag beiderseits der Autobahn Smolensk-Moskau.
Kurz vor Beginn der Schlacht um Kiew bildete das russische

Oberkommando — STAVKA — eine neue Heeresgruppe, die ausschließlich zum Schutz Moskaus aufgestellt wurde. Es war dies die "Brjansker Front" unter Generalleutnant Jeremenko, die drei Armeen mit 20 Schützendivisionen, je drei Panzer- und Kavalleriebrigaden umfaßte. Als sich der Angriff der Panzergruppe 2 (Generaloberst Guderian) in Richtung Kiew abzeichnete, blieb diese Heeresgruppe "Gewehr bei Fuß" stehen und fiel nicht in die Flanke des XXIV. AK.mot.

Da am 2. Oktober die deutschen Geschütze aufheulten und das Unternehmen "Taifun" einläuteten, standen vor der Heeresgruppe Mitte zum Schutz von Moskau insgesamt sechs russische Armeen mit 60 Schützen-, neun Kavallerie-, 17 Reservedivisionen und elf Panzerbrigaden zur Abwehr bereit. Das waren 40% aller Einheiten der Schützenverbände, 35% aller Panzerbrigaden, 44% aller Geschütze der "Roten Armee"; dazu hatten die Luftstreitkräfte noch 32% aller Kampf- und Jagdgeschwader auf den Flugplätzen in und bei Moskau stationiert.

Nachdem die russischen Truppen schon mit Masse in den ersten Tagen der deutschen Offensive bei Brjansk und Wjasma eingeschlossen blieben, gruppierte Stalin die "Rote Armee" kurzfristig um. Der südliche Raum der Sowjetunion wurde unter den Befehl des Marschalls Timoschenko gestellt, der unumschränkte Vollmachten für das ihm anvertraute Territorium erhielt.

Zum Oberbefehlshaber im mittleren und nordwestlichen Raum der UdSSR ernannte Stalin am 10. Oktober Armeegeneral Schukow. Der von der Ostasienarmee kommende neue Befehlshaber erhielt den Großraum zwischen Moskau und Leningrad zugewiesen und ihm wurden hierzu alle Streitkräfte der "Roten Armee" sowie die Bezirksleitungen der KPdSU unterstellt. Armeegeneral Schukow selbst wurde als Stellvertreter Stalins eingesetzt.

Hauptaufgabe für den neuen tatkräftigen und auch robusten Oberbefehlshaber war die Konzentration aller Kräfte von Armee und Luftstreitkräften zur Abwehr des deutschen Angriffs auf Moskau. Dazu erhielt er Befehlsgewalt über alle Parteizentralen der jeweils bedrohten Abschnitte. Eine direkte Telefonleitung verband ihn jederzeit mit dem Kreml und zu Stalin. Dieser selbst ließ über die örtlichen Parteileitungen am 10. Oktober einen Aufruf an die Bevölkerung der Hauptstadt bekanntgeben:

> "Wir müssen ein so starkes Befestigungsnetz aufbauen, daß kein Feind jemals hindurchkommt. . . .
> Männer und Frauen rückt zum Bau von Befestigungsanlagen aus! Wir wollen das Heiligtum des russischen Volkes, Moskau, mit einem Befestigungsgürtel umschließen! . . ."

Hier erklangen zum erstenmal die Sätze, die von nun an fast stündlich über den Moskauer Rundfunk zu hören waren, die alltäglich in den Tageszeitungen wiederkehrten und die von den Plakaten an Litfaßsäulen, Haus- und Mauerwänden zu lesen waren: Es ging jetzt um die Verteidigung Rußlands und nicht mehr um die Verteidigung der bolschewistischen Errungenschaften. Die Schlagworte lauteten nicht mehr: "Proletarier aller Länder vereinigt Euch!" — sondern, "Schlagt die Faschisten, die Mütterchen Rußland bedrohen!"

Genau in diesem Sinne war auch der Aufruf des Kriegsrates der Heeresgruppe "Westfront", Bulganin (später Staatschef der UdSSR), zu verstehen:

> "Genossen! In der Stunde der höchsten Gefahr für unseren Staat gehört das Leben jedes Soldaten dem Vaterland! Die Heimat verlangt von uns größte Anspannung aller Kräfte, Mut, Heldentum und Standhaftigkeit! Das Vaterland ruft uns auf, einen unüberwindlichen Wall zu errichten!"

Der Chef der Propagandaleitung der KPdSU, Lozovsky, wurde

bevollmächtigt, alle Register des Staats- und Parteiapparates spielen zu lassen, um das gesamte russische Volk zum Kampf gegen die deutschen Eindringlinge aufzurufen. Das Schlagwort von der Verteidigung von "Mütterchen Rußland" weckte überall im Lande patriotische Gesinnung; zu Scharen strömten Jugendliche und altgediente zaristische Soldaten zu den Waffen; aus den Internierungslagern Sibiriens wurden ehemalige Angehörige des Offizierskorps reaktiviert, die seit den Tagen der Hinrichtung von Marschall Tuchatschewskij dort eingesperrt waren. Die Gründung eines "Allslawischen Komitees" faßte Vertreter aller Volksrassen der Sowjetunion zusammen, um für die Verteidigung Moskaus zu arbeiten. Es wurde an die napoleonische Zeit erinnert, als das russische Volk gemeinsam die Eindringlinge aus dem Westen vernichtend schlug.

So entstand in den ersten Oktobertagen eine riesige Schutzstellung von Kalinin im Norden bis Tula im Süden. Beide Eckpunkte wurden zu festungsartigen Gebilden ausgebaut, vor denen sich die deutschen Truppen verbluten sollten.

Von nun an zogen jeden Morgen, noch bei Dunkelheit, die ersten Trupps von Männern und Frauen aus den Betrieben und von den Hausgemeinschaften — kümmerlich bekleidet und nur mit üblichem Handwerkszeug wie Spaten, Hacken und Schaufeln ausgerüstet — hinaus, um an diesen Stellungen zu bauen. Aus Moskau rückten täglich fast 70 000 Frauen und Jugendliche, sowie 30 000 Arbeiter der Betriebe bis zur Stadtgrenze ihrer Hauptstadt aus.

Hier entstanden in knapp drei Wochen 361 km Panzergräben, 366 km Panzersperren, 106 km Höckerhindernisse, 611 km Drahtverhau. Dieses Stellungssystem war so gegliedert, daß in erster Linie alle Brücken zu Sprengungen vorbereitet waren; daß Flüsse und Bäche vermint wurden; daß Panzerhindernisse durch Bodenwellen entstanden, die fast 1 m tief waren und in

Form von einem sogenannten "Fischgrätenmuster" für schwere Fahrzeuge unpassierbar blieben; dann folgten mehrere Reihen von Drahtverhau; dahinter lagen die Panzerabwehrgräben; über Straßen und Wege entstanden sogenannte "Eisenigel", das waren jeweils sechs zusammengeschweißte Eisenbahnschienen, die untereinander mit Stacheldraht verbunden wurden; und schließlich errichtete man aus Erde und Beton eine Bunkerlinie, vor der versenkbare Flammenwerfer (Stahltöpfe mit Brennöl) eingegraben lagen.
Zusätzlich zu dieser Stadtrandstellung entstanden an den Ausfallstraßen der Hauptstadt weitere Befestigungsanlagen. Die Arbeiter und besonders die Frauen bauten hier in wenigen Tagen 10 km Barrikaden, 30 km Betonhöcker, die allesamt mit 19 000 "Spanischen Reitern" verbunden wurden. Die Straßensperren wurden durch verschließbare Betonbalken abgesperrt und nur geöffnet, wenn Reserven zur Front vorrückten.
Die russische Regierung begann von Mitte Oktober an erste wichtige Industriebetriebe in den Ural zu verlagern. Da infolge des Abzugs starker deutscher Fliegerverbände kaum mehr Angriffe auf das Eisenbahnnetz ostwärts von Moskau erfolgten, konnten in wenigen Wochen durch riesige Transportzüge — 71 000 Güterwaggons — 498 Industriebetriebe mit 210 000 Arbeitern nach Zentralrußland oder Sibirien weggeschafft werden.
Die ausländischen Botschaften und Industrievertretungen erhielten gleichzeitig die Anweisung, die Stadt zu verlassen und sich nach Kuibyschew, 850 km von Moskau entfernt, zu begeben, wohin auch ab 15. Oktober die wichtigsten Ministerien und Behörden der Sowjetunion verlegten. An diesem Tag wurde auch der Sarg Lenins aus dem Mausoleum vom "Roten Platz" geholt und abtransportiert.
Stalin selbst blieb mit dem Verteidigungskomitee in Moskau

und stand deshalb jederzeit mit den Frontkommandos in Verbindung.
Die Moskauer Bevölkerung erkannte mit der Verlegung der Ministerien, daß wahrscheinlich in wenigen Tagen die deutsche Wehrmacht die Stadt erreichte. So machte sich Unruhe bemerkbar, und es kam zu den ersten Ausschreitungen und Plünderung der Lebensmittelläden. Stalin erließ daraufhin drakonische Maßnahmen gegen diese "Volksverräter" — und Armeegeneral Schukow erklärte am 19. Oktober den Belagerungszustand über Moskau und stellte damit die russische Hauptstadt und ihre Bevölkerung unter Militärgesetze.

Jetzt war Moskau wirklich „Frontstadt" geworden!
Armeegeneral Schukow konnte von jetzt an mit Ruhe darangehen — da der einsetzende Herbstregen und der damit verbundene Schlamm zum weiteren "Bundesgenossen" für die "Rote Armee" wurde — die Abwehrfront westlich von Moskau zu reorganisieren und sogar zu verstärken. Die russische Spionage unter Leitung von Generalleutnant Pavlov hatte durch ihre Agenten in Japan festgestellt, daß sich Tokio treu an den mit der UdSSR geschlossenen Freundschaftsvertrag halten und nicht an der Seite Deutschlands und Italiens in den Krieg gegen Rußland eintreten würde.
Daraufhin erging sofort Befehl an die seit langem mobilgemachten Garnisonen in Russisch-Asien, beschleunigt ihre Truppenverbände in den Großraum Moskau zu überführen. So wurden die riesigen Transportzüge der Eisenbahn, die Industrieunternehmen in den Ural und nach Asien brachten, an ihren Endzielen bereits wieder mit frischen Regimentern und Waffen beladen und fuhren mit diesen auf denselben Strecken zurück in das Gebiet der Hauptstadt. Damit erhielt die "Rote Armee" plötzlich Mitte Oktober/Anfang November eine Ver-

stärkung, die die deutschen Generalstäbler in diesem Ausmaße nicht einkalkuliert hatten.

Die Luftverteidigung von Moskau wurde rigoros verstärkt. Generalleutnant Nowikov, Kommandierender General der Luftstreitkräfte der "Roten Armee", befahl über mehrere Flakregimenter. Diese standen mit Mehrzahl zum Schutz der Regierungsgebäude, Verkehrsanlagen und der zurückgebliebenen Industriewerke bereit. Es waren hier Batterien mit 7,5-, 8,5- und 10,5 cm-Geschützen aufgestellt, während die Batterien mit 2,5-, und 3,7- und 4cm-Geschützen zum Schutz der Scheinwerferstellungen und Flugplätze bereitstanden. Zur Abwehr deutscher Luftangriffe zog Generalleutnant Nowikov mehrere Jagd- und Schlachtfliegergruppen zusammen, die insgesamt über 1000 Maschinen der Typen "YAK", "PE-2" und "Il-2 Stormovik" verfügten und allein durch diese Anzahl den noch einsatzfähigen deutschen Verbänden überlegen waren.

Die bedeutendste Verstärkung aber blieben die mongolischen und sibirischen Divisionen, die teilweise bis zu 9000 Fahrtkilometer zurücklegen mußten, bevor sie die Hauptstadt des sowjetischen Riesenreiches erreichten. Von den Ausladebahnhöfen wurden die Regimenter und Bataillone — so wie sie eintrafen — durch Lastwagen-, Panjewagenkolonnen oder mit Taxis an die Front gebracht.

Armeegeneral Schukow konnte mit diesen Verbänden und den Milizdivisionen sowie den Tausenden von eingezogenen Rekruten neue Armeen aufstellen, die er dicht westlich von Moskau zur Abwehr der deutschen Offensive verlegte.

So entstand am 19. November die Heeresgruppe "Kalininfront" zwischen Kalinin und den Waldaihöhen. Generaloberst Konjew übernahm den Oberbefehl über (von rechts nach links) 22., 29. und 31. Sowjetarmee. Er sollte mit diesen drei Armeen die Nordflanke der Heeresgruppe Mitte bedrohen und gleichzeitig die Verbindung zur Heeresgruppe Nord zerreißen. Folgende Armeen wurden bis zum Beginn der Gegenoffensive der "Roten Armee" aus den sibirischen Truppen und den Milizdivisionen des Großraums Moskau gebildet:

Nördlich von Moskau:

| | |
|---|---|
| 1. Stoßarmee | (Panzerarmee) unter Generalleutnant-Kusnezov am 29.11.; |
| 20. Armee | unter Generalleutnant Wlassow (dem späteren Befehlshaber der deutsch-russischen Wlassow-Armee) am 30.11.; |

südlich von Moskau:

| | |
|---|---|
| 10. Armee | unter Generalleutnant Golikov am 1.12.; |
| 61. Armee | unter Generaloberst Kusnezov am 5.12. |

Während des Gegenangriffs nach dem 6. Dezember entstand noch südlich von Moskau die 39. Armee unter Generalleutnant Masslennikov.

So erwartete die "Festung" Moskau die Heeresgruppe Mitte...

# Schlammperiode

Noch stand die Doppelschlacht von Brjansk und Wjasma auf ihrem Höhepunkt; noch bemühten sich deutsche Infanteriedivisionen, die von den schnellen Truppen geschlossenen Kessel dichtzumachen; noch versuchten die zusammengedrängten Kräfte der "Roten Armee", diese Kessel nach Osten hin aufzubrechen; noch glaubten die freigewordenen Panzerdivisionen, Raum nach Osten zu gewinnen . . .

. . . da begann es zu regnen, zu regnen, zu regnen.

Das russische Land versank in wenigen Stunden in Morast, Modder und zähem Schlamm.

Es war die Nacht vom 7. auf den 8. Oktober, als die ersten Regenschauer vom Himmel herabrauschten, als die Thermometer plötzlich auf 0° sanken und als dieser Regen in Schnee überging, der bis zum Morgen das riesige Gebiet zwischen Wolga im Norden und Dessna im Süden bedeckte. Doch schon in den ersten Morgenstunden begann das Weiß des Schnees zu weichen und zurück blieb die Nässe.

Das Kriegstagebuch einer Infanteriedivision brachte die Worte:

> "Am 8.10. früh regnete es, der Regen ging bald in nassen Schnee über. Die Schwierigkeiten, die dadurch auftraten — die Straße war in knietiefen Schlamm verwandelt — waren unvorstellbar."

Ja, unvorstellbar schien für den "Landser" das Wetter, das sich jetzt als unbezwingbarer Gegner herausstellte. Ein Wetter und eine verwandelte Landschaft, von der man keine Ahnung hatte.

Die fünfte Jahreszeit in Rußland begann: Schlamm!

Jetzt blieb die Heeresgruppe Mitte einfach stecken!

Die Fahrzeuge der Panzerdivisionen versuchten sich im zähen Lehmdreck der plötzlich verschwundenen Straßen und Wege weiterzubewegen. Doch was der klebrige Erdboden erst einmal erfaßt hatte, gab er nicht wieder her. Panzer, Lastkraftwagen, Personenkraftwagen, Kräder, Panjefuhrwerke und sogar der Mensch versanken im Schlamm. Jeder Schritt wurde von nun an zur Kraftanstrengung, jedes Drehen eines Fahrzeugrades zum zwecklosen Beginnen; denn jede Bewegung führte jetzt nicht mehr vorwärts, sondern abwärts.
Je mehr sich die Offiziere und Soldaten bemühten, die Fahrzeuge wieder flottzumachen, desto tiefer sackten diese ab. Die Geschütze versanken bis über die Radnarben im Dreck, Panzer und Zugmaschinen blieben stecken, abgestellte Karabiner verschwanden spurlos. Die Männer der Panzertruppen legten Schneeketten um die Räder ihrer Fahrzeuge, sie spannten Pferde der Nachschubkolonnen vor Panzer und Zugmaschinen, nahmen Abschleppseile zur Hilfe, Spaten und Schaufeln nutzten nichts mehr. Man legte Baumstämme und Äste auf den Weg; ein Fahrzeug kam vielleicht darüber, das zweite versank mit diesem "Holzteppich" bereits wieder in der braungrauen Brühe.
Keine Bewegung war mehr möglich; und oft dauerte es 24, ja sogar 48 Stunden, um eine Wegstrecke von 10 km befahrbar zu machen. Da kam natürlich auch nicht mehr der Nachschub nach vorn. Munition für die Waffen, Brennstoff für die Fahrzeuge und Brot zum Essen wurden Mangelware. Die Verwundeten konnten nicht zurückgebracht werden, denn kein Sankra (Sanitäts-Kraftwagen) kam nach vorn durch, und keine Sanitäts-"Ju" versuchte eine Landung in diesem Modder.
So blieben praktisch die deutschen Panzerdivisionen erst einmal drei bis vier Tage im Schlamm stecken. Es waren lediglich die Infanteriedivisionen, die sich mühsam nach vorn weiter-

Die russische Hauptstadt war bereits im Sommer auf die kommende Schlacht vorbereitet. Neben der Aufstellung von Milizeinheiten wurde die Zivilbevölkerung, vornehmlich Frauen und Jugendliche, zu ersten Schanzarbeiten aufgerufen.

Die Propaganda der sowjetischen Regierung lief bei Beginn des "Unternehmens Taifun" auf Hochtouren. Ein bei Moskau abgeschossenes deutsches Kampfflugzeug wurde im Stadtzentrum für die Bevölkerung zum Beweis der russischen Überlegenheit zur Schau aufgestellt.

Mit Beginn des Monats Oktober wurden täglich bis zu 100 000 Menschen aus den Fabriken zum Ausbau der Befestigungsanlagen mobilisiert. In kürzester Zeit entstanden fast 400 km Panzer- und Schützengräben rings um Moskau.

Nach Anlauf der deutschen Offensive wurde Moskau zur "Festung" erklärt. Starke Flakartillerieverbände wurden in das Stadtinnere verlegt. Das Bild zeigt einen Luftbeobachtungsposten unweit des Lenin-Platzes.

Eine russische 3,7 cm-Flakkanone in Stellung an einer Straßenkreuzung im Stadtviertel Molotowskij.

Eine Straßensperre an der Wolokolamsker Chaussee am westlichen Stadtrand von Moskau. Pioniere schweißen die Eisenbahnschienen zu einer für Panzer undurchdringlichen Sperre zusammen.

Rings um Moskau — mit Schwerpunkt nach Westen — entstanden in wenigen Wochen 105 km von oft bis zu drei Reihen starken Höckerhindernissen, die die deutschen Panzer aufhalten sollten. Das Photo wurde am 5. Dezember 1941 aufgenommen.

Als sich Anfang Dezember die deutschen Panzer- und Infanteriespitzen bis auf 30 km an Moskau herangearbeitet hatten, pulsierte im Innern der Stadt fast normales Leben. Die Aufnahme zeigt den Manege-Platz im Zentrum.

Zur Verdeutlichung ihrer Macht ließ die Sowjetregierung Anfang Dezember mehrmals Panzerkolonnen durch die Stadt fahren. Hier rollten drei Kampfwagen vom Typ ”T-34” durch eine bewachte Panzersperre der Leningrader Chaussee.

Die Sowjetregierung hielt trotz der inzwischen rings um Moskau entbrannten Schlacht an den Feierlichkeiten zur Oktoberrevolution fest. Eine große Truppenparade fand am 7. November in der russischen Hauptstadt statt. Neuaufgestellte Schützendivisionen paradierten vor der Ehrentribüne am Lenin-Mausoleum vorbei.

An der großen Parade nahmen auch die neuaufgestellten Panzerbrigaden teil. Bild oben zeigt Panzer vom Typ "KW-I" mit der 7,62 cm-Kanone und den typischen von deutschen Ingenieuren entwickelten Laufrädern und Rollen, die auch bei deutschen Panzertypen gebräuchlich waren. Das untere Bild zeigt eine Kolonne von "T-34" auf ihrer Fahrt durch Moskau.

Die Moskauer Regierung versuchte durch unerhörte Propaganda die Bevölkerung zum Widerstand aufzurufen. Überall in der Stadt wurden Aufrufe und Plakate veröffentlicht; hier eines mit den Worten "Verteidigt Moskau!"

Die Regierung der UdSSR stiftete nach der Schlacht für alle Soldaten der "Roten Armee", die hieran beteiligt waren, die "Erinnerungsmedaille für die Schlacht um Moskau".

quälten. Die Regimenter, Bataillone, Kompanien marschierten Mann hinter Mann wortlos Schritt für Schritt heran. Sie stapften durch Dreck und Moor. Die Uniformen waren klatschnaß, in den Stiefeln standen Wasser und Modder, das Essen — wenn es überhaupt welches in diesen Tagen gab — wurde schweigend in einer Schlammpfütze am Rande des Vormarschweges verzehrt; aber es ging weiter.

Hinter dieser kämpfenden Truppe mühten sich die Männer der Nachschubdienste. Die Pferde mußten geschont werden; so stapften Fahrer und Reiter durch den Modder, dabei krampfhaft die Zügel der Tiere festhaltend. Denn keines dieser Vierbeiner durfte straucheln — und wenn es wirklich einmal passierte, versank das Pferd unrettbar im Schlamm, aus dem es sich nicht mehr erheben konnte. Denn diese treuen Helfer waren schwach geworden, Haferportionen gab es schon lange nicht mehr, Heu war die tägliche Nahrung; und so zogen die Pferde oft sechsspännig einen Karren, für den normal zwei Gäule voll genügt hätten.

> "Die sogenannte Rollbahn, auf der wir marschieren, ist ein einziges Meer knietiefen Schlamms." So meldete der Gefechtsbericht der I./AR. 260. "Bis an die Achsen sinken die Fahrzeuge ein. An vielen Stellen reicht der Morast den Pferden bis an den Bauch. Dem Schlamm der völlig ungangbar gewordenen Straße, die fast ununterbrochen durch Wald führt, suchen die Fahrzeuge auszuweichen, indem sie neben der Rollbahn neue Fahrbahnen suchen. Aber hier hindern Abzugsgräben, die zu schlammigen Seen angeschwollen sind, jedes Vorwärtskommen. Viel gutes Zureden oder eine harte Hand gehören dazu, die schwer erschöpften Pferde zu veranlassen, das an solchen Stellen besonders tiefe und zähe Schlammwasser zu durchschreiten. Wehe den Fahrzeugen

> oder dem Geschütz, dem es nicht gelingt, im ersten Anlauf dieses Schlammhindernis zu nehmen. . . ."

So wie hier sah es an der gesamten Front der Heeresgruppe Mitte in den ersten drei Oktoberwochen aus. Die Offensive gegen Moskau schien in Schlamm und Dreck zu versinken — und trotzdem ging es vorwärts.

Die 9. Armee versuchte mit ihren Infanteriedivisionen mühselig die Flanke nach Norden abzudecken, wo sich mehr und mehr der härter werdende Widerstand der neugebildeten Heeresgruppe "Kalininfront" bemerkbar machte. Dabei konnten Kampfgruppen der 206. ID. (Generalleutnant Höfl) und der 26. ID. (Generalmajor Weiß) bis zur Wolga bei Rshew vordringen und die bedeutende Stadt am 14. Oktober besetzen.

Da das benachbarte XXXXI. Pz.K. (Generalleutnant Model) bereits drei Tage vorher den Wolgaübergang bei Pogoreloje Gorodischtsche erzwungen hatte, bekam das Korps dadurch Rückendeckung, so daß der Kommandierende General der 1. PD. (Generalmajor Krüger) noch am 14. Oktober befahl:

> "Stadt Kalinin und die in einer Entfernung von etwa 2 km stadteinwärts liegende Wolga-Straßenbrücke sind zu nehmen!"

Die Division setzte sofort eine Kampfgruppe des Schtz.R. 113 (Oberstleutnant von Wietersheim) mit dem Kradschtz.Btl. 1 (Major Freiherr von Wolff) zum Angriff an. Es gelang der vorausfahrenden Kampfgruppe des Majors Eckinger noch am selben Tage, in einem Sturmlauf ohnegleichen die Stadt Kalinin zu stürmen und die große Wolgabrücke zu nehmen.

Damit war hier ein Loch in die feindliche Frontlinie geschlagen, in die Generalleutnant Model sofort die 36. ID.mot. (Generalleutnant Gollnick) und die Lehr-Brigade 900 schob. Kurz darauf folgten die Kampfgruppen der 6. (Generalleutnant Au-

leb), 26. (Generalmajor Weiß) und der 161. ID. (Generalleutnant Recke). Sie verstärkten den im Norden der Angriffsfront gewonnenen Brückenkopf erheblich.
Doch so wie hier im Norden erfolgte auch im Süden die Einnahme einer wichtigen Stadt. Das XIII. AK. (General d. Infanterie Felber) hatte mit seinen beiden Divisionen — 17. (Generalleutnant Loch) und 134. ID. (Generalleutnant Schmidt) — die Oka überwunden und drang fast gleichzeitig von drei Seiten gegen das stark befestigte Kaluga vor, das genommen werden konnte.
Einer, der diesen Einsatz miterlebte, schrieb später für eine deutsche Tageszeitung:

"Die Hügelketten, die sich, von tiefen Geländefalten durchschnitten, im Süden der wichtigen Industriestadt und Verkehrszentrale Kaluga wie eine mächtige Barriere hintereinanderlagern, hatten das herbstliche Bunt ihrer Felder und Wälder unter einem ersten winterlichen Hauch verborgen, als die Spitzen der von Süden vorstoßenden deutschen Einheiten bis an den unteren Bogen der weiten Oka-Schleife vorfühlten. Beobachtung ergab, daß der Feind, der sich bis dahin fast kampflos von uns gelöst und in Richtung auf Kaluga zurückgezogen hatte, jenseits des Flusses in Verteidigungsstellungen gegangen war. Harter Widerstand war somit für das letzte, etwa 12 Kilometer breite Geländestück zu erwarten, ein Widerstand, wie er sich genau so zäh auch den von Norden und Nordwesten vorgehenden Verbänden entgegenstellte.
Bevor also zum eigentlichen Stoß gegen die 90 000 Einwohner umfassende Stadt Kaluga angetreten werden konnte, mußte das ganze Gebiet innerhalb der Oka-Schleife ausgeräumt werden. Abends, im Schutze der Dunkelheit, setzte

ein Bataillon des Spitzenregiments auf behelfsmäßigen Fähren über die Oka, bildete einen Brückenkopf und ermöglichte es so, daß auch die anderen Einheiten des Regiments im Laufe der Nacht hinübergezogen werden konnten. Am nächsten Tage ging das Regiment zum Angriff vor und trieb den Gegner, der sich an vielen Stellen fest ins Gelände verbissen hatte, in zähen Einzelkämpfen über das nordwärtige Oka-Stück zurück.
Mittags war der Bogen ausgekämmt, die Bataillone lagen dicht vor ihrem Ziel, Kaluga — von dieser Stadt nur durch den an dieser Stelle recht breiten Fluß getrennt. Gleichzeitig hatten sich die von Norden und Nordwesten her kommenden Verbände durch die gegnerischen Stellungen bis an das Weichbild der Stadt vorgearbeitet.

Fast greifbar lag die in ständigem Auf und Ab von Berg und Tal weit auseinandergezogene Stadt mit ihren vielen Türmen und bunten Dächern vor uns. Aus den vordersten Deckungen konnte man in die Straßen hineinschauen, und mit einem guten Glas hätte man, wäre man die cyrillischen Schriftzeichen zu deuten in der Lage gewesen, die Luftschutzplakate oder die Schilder über den Magazinen ebensogut lesen können, wie man das Standbild Stalins und die klobige Steinplastik von Karl Marx, die breit den Eingang zu einem großen Haus verdeckte, vor sich sah. Doch zwischen Sehen und Besitzen lag der beite Fluß, dessen Übergänge die flüchtenden Sowjets samt und sonders hinter sich abgebrochen oder abgebrannt hatten. Außerdem schickten sie heftiges Feuer aus Haubitzen, Granatwerfern und schweren Infanteriegeschützen herüber, das dazu zwang, die Vorbereitungen zum Überschreiten des Flusses mit der größten Vorsicht zu treffen. Diese Aufgabe — über den

Fluß zu kommen — war um so schwerer, als die Brückenpioniere mit ihrem Gerät der schnell vorstoßenden Infanterie noch nicht gefolgt waren. Außerdem mußten sie noch am südlichen Oka-Übergang an Stelle der von den Infanterie-Pionieren in Betrieb gesetzten behelfsmäßigen Fähre eine stabile Brücke bauen. Es mußte daher eine andere Möglichkeit gefunden werden, die angriffsbereiten Bataillone über das Wasser zu bringen. Und diese Möglichkeit wurde gefunden."

Der Kommandierende General erließ einen Tagesbefehl, der mit den Worten schloß:

"Nun gilt es, den Erfolg durch schnelle Verfolgung des geschlagenen Feindes auszunutzen mit dem Blick auf Moskau!"

Doch noch war es nicht so weit; denn zwischen Kalinin im Norden und Kaluga im Süden befanden sich noch stärkste feindliche Kräfte und der zähe Schlamm . . .
Die im Norden fechtende 9. Armee (Generaloberst Strauß) hatte zwar mit der Einnahme von Rshew und Kalinin gute Stellungen und Brückenköpfe gewonnen, doch diese zeigten nach Norden und Nordosten und nicht in Richtung Moskau! Von der 9. Armee standen vorerst allein mit Front nach Osten die 35. (Generalleutnant Fischer von Weikersthal) und die 129. ID. (Generalmajor Rittau). Beide Divisionen näherten sich im zähen Kampf gegen die 30. Sowjetarmee und auf den noch zäheren Schlammwegen der allgemeinen Linie Mohaisk-Wolokolamsk.
Genau in diesem Abschnitt verlief nun allerdings die am stärksten befestigte erste Verteidigungsstellung vor Moskau. Hier waren nicht nur Bunker- und Grabenlinien, Panzergräben und

zu Forts ausgebaute Stadtrandstellungen entstanden, sondern hier hatte Armeegeneral Schukow seine stärksten und am besten ausgerüsteten Armeen aufgestellt. Allein vier Armeen fochten dort, um Moskau im Westen zu verteidigen. Es waren von rechts nach links:

| | |
|---|---|
| 30. Armee | (Generalmajor Chomenko, ab 19.11. Generalmajor Leljuschenko), |
| 16. Armee | (Generalleutnant Rokossowskij, später Marschall), |
| 20. Armee | (Generalleutnant Erschakov — diese Armee wurde Mitte Oktober aufgelöst und am 30.11. unter Generalleutnant Wlassow neu aufgestellt), |
| 5. Armee | (Generalmajor Leljuschenko, ab 18. Oktober Generalmajor Goworow, später Marschall). |

Die 4. Panzerarmee (Generaloberst Hoepner) und die Infanteriedivisionen der 4. Armee (Feldmarschall von Kluge) kämpften sich nach Bereinigung der Kesselfront bei Wjasma unter schweren Verlusten an die Stellung dieser Armeen heran.
Das XXXX. Pz.K. (General d. Panzertruppen Stumme) war der erste Großverband, der auf die neue Abwehrfront des Gegners stieß. Es hatten sich die Abteilungen und Bataillone der SS-PD. "Das Reich" (SS-Obergruppenführer Hausser) herangearbeitet, die allen anderen Divisionen weit vorausstanden. Die Division verblieb trotz der Witterungsungunst im Vormarsch und nahm Gshatsk. Hier blieb sie vorerst einmal stecken und stand sechs Tage allein im Kampf gegen fast zwei russische Armeen!
Langsam kamen die übrigen Divisionen des Korps. Es waren Teile der 2. (Generalleutnant Veiel), 5. (Generalleutnant Fehn)

und 10. PD. (Generalmajor Fischer). Kampfgruppen dieser Divisionen konnten bis 19. Oktober die bedeutende Stadt Mohaisk nehmen. Dann blieben sie tagelang im Abwehrfeuer der 5. und 33. Sowjetarmee (Brigadekommissar Onuprienko, ab 25. Oktober Generalleutnant Jefremov) liegen, bis sich langsam die ersten Einheiten des nachfolgenden VII. AK. (General d. Artillerie Fahrmbacher) herangeschoben hatten.
Jetzt bekam das XXXX. Pz.K. wieder etwas Luft und setzte nach Aufmunitionierung und Zuführung von Sprit seine motorisierten Vorausgruppen erneut in Marsch. Das Ziel war diesmal die Wolokolamsker Chaussee, die direkt nach Moskau führte!
Doch hier stießen die deutschen Panzer auf fanatischen Widerstand neuer sibirischer Truppen, die keinen Schritt zurückwichen. Die Russen ließen sich nicht durch die Kampfwagen mit dem Eisernen Kreuz erschrecken, gingen diese mit Nahkampfmitteln an und gaben nur als Tote den Weg frei. So fochten hier auf der Wolokolamsker Chaussee und im Raum Borodino — auf den Schlachtfeldern, die vor 130 Jahren bereits Kaiser Napoleon zum Schicksal wurden — die 32. sibirische und die 316. Schützendivision der "Roten Armee", bis keiner von ihnen mehr lebte!
Die beiden deutschen Divisionen — SS-PD. "Das Reich" und 10. PD. — kamen nun nicht mehr weiter. Auch ihr Blutzoll war zu hoch. Lediglich eine Kampfgruppe der 10. PD. unter Oberst von Hauenschild gelangte am 25. Oktober noch bis Rusa; dann waren Sprit und Munition zu Ende und der Nachschub kam nicht mehr durch.
Lediglich das Spitzenregiment des vom Westen herankommenden IX. AK. gelangte über die Panzerspitze des XXXX. Pz.K. hinaus. Es waren die Soldaten des IR. 195 unter Oberst von Neufville der württembergischen 78. ID., die am 26. Oktober

Lokotnja erreichten. Von hier wiesen die Wegweiser: "Bis Moskau 80 km!"
Dann machte der Schlamm jeden weiteren Bodengewinn zunichte!
Im Bereich der 2. PD. sah die allgemeine Lage — wie die später erschienene Divisionsgeschichte berichtete — so aus:

> "Mit der hereinbrechenden Schlammperiode hatte sich beim Feind ein Bundesgenosse eingestellt, der das erreichte, was der russischen Führung und der erbittert kämpfenden Truppe trotz aller Blutopfer bisher nicht gelungen war. Nicht der russische Winter, sondern der Herbstregen brachte den deutschen Vormarsch zum Stehen. Es regnete und schneite ununterbrochen. Im knietiefen Schlamm der Wege blieben alle Bewegungen stecken. So wurde es fast unmöglich, die Truppe auch nur mit dem notwendigsten Kampf-und Lebensmittelbedarf zu versorgen. Auch auf den sogenannten "guten" Straßen bereitete der Verkehr von Mitte Oktober bis Anfang November unsägliche Schwierigkeiten. Die Fahrer der Trosse und Nachschubkolonnen leisteten Übermenschliches. Schließlich blieb nichts übrig, als mit den wenigen verfügbaren Panjewagen den Nachschub an die Front zu bringen. Erst mit Eintreten des Frostes konnte allmählich an eine Festigung der Front und besonders auch an die Sicherstellung geordneter Versorgung und Bevorratung gedacht werden. Bis dahin wurden unsere Divisionsteile seit dem 4.11. mit der "alten Tante" Ju 52 aus der Luft versorgt. Pro Tag standen zwei Scheiben Knäckebrot, etwas Wurst, einige Zigaretten auf dem Speisezettel. Die Truppe aus dem Lande zu verpflegen, war nur in sehr geringem Umfang möglich, weil die Dörfer entlang der Vormarschstraße zwar noch angegriffene Kartoffelvorräte, aber fast keinen Viehbestand mehr aufwiesen. Bei gelegent-

lichem Vorstoß ins Niemandsland seitwärts der Vormarschstraße wurden einige Stück Vieh gegen Requirationsschein und Bezahlung in deutschem Geld beschafft. Die Bewohner der Kolchosen, deren Verwalter sich abgesetzt hatten, sträubten sich anfangs, das Geld zu nehmen, weil das Vieh ja nicht ihnen, sondern dem Staat gehörte. Sie baten lediglich, jeder Familie die eine zu privater Nutzung bestimmte Kuh zu belassen. Die Leute waren anfangs ängstlich, wurden aber bald zutraulicher und berichteten, daß erst am Vortage ein russisches Kommando einige Stück Vieh weggetrieben habe. Tatsächlich war die aus dem Wald auf das Dorf zuführende Straße vermint gewesen. Die Bewohner waren ängstlich besorgt, daß es ja bei ihrem Dorf nicht zum Zusammenstoß zwischen deutschen und russischen Requirationskommandos komme. Die Versorgungslage wurde erst besser, als der Bahnhof Schajowskaja in Betrieb genommen werden konnte."

Die 4. Armee und die 4. Panzerarmee gingen zum Stellungskrieg über. An der Straße nach Moskau gruben sich die Soldaten des VII. AK. (General d. Artillerie Fahrmbacher) ein. Es waren Männer der 7. (Generalleutnant Freiherr von Gablenz), der 197. (Generalmajor Meyer-Rabingen) und der 267. ID. (Generalmajor von Wachter), die sich nun beiderseits der großen Straße Wolokolamsk-Moskau in den Schlamm ihre Schützenlöcher bauen mußten.

Das IX. AK. (General d. Infanterie Geyer) lag anschließend mit Front um Rusa. Das Korps hatte 78. (Generalleutnant Gallenkamp) und 87. ID. (Generalleutnant von Studnitz) zur Verfügung. Beiderseits Wolokolamsk schlossen die Panzerkorps der 4. Panzerarmee an — XXXX. Pz.K. (General d. Panzertruppen Stumme) und XXXXVI. Pz.K. (General d. Panzertruppen von Vietinghoff) — die mit Panzern und Schützenpanzern infolge

des Schlamms nicht weiterkonnten. Der linke Flügel der 4. Armee wurde in diesen Tagen vom V. AK. (General d. Infanterie Ruoff) mit 2. PD. (Generalleutnant Veiel), 35. (Generalleutnant Fischer von Weikersthal) und 106. ID. (Generalmajor Dehner) gebildet.
Zum erstenmal begann jetzt für den deutschen Soldaten ein Stellungskrieg, wie er sich schlimmer nicht vorgestellt werden konnte. Denn hier, westlich von Moskau, stand kaum mehr ein Haus, die Straßen waren zu Schlammpfuhlen geworden, die keinen Nachschub zuließen. Trotzdem mußte man sich in die Erde graben — und nun gab es massenweise Ungeziefer, Fleckfieber — und fünf Mann erhielten für zwei Tage ein Brot!
An Moskau dachte keiner mehr!
Wie es dem einfachen "Landser" vorn im regennassen Graben zumute war, davon berichtete ein Ordonnanzoffizier an seine Eltern:

> "Die Wege werden von Tag zu Tag schlimmer. Käme doch bald Frost, damit unsere Fahrzeuge wieder flott werden. . . . Die 5. sowjetische Garde-Division, die uns gegenüberliegt, scheint noch sehr zäh zu kämpfen. Dazu kommt noch der Einsatz ihrer Salvengeschütze, die infolge ihrer raschen Schußfolge eine ungeheure moralische Wirkung ausüben. Und dazu das naßkalte Wetter. Es ist scheußlich. . . ."

Die 2. Armee (Generaloberst Freiherr von Weichs) mußte zuerst den Kessel um Brjansk bereinigen, ehe ihre Infanteriedivisionen sich dem Vormarsch der inzwischen über Orel hinaus angetretenen 2. Panzerarmee anschließen konnten. Es gelang am 12. Oktober starken Feindkräften bei Ssewsk, die deutsche Kesselfront aufzubrechen. Da die Anmarschstraßen tief verschlammt waren und so die eilig alarmierten Einheiten, darunter alle noch allein beweglichen Reiterschwadronen zu spät ka-

men, gelang es hier ca. 10-12 000 Rotarmisten auszubrechen und sich durch die Wälder und die armseligen Dörfer nach Osten zu schlagen.
Die Infanteriedivisionen lagen im Schlamm fest und hatten untereinander jede Verbindung verloren. Einzelne Divisionen waren in mehrere Kampfgruppen auseinandergebrochen, die infolge des Morastes nur durch Meldegänger zu Fuß miteinander verkehrten. Dabei gestaltete sich die Versorgung von Tag zu Tag schwieriger. Es gab keinen Nachschub, und die seit Wochen fällige Feldpost lag im Feldpostamt Brjansk fest.
Die Marschbewegungen waren zu einer Anstrengung ohnegleichen geworden. Radfahrer mußten ihre Räder durch den Schlamm tragen. Viele der treuen Pferde konnten einfach nicht mehr und brachen erschöpft im Modder zusammen. Die Marschgeschwindigkeit der leichten Batterien betrug allerhöchstens 1 km pro Stunde, die schweren Geschütze lagen sowieso fest.
Die Infanteristen und Kanoniere, aber auch Pioniere, Nachrichten-und Troßleute versuchten in langen Fußmärschen in den nächsten Dörfern und Kolchosen Traktoren aufzutreiben, damit dann die schweren Fahrzeuge und Geschütze wenigstens aus dem Schlamm gezogen werden konnten. Stellenweise wurden sogar die Verwundeten mit Traktoren in die rückwärtigen primitiven Feldlazarette eingeliefert, wo Ärzte und Sanitäter in fast menschenunwürdigen Behausungen erste Hilfe leisteten.
Einzelne Regimenter der Infanteriedivisionen gingen daran, ihre Einheiten umzugruppieren. So mußten im Bereich der 2. Armee mehrere Regimenter ganze Bataillone auflösen oder wenigstens von jedem Bataillon eine Kompanie, die dann auf die übrigen Einheiten aufgeteilt wurde.
Lediglich das LIII. AK. (General d. Infanterie Weisenberger)

der 2. Armee wurde als erster Großverband mit den Unbilden der Witterung fertig und erreichte die Oka am 26. Oktober. Damit stellte die 2. Armee vorerst jeden weiteren Vormarsch ein!

Generaloberst Freiherr von Weichs wurde an diesem Tag mit dem AOK 2 aus der bisherigen Front genommen und an den Südflügel der Heeresgruppe verlegt. Der Generaloberst erhielt hier den Auftrag, mit dem XXXXVIII. Pz.K. (General d. Panzertruppen Kempf), dem XXXV. AK. (General d. Artillerie Kaempfe) und dem XXXIV. AK. (General d. Infanterie Metz) den Schutz der immer länger gewordenen Südflanke zu übernehmen. Dabei sollte das Panzerkorps — die übrigen zwei Generalkommandos der Armeekorps hießen damals noch Höhere Kommandos — versuchen, möglichst Kursk zu nehmen, da die hier vom Süden erwartete 6. Armee noch weit zurücklag.

Die 2. Armee gliederte sich in der letzten Oktoberwoche wie folgt:

| | |
|---|---|
| XXXXVIII. Pz.K. | (General d. Panzertruppen Kempf) |
| 9. PD. | (Generalleutnant Hubicki) |
| 95. ID. | (Generalleutnant Sixt von Arnim) |
| 16. ID.mot. | (Generalmajor Henrici) |
| XXXIV. A.K. | (General d. Infanterie Metz) |
| 45. ID. | (Generalleutnant Schlieper) |
| 134. ID. | (Generalleutnant von Cochenhausen) |
| XXX. A.K. | (General d. Artillerie Kaempfe) |
| 262. ID. | (Generalleutnant Theissen) |
| 293. ID. | (Generalleutnant von Obernitz) |
| 296. ID. | (Generalleutnant Stemmermann) |

Die 2. Panzerarmee des Generalobersten Guderian hatte am 18. Oktober das Schlachtfeld um Brjansk geräumt und konzentrierte sich nun zum weiteren Vormarsch in Richtung Tula.

Der Oberbefehlshaber der Armee ließ an diesem Tag einen Befehl verlesen, in dem er noch einmal auf die Erfolge und die bisherigen Leistungen seit dem 30. September zu sprechen kam. So hatte die Panzerarmee bis heute 80 044 Gefangene gemacht, 236 Panzer, 539 Geschütze, 66 Pak, 87 Flak und 16 Flugzeuge vernichtet bzw. erbeutet. Der Tagesbefehl schloß mit den Worten:

> "Der beginnende Winter mit seinen Regen- und Schneestürmen machte die Wege grundlos und gestaltete Märsche und Kämpfe ungewöhnlich anstrengend und zeitraubend. Wenn trotzdem so große und entscheidende Ergebnisse erzielt wurden, so ist dies der vorbehaltlosen Hingabe und Einsatzbereitschaft der Truppe und Geschicklichkeit der Führung zu verdanken. Hierfür meinen aufrichtigen Dank und meine besondere Anerkennung auszusprechen, ist mir Herzensbedürfnis. . . ."

Generaloberst Guderian hatte sein Hauptquartier in Orel aufgeschlagen. Vor ihm im Nordosten befand sich lediglich das XXIV. Pz.K. (General d. Panzertruppen Freiherr Geyr von Schweppenburg) mit der 4. PD. (Generalmajor Freiherr von Langermann und Erlencamp) um Mzensk und links davon die 3. PD. (Generalmajor Breith) um Bolchow. Das XXXXVII. Pz.K. (General d. Panzertruppen Lemelsen) löste sich gerade mit der 18. PD. (Generalmajor Nehring) und dem IR.mot. "Großdeutschland" (Oberst Hoernlein) von der Kesselfront bei Karatschew, während das damals noch zur Armee gehörende XXXXVIII. Pz.K. mit 9. PD. und 16. ID.mot. fast 60 km nach Südwesten rückwärts gestaffelt um Dmitrijew aufmarschierte.
Die 2. Panzerarmee hatte alle zur Zeit verfügbaren und einsatz-

bereiten Panzerwagen unter den Befehl des Generals d. Panzertruppen Freiherr Geyr von Schweppenburg gestellt. Das XXIV. Pz.K. sollte ohne Rücksicht auf Flankendeckung möglichst in einem Raid bis nach Tula durchstoßen, um hier den südlichen Eckpfeiler der Verteidigungsstellung von Moskau zu Fall zu bringen.

Drei russische Schützendivisionen — 52., 55. und 283. — stellten sich bei Mzensk am Ostufer der Susha zur Verteidigung auf und ließen das Korps im ersten Anlauf nicht über den Fluß kommen. Erst als es der Pz.Brigade 4 (Oberst Eberbach) mit Pz.R. 6 und Pz.R. 18 gelungen war, in der sogenannten "Schlammschlacht" bei Mzensk den russischen Widerstand niederzukämpfen und die vor Tschern stehenden weiteren drei feindlichen Divisionen — 6. Garde-, 41. Kavalleriedivision und 4. Pz.Brigade — zu werfen, wurde der Weg in Richtung Tula frei.

Die Straße von Tschern nach Tula war — so schrieb Generaloberst Guderian später — "der Beanspruchung durch schwere Panzer und Fahrzeuge in keiner Weise gewachsen und brach nach wenigen Tagen zusammen. Zudem hatten die Russen, Meister in der Zerstörung, auf ihrem Rückzug alle Brücken gesprengt und an geeigneten Stellen umfangreiche Minenfelder beiderseits der Straße angelegt. Kilometerlange Knüppeldämme mußten gebaut werden, um den spärlichen Nachschub zur Truppe zu schaffen. . . ."

Da mischte sich das OKH in diese Bewegungen ein und verlangte das Abdrehen der Panzerbrigade Oberst Eberbach auf Woronesh, da hier Truppentransporte festgestellt worden waren. Es bedurfte mehrerer Einsprüche von Generaloberst Guderian und der persönlichen Rücksprache seines Generalstabschefs, Oberst i.G. Freiherr von Liebenstein, daß OKH und OKW den Befehl nach zwei Tagen zurücknahmen.

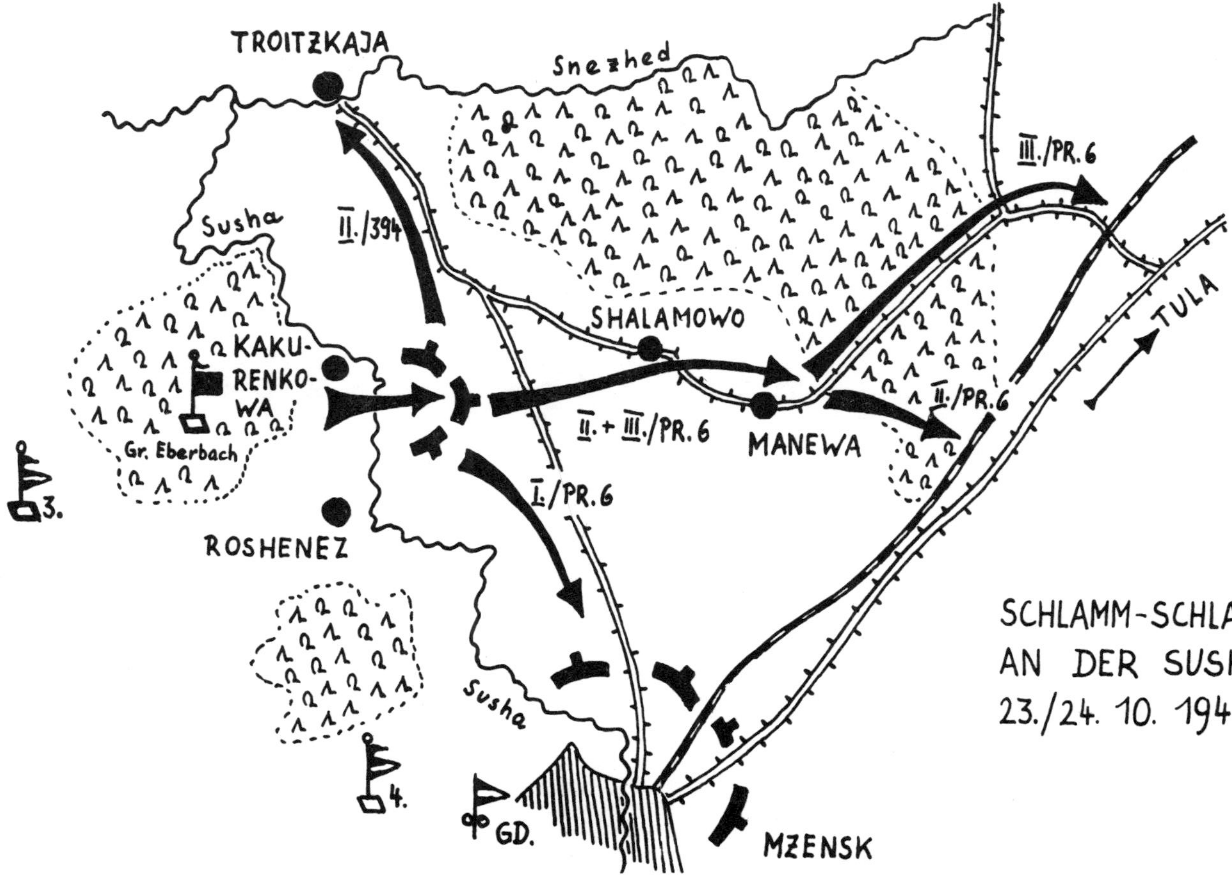
SCHLAMM-SCHLACHT
AN DER SUSHA
23./24. 10. 1941
TROITZKAJA
Snezhed
Susha
II./394
KAKU-
RENKO-
WA
Gr. Eberbach
3.
ROSHENEZ
4.
GD.
SHALAMOWO
II. + III./PR. 6
I./PR. 6
MANEWA
II./PR. 6
III./PR. 6
TULA
MZENSK

So konnte endlich am 29. Oktober der Vormarsch auf Tula fortgesetzt werden. Schon am Abend dieses Tages stand die Spitzengruppe der 3. PD. unter Major Frank mit 60 Männern des IR. "Großdeutschland", die auf den Schützenpanzern aufgesessen waren, 5 km vor Tula! Als das Pz.R. 6 (Oberstleutnant Munzel) in der Nacht aufgeschlossen hatte, begann am Vormittag des 30. Oktober der Angriff auf Tula. Die Infanteristen von "Großdeutschland" brachen im Nahkampf in die Stadt ein, dabei fielen alle Offiziere! Doch konnten sie die gewonnenen Stützpunkte nicht halten und mußten am Abend zurück, da das Panzerregiment festlag. Es hatte keinen Liter Betriebsstoff mehr.

Es ging nicht mehr weiter. Oberst Hoernlein brachte im Laufe des Tages zwei Bataillone seines Regiments nach vorn, die sich allerdings nur eingraben konnten; zum Angreifen hatten sie keine Kraft mehr.

Weit zurück versuchten im Fußmarsch die Soldaten des XXIV. Pz.K., des XXXXIII. (General d. Infanterie Heinrici) und des LIII.AK. (General d. Infanterie Weisenberger) sich auf Tula vorzukämpfen.

Doch es ging nicht mehr! Die Männer des XXXXIII. AK. waren z.B. seit zehn Tagen ohne jeden Nachschub. "Brot" war hier bereits ein Fremdwort geworden.

Es waren ja gerade die Infanteriedivisionen, die in diesen Wochen und Tagen unmenschliche Leistungen vollbrachten. Da gab es nicht nur den fanatisch-tapfer kämpfenden Feind vor der Truppe, sondern auch die von Woche zu Woche im Rücken lebhafter werdende Tätigkeit von Partisanen und natürlich der unbezwingbare Schlamm, der das Leiden tausendfach verschlimmerte.

"Der Schlamm wird höher und zäher", so schrieb ein Sanitätsoffizier der 3. PD. nach Hause. "Pfundweise hängt der

Der im Frühherbst einsetzende Regen verwandelte die Straßen und Wege Zentralrußlands in wenigen Stunden zu Schlamm und Brei. Im Bild Marsch einer Nachschubkolonne. Rechts der Stander eines Divisionsgefechtsstandes.

Dörfer und Städte versanken buchstäblich nach wenigen Stunden anhaltenden Regens in Dreck und Modder. Die Straßen wurden zu Bächen, und nur Panjepferde kamen leichtfüßig weiter.

Die Infanteristen mußten sich mit den fast unpassierbar gewordenen Schlammwegen zuerst abquälen; doch es dauerte nicht lange, dann blieben auch die motorisierten Kolonnen im Schlamm stecken und kamen nicht weiter.

Die Schlammperiode machte sich nicht nur bei der Fronttruppe unliebsam bemerkbar, sondern legte auch den gesamten rückwärtigen Nachschubverkehr lahm. Die Dörfer im Hinterland, wo sich die Depots, Nachschublager, Lazarette, Bäckerei- und Schlächtereikompanien niedergelassen hatten, versanken im Dreck. Kein Fahrzeug konnte mehr die Straßen passieren. . .

Trotz aller Ungunst der Witterung, besonders nachdem auch der erste Frost eingesetzt hatte, bemühten sich die Nachschubkolonnen, der Fronttruppe das notwendige Material zuzuführen. Die Anstrengungen für Menschen und Pferde wurden enorm.

Als der erste Schnee liegenblieb und sich mit dem Schlamm vermischte, wurden die Schwierigkeiten noch größer. Jetzt ging praktisch nichts mehr. Soldaten der Waffen-SS versuchten hier am 22. November, das steckengebliebene Fahrzeug ihres Regimentskommandeurs wieder flott zu machen.

Pioniere, Baupioniere, Männer des Reichsarbeitsdienstes, der "Organisation Todt" und zwangsverpflichtete Zivilpersonen arbeiteten Tag und Nacht, um wenigstens die wichtigsten Nachschubstraßen passierbar zu machen. Hier wurde (Bild oben) durch Baumstämme ein Sumpfgebiet für Lastwagen befahrbar gemacht und im Bild unten legten Baupioniere eine feste Unterlage für die Feldbahn.

Doch der Kampf an der Front kannte trotz des schlechten Wetters keine Pause. Infanteristen stürmten ein Dorf vor Mzensk (oben) und es rückte neuer, soeben aus der Heimat eingetroffener Ersatz mit Panzerunterstützung weiter nach vorn (unten).

Die ersten weißen Tarnüberzüge für die Stahlhelme und weiße Leinentücher für die feldgrauen Mäntel wurden vorrangig an die Aufklärungsabteilungen verteilt, die immer wieder versuchten, Lücken in die feindliche Front aufzustoßen.

Die deutschen Verluste an Fahrzeugen waren enorm, nicht nur durch die russische Artillerie oder durch Flugzeugangriffe, sondern besonders durch eingefrorene Motoren, Achsen, Getriebe usw. Zu Dutzenden, ja zu Hunderten blieben Lastwagen, Panzer und Personenwagen an den Straßenrändern zurück.

Erst als der Dauerregen in Schnee überging und dieser durch die Kälte fest wurde, ging es weiter. Panzer und Sturmgeschütze (oben) des XXXX. Panzerkorps vor Wolokolamsk und eine Kampfgruppe des XXIV. Panzerkorps (unten) vor Mzensk.

Schlamm am Knobelbecher. Wir schwitzen trotz der Kälte. Nach zehn Minuten Pause fängt sofort das Frieren an. Die Beine wollen nicht mehr. Alles wankt und schwankt. Dann liegt man im Dreck."

Kraftlos blieb die 2. Panzerarmee liegen. Rechts neben das XXIV. Pz.K. schob sich jetzt das nachgezogene XXXXVII. Pz.K. Dahinter rückten die 167. (Generalleutnant Schönhärl) und 112. ID. (Generalleutnant Mieth) des LIII. AK. und noch weiter links die 31. ID. (Generalmajor Berthold) und 131. ID. (Generalmajor Meyer-Buerdorf) heran, die lose die Verbindung zur rechten Flügeldivision der 4. Armee bei Kaluga zu halten versuchten.

Als sich am 2. November die Voraustruppen des LIII. AK. Teploje näherten, wurden diese überraschend von fünf sowjetischen Schützen- und zwei Kavalleriedivisionen längs der Straße Jefremow-Tula angegriffen. Die starken Feindverbände sollten das vor Tula liegende XXIV. Pz.K. in der Flanke fassen und vernichten. So kam es zu einer fast zehntägigen Schlacht um Teploje, in die schließlich noch eine gepanzerte Kampfgruppe des XXIV. Pz.K. unter Oberst Eberbach eingriff, die diese Schlacht nach Einbringung von fast 3 000 Gefangenen zu unseren Gunsten entschied.

Der Kommandierende General des XXIV. Pz.K., General d. Panzertruppen Freiherr Geyr von Schweppenburg, schlug angesichts der allgemeinen Situation vor, daß die Panzerregimenter vorerst liegenbleiben sollten, da diese in dem derzeitigen Schlamm doch unbeweglich seien. Ein Angriff mußte erst mit Einsetzen des Frostes erneut gestartet werden.

Generaloberst Guderian schloß sich diesen Gedankengängen an und setzte nun alle Mittel in Bewegung, um den Nachschub sicherzustellen. So brachten jetzt u.a. Transportfliegergruppen der Luftwaffe ersten Sprit zu den festliegenden Panzerdivisio-

nen. Die schweren Maschinen vom Typ "Ju-52" landeten abseits der Straßen auf festem Boden und wurden, so schnell es ging, entladen. Der zweite Schwerpunkt wurde auf den Ausbau der Eisenbahnlinien gelegt.
Die rückwärtigen Dienste der Heeresgruppe unter Führung des Generals d. Transportwesens, Generalmajor Goeritz, gingen daran, besonders die Strecken vom großen Versorgungszentrum Smolensk aus bis Wjasma und dann bis Orel auszubauen. Das hieß aber, vorerst einmal die Trümmer zu beseitigen, die gesprengten Brückenstellen zu räumen und neue Brücken zu bauen. Daneben waren Baubataillone des Heeres und RAD-Abteilungen fieberhaft dabei, die Rollbahnen von Panzerwracks zu säubern, Bomben- und Granattrichter zuzuschütten und den Straßen festen Untergrund zu geben.
Allein auf der 70 km langen Strecke zwischen Gshatsk und Mohaisk war die Straße grundlos geworden. Sie glich einem schlammigen Trichterfeld mit metertiefen Löchern. Da warteten Tausende von Lastwagen. Versorgungs- und Bautrupps besserten in jeder hellen und trockenen Minute die Straße aus; ein vergebliches Bemühen . . . so lange es auf russische Erde vom Himmel herabregnete.

# Einbruch des Winters

Der Angriff der Heeresgruppe Mitte war in der ersten Novemberwoche endgültig zum Stehen gekommen. Der russische Schlamm hatte das hochtechnisierte deutsche Heer "in die Knie gezwungen". Panzer und Zugmaschinen, Lastwagen und Motorräder, Geschütze und Panjefahrzeuge, Sanitätskraftwagen und Flugzeuge — alle lagen sie in den Steppen und Weiten Rußlands fest. Es waren lediglich die "Landser", die müde, verhungert, verlaust und apathisch noch diesen Modder überwinden konnten — aber eine Schlacht war nicht mehr zu gewinnen.

Das Kriegstagebuch des OKW vom 7. November 1941 berichtete:

"Heeresgruppe Mitte:
Es haben erreicht:
2. Armee: XXXXVIII. Pz.K.: Medwenskoje, 10 km ostwärts Worontzowo. H.Kdo. XXXIV: 6 km ostwärts Konyschewka-Generalschino. H.Kdo. XXXV: Nikolskoje — 12 km süd-ostwärts Orel.
2. Pz.Armee: LIII. AK.: 12 km südlich Marjina — Marjina — Zarewo — 12 km westlich Mostowaje. XXIV. Pz.K.: 3 km westlich Djedilowo — 15 km nordwestlich Djedilowo — 3 km südlich Tula.
4. Armee: XIII. AK.: 137. ID. mit 1/3 um Kaluga, 1/3 Nikolskoje und südwestlich, 1/3 südwestlich Tschernaja Grjas.
9. Armee: XXIII. AK.: Linker Flügel 3 km westlich Drygoma — 3 km nordwestlich Beresuk — Selisharowo. LVI. Pz.K.: Teile 14. ID.mot. im Raum südlich Subzow.

Wetter und Wegezustand: Durch einsetzendes Tauwetter, Regen und Schneefall hat sich der Wegezustand im gesamten Heeresgruppenbereich mit Ausnahme bei 9. Armee wieder erheblich verschlechtert."

Das war die Zustandsbeschreibung der militärischen Lage Anfang November, als eigentlich nach dem Willen der deutschen Führung in dieser Zeit der gesamte Feldzug hätte entschieden sein sollen.

Die ungeheuren Witterungsschwierigkeiten, der aufgeweichte und morastige Boden, die fast fehlende Versorgung an Waffen, Lebensmitteln und Material und die gesunkene Kampfkraft — Infanteriedivisionen verfügten nur noch höchstens über 65% ihres Mannschaftsbestandes, die Panzerdivisionen über 35% — ließen in der ersten Novemberwoche jedes weitere Vorgehen zum Erliegen kommen.

Die Heeresgruppe Mitte hatte von rechts nach links in diesen Tagen eine vorderste Frontlinie, die in folgenden Räumen verlief:

2. Armee (Hauptquartier Brjansk):

| | |
|---|---|
| XXXXVIII. Pz.K. | 60 km ostwärts von Kursk, |
| XXXIV. AK. | halbwegs zwischen Ponyri und Liwny, |
| XXXV. AK. | halbwegs zwischen Ssushafluß und Jefremow. |

2. Panzerarmee (Hauptquartier Orel):

| | |
|---|---|
| XXXXVII. Pz.K. | 50 km ostwärts Tschern, |
| LIII. AK. | 20 km südostwärts von Tula, |
| XXIV. Pz.K. | 3 km südlich von Tula, |
| XXXXIII. AK. | dicht vor Tula und Aleksin. |

4. Armee (Hauptquartier Malojaroslawez):

| | |
|---|---|
| XIII. AK. | Westufer Oka nördlich von Aleksin, |
| XII. AK. | 10 km westlich von Serpuchov, |

| | |
|---|---|
| LVII. Pz.K. | Westufer Nara, 25 km nordostwärts von Malojaroslawez, |
| XX. AK. | dicht vor Naro Fominsk, |
| IX. AK. | beiderseits Rusa nördlich der Moskwa. |

4. Panzerarmee (Hauptquartier Mohaisk):

| | |
|---|---|
| XXXX. Pz.K. | südlich Wolokolamsk, |
| XXXXVI. Pz.K. | dicht ostwärts Wolokolamsk, |
| V.AK. | westlich Terjaevo. |

3. Panzerarmee (Hauptquartier Ssubschew):

| | |
|---|---|
| LVI. Pz.K. | südlich Wolga-Stausee, |
| XXVII. AK. | westlich Wolga-Stausee, |
| XXXXI. Pz.K. | um Kaluga. |

9. Armee (Hauptquartier Ssytschewka):

| | |
|---|---|
| VI. AK. | westlich Kalinin mit Front nach Norden, |
| XXIII. AK. | südlich Eisenbahnlinie Torshok bis Sseliger-See mit Front nach Norden. |

Die "Rote Armee" war zur selben Zeit vor der Front der Heeresgruppe Mitte von rechts nach links mit folgenden Armeen in Stellung, wobei an einigen Abschnitten die geballte Kampfkraft einer russischen Armee der geschwächten Stoßkraft eines deutschen Korps gegenüberstand: 22., 29., 31., 30., 16., 5., 33., 43., 49., 50., 3., 13. und 40. Armee.

Es war eigentlich in diesen Tagen, daß sich befehlsgemäß die 2. Panzerarmee des Generalobersten Guderian auf dem Marsch nach Südosten mit Fernziel Woronesh befinden sollte. Doch, nachdem dieser Befehl innerhalb von wenigen Tagen zurückgenommen worden war, marschierte die Armee noch um Tula auf.

Hier lag am 5. November die 3. PD. dieser bedeutenden Stadt am nächsten. Von diesem Kampftag berichtete die Divisionsgeschichte u.a.:

"Generalmajor Breith, der die Sinnlosigkeit einer Fortsetzung des Angriffs auf Tula erkannt hatte und daher verantwortungsbewußt seine Einstellung befohlen hatte, ist mit der Führungsstaffel der Division in Jassnaja-Poljana und hat seinen Gefechtsstand in der sortigen "Tolstoi-Mittelschule" aufgeschlagen. Der Ort strahlt eine eigenartige Ruhe inmitten der Wälder aus. Das Gut des Grafen Tolstoi besteht aus zwei Wohnhäusern und einigen Wirtschaftsgebäuden. Deutsche Soldaten nehmen die Anlagen in Schutz und verhindern ihre Zerstörung! Unweit befindet sich die Grabstätte Tolstois, die von Männern der 3. PD. bewacht wird. Die ersten Gefallenen der Division im Raum Tula werden in der Nähe des berühmten russischen Dichters zur letzten Ruhe bestattet. Die Sanitätsabteilung errichtet mit der 1. Kompanie dort einen Hauptverbandsplatz. Der Zugang von Verwundeten ist groß. Der 2. Kranken-Kraftwagenzug (Oblt. v. Rochow) ist trotz Ausfall vieler Wagen dauernd unterwegs, um die Verletzten nach Tschern zu schaffen. Hier ist die 2. Kompanie (Stabsarzt Dr. Koch) bemüht, die Soldaten zu versorgen. Schwerverwundete werden von diesem Platz nach Orel abgeflogen. . . .
Das I./S.R. 394 (Hptm. v. d. Heyden-Rynsch) hat sich unter unsäglichen Mühen durch Schlamm und Wald, immer im Kampf mit sowjetischen Schützen, Panzern und Partisanen, bis vor Tula durchgeschlagen und ist neben dem I.R. "Großdeutschland" in Stellung gegangen. "GD" und S.R. 394 übernehmen jetzt die Sicherung gegen Tula. Die beiden Regimentsstäbe (Oberst Hoernlein und Oberstlt. Audörsch) liegen dicht nebeneinander und meistern diese schwierige Aufgabe. Die Schützen des I. Bataillons sind vollkommen erschöpft, müde, verdreckt und haben besonders in den Kämpfen um Kitajewka viele Opfer bringen

müssen. Das Dorf wird von Russen in der Nacht zum 6.11. wieder besetzte. Die 3./S.R. 394 geht zum Gegenangriff vor und kann nach stundenlangem Kampf den Gegner, der 100 Gefangene verliert, vertreiben. Die Sowjets haben ein Grabensystem errichtet, das durch viele Verbindungsgräben, Sappen und Postenlöcher einer kleinen Festung ähnelt. Die 3./S.R. 394 hält sich nur den Tag über in dem Ort, denn in der Nacht greifen die Sowjets mit überlegenen Kräften von 3 Seiten an. Die Kompanie muß Kitajewka wieder räumen, 2 Vermißte und alle schweren Waffen bleiben zurück. Doch gelingt es den Schützen bis über den Bahndamm zu kommen und dort den Anschluß an die 4./S.R. 394 zu finden.

Das S.R. 3 tritt am 6.11. den Marsch nach vorn an, um das I.R. "Großdeutschland" abzulösen. Das Marschieren und Fahren geht leichter, da in den letzten Tagen starker Frost eingetreten ist und alle Wege hat fest gefrieren lassen. Das I./S.R. 3 erreicht bereits an diesem Tag Jassnaja-Poljana und löst in der Nacht die ersten Teile von "GD" ab."

Dann kam die Nacht vom 6. auf den 7. November — und auf einmal sanken an der gesamten Ostfront die Temperaturen. Der Winter war urplötzlich da.

Es brach die Jahreszeit an, vor der die oberste deutsche Führung seit den Sommerwochen immer schon gewarnt hatte und auf die das Heer nicht vorbereitet war. Dauerfrost setzte in der Nacht ein. Das weite Land bedeckte sich in wenigen Stunden mit einer dünnen Schneeschicht. Der Boden fror. Bewegung war wieder möglich. Doch der eisige Ostwind mit seinen feinen Eiskristallen bedeckte in wenigen Minuten Menschen, Pferde, Fahrzeuge und Waffen mit einer Schicht dünnen Eises und ließ Menschen und Material zu gefühllosen Klumpen erstarren.

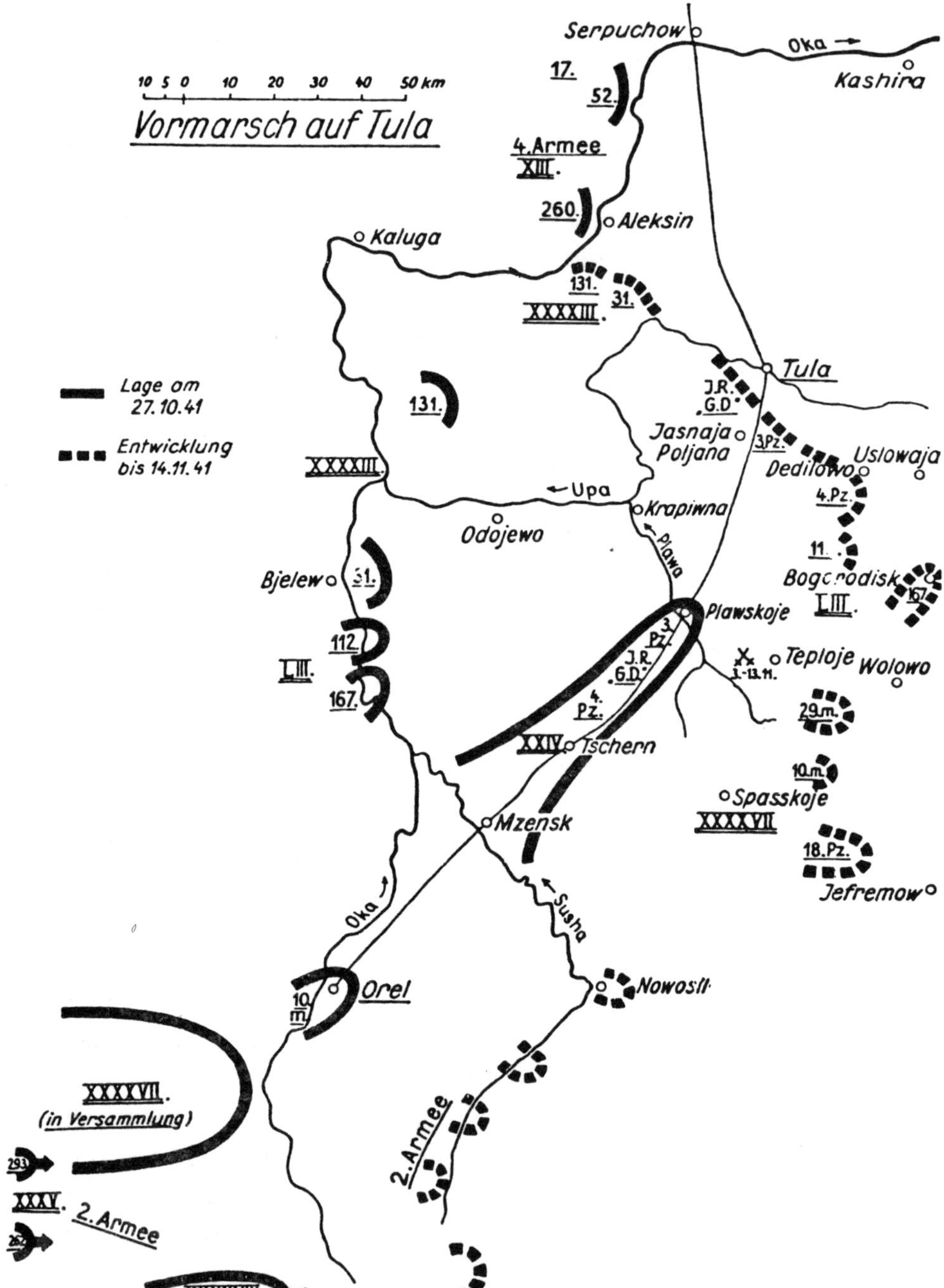
Vormarsch auf Tula
10 5 0 10 20 30 40 50 km
Lage am 27.10.41
Entwicklung bis 14.11.41
Serpuchow
Oka
Kashira
17.
52.
4. Armee
XIII.
260.
Aleksin
Kaluga
131.
31.
XXXXIII.
Tula
J.R. G.D.
Jasnaja Poljana
3.Pz.
Uslowaja
Dedilowo
4.Pz.
131.
XXXXIII.
Upa
Krapiwna
Odojewo
Plawa
11.
Bogorodisk
167.
LIII.
Bjelew
31.
112.
LIII.
167.
Plawskoje
3. Pz.
J.R. G.D.
4. Pz.
Teploje
Wolowo
29.m.
XXIV.
Tschern
10.m.
Spasskoje
XXXXVII.
Mzensk
18.Pz.
Jefremow
Susha
Oka
Orel
10. m.
Nowosil
2. Armee
XXXXVII.
(in Versammlung)
293.
XXXV.
2. Armee
262.
XXXXVIII.

Der Bericht einer Infanteriedivision über diesen ersten Wintertag, den 7. November 1941, lautete:

> ”Zurück zum Ablauf der Dinge: Um den 7.11. herum hatte das Korps den Raum südostw. und ostw. Rusa erreicht. Es war empfindlich kalt geworden. Von einer Winterausrüstung war nichts zu bemerken. Sie hätte wohl auch nur in Pulswärmern, Handschuhen und Kopfschützern bestanden, dazu Mäntel in beschränkter Zahl. Sie wäre ganz ungenügend gewesen. Bedrückend sodann war das lange Ausbleiben der Feldpost. Eine besonders trübe Tatsache. Die Truppe bedurfte sichtlich der Ruhe, der Auffrischung materieller Art bis herunter zu den nicht vorhandenen Winterstollen für die Pferde. Die Sanitätsausrüstung wuchs zur Sorge an. Narkosepräparate und Verbandstoffe wurden bedrohlich weniger. . . .
> Die Stimmung im ganzen war mäßig. Wetter, Feind, Transportlage, Verlausung, knappes, oft kaltes Essen, das Fehlen von Unterkünften, Alkohol oder Marketenderwaren mußten sich auswirken. . . .
> Es wäre hier vieles zu sagen. So z.B. daß der Kfz.-Kälteschutz nur bis 10 Grad minus genügte, während am Angriffstag das Thermometer bereits auf 22 Grad minus gefallen war. Oder daß die Pz.-Jäg. Abt. 252, von einem Zug abgesehen, noch immer mit der 3,7 cm Pak ausgestattet war. Man setzte diese besser gegen lebende Ziele ein als gegen die T 34! Die Unterstützung durch die Luftwaffe war gleich null. Unsere Flugzeuge standen, zumeist ohne Betriebsstoff, angefroren im Freien. Der Russe dagegen startete seine ”Ratas” aus den geheizten Lufthallen nächst Moskau. Vor allem aber hatten wir keine Panzer zur Verfügung. Auch ergab sich ein beunruhigender Munitionsmangel bei unserer

vortrefflichen Artillerie, dem Rückgrat des Angriffs wie der Verteidigung, sowie der an Leucht- und Signalmunition bei den Inf.-Regimentern."

Ein unbekannter einfacher Soldat am anderen Ende der Front, einer der hunderttausend armen "Landser" vorn, schrieb an seine Eltern:

"Schneestürme! Überall zieht's herein. Nichts zu essen. Die Männer wärmen sich in dem von uns als Quartier eingerichteten Stall. Schlafen auf dem kalten Boden, auf gefrorenem Stroh in Gemeinschaft mit Hühnern, Läusen, Schaben, Asseln, Schweinen, kleinen Kindern und viel Dreck."

Der Krieg in freier Natur war kaum mehr möglich. Jetzt kämpfte man nur noch um die Dörfer mit ihren armseligen hölzernen Hütten, die wenigstens etwas Wärme abgaben. Noch konnte man sich nicht gegen die neu aufgetretenen Naturgewalten schützen.

Einzelne Divisions- und Regimentskommandeure befahlen unabhängig voneinander die ersten Schutz- und Tarnmaßnahmen angesichts dieses bisher unbekannten Gegners — den die spätere Geschichtsschreibung "General Winter" nennen sollte. Die Stahlhelme mußten mit Schlemmkreide bemalt oder mit weißem Tuch getarnt werden. Schneehemden wurden organisiert oder wenigstens weißer Stoff zur Tarnung der Schultern. Die Panzerwagen waren mit weißer Kreide angemalt, zuerst lose Striche, denn es gab kaum Farbe. Dabei fielen die Temperaturen . . . Schon am 11. November wurden durchwegs an der gesamten Front der Heeresgruppe bis —18° gemessen.

Feldmarschall von Bock, der Oberbefehlshaber, ließ sich an diesem Tag telefonisch mit dem Hauptquartier des OKH im fernen Ostpreußen verbinden. Über dieses Gespräch schrieb am Abend der Chef des Generalstabes des Heeres in sein privates Tagebuch:

"Zu a) H.Gr. hat ihrem Befehl ein weiteres und ein engeres Ziel gesteckt. v. Bock hält bei Zustand der Truppe auch das engere Ziel für fraglich. Er hat seiner Truppe ein vorläufiges Ziel gegeben: Lauf der Moskwa durch Moskau und Wolgakanal. Auf diese Linie ist die Bevorratung beim Antreten berechnet. Z. Zt. ist die Munition für das Erreichen dieses Zieles noch im Anlaufen. Durch "Drosselung" des Munitions-Zulaufs ist neben dem täglichen Kampfverbrauch eine Stapelung nicht mehr möglich und daher die Sicherstellung der Munition nicht mehr gewährleistet; bei Weiterlauf in einigen Tagen Bevorratung abgeschlossen.
v. Bock vertritt den Gedanken: Wenn auch nur das Zwischenziel erreicht wird ("Spatz in der Hand"), so muß man trotzdem antreten, weil ein weiteres Warten die Gefahr des Schneewinters näher herankommen läßt. Es könnte der Fall eintreten, daß man mit dem Warten auf weiterreichende Stoßkraft vom Wetter überrascht wird und überhaupt liegen bleibt.
Operative Kunststücke sind nicht mehr zu machen. Truppe nicht verschiebbar. Nur zweckmäßiges, taktisches Handeln möglich.

Zu b) Guderian ohne Zweifel stark angegriffen. Lage nicht ganz durchsichtig. 2. Pz.Armee hat die südlich der Oka befindlichen Feindkräfte auf sich gezogen und entlastet auf diese Weise die 4. Armee so, daß keine Bedenken gegen ihr Antreten bestehen. Auch wenn Guderian noch frei ist, ob er in der Lage sein wird, seinen Gegner abzuschütteln, ist nicht zu übersehen. Aber die Erfüllung der Aufgabe Kluge ist nicht davon abhängig.
H.Gr. hat XXXV. AK der 2. Armee scharf nach links herangehalten."

Generaloberst Halder kam angesichts der katastrophalen Lage im Mittelabschnitt bereits am nächsten Tag nach Orscha zur Besprechung mit den Generalstabschefs der eingesetzten Armeen. Der Generaloberst erläuterte hier den Befehl Hitlers für die Winteroffensive; ein Befehl, der schon nicht mehr realistisch wirkte, denn die 2. Panzerarmee erhielt den Auftrag, die Stadt Gorki — das frühere Nischnij-Nowgorod — fast 500 km ostwärts von Moskau zu nehmen! Es war ein Befehl, den Feldmarschall von Bock und Generaloberst Guderian schroff ablehnten.
Die Frontlage am 13. November — an diesem Tage wurden —22° gemessen — zeichnete sich etwa so ab, daß am äußersten rechten Flügel die Infanteriedivisionen wieder marschierten und nach vorn aufschlossen. Lediglich beim XXXXVIII. Pz.K. kam es ostwärts von Kursk zur Feindberührung.

Das XXIV. Pz.K. lag mit seinen wenigen Panzern bei Tula fest, da die eisglatten Straßen und Wege kein Fahren zuließen und die Kampfwagen ohne Kettenstollen einfach nicht bergauf fahren konnten. Beim Korps gab es nur Sprit für noch einen Tag. So mußte langsam das XXXXVII. Pz.K. mit 18. PD, 10. und 29. ID.mot. aufschließen, um die Südflanke der Armee zu schützen, da das XXXXIII. AK. des Generals d. Infanterie Heinrici seit den frühen Morgenstunden im schweren Abwehrkampf stand. Die 31. ID. lag im Schwerpunkt der Schlacht und mußte bis zum Abend fast 4 km nach Westen ausweichen.
Bei der 4. Armee gewann lediglich das XIII. AK. etwas Boden; alle übrigen Korps litten unter stundenlangem Feuer schwerer russischer Batterien, darunter mehrerer Salvengeschütze vom Typ "Stalinorgel". Die 10. PD. gab ihren Brückenkopf auf.
Russische Divisionen rannten auch den ganzen Tag gegen die weit auseinandergezogenen Stellungen im Abschnitt der 9. Ar-

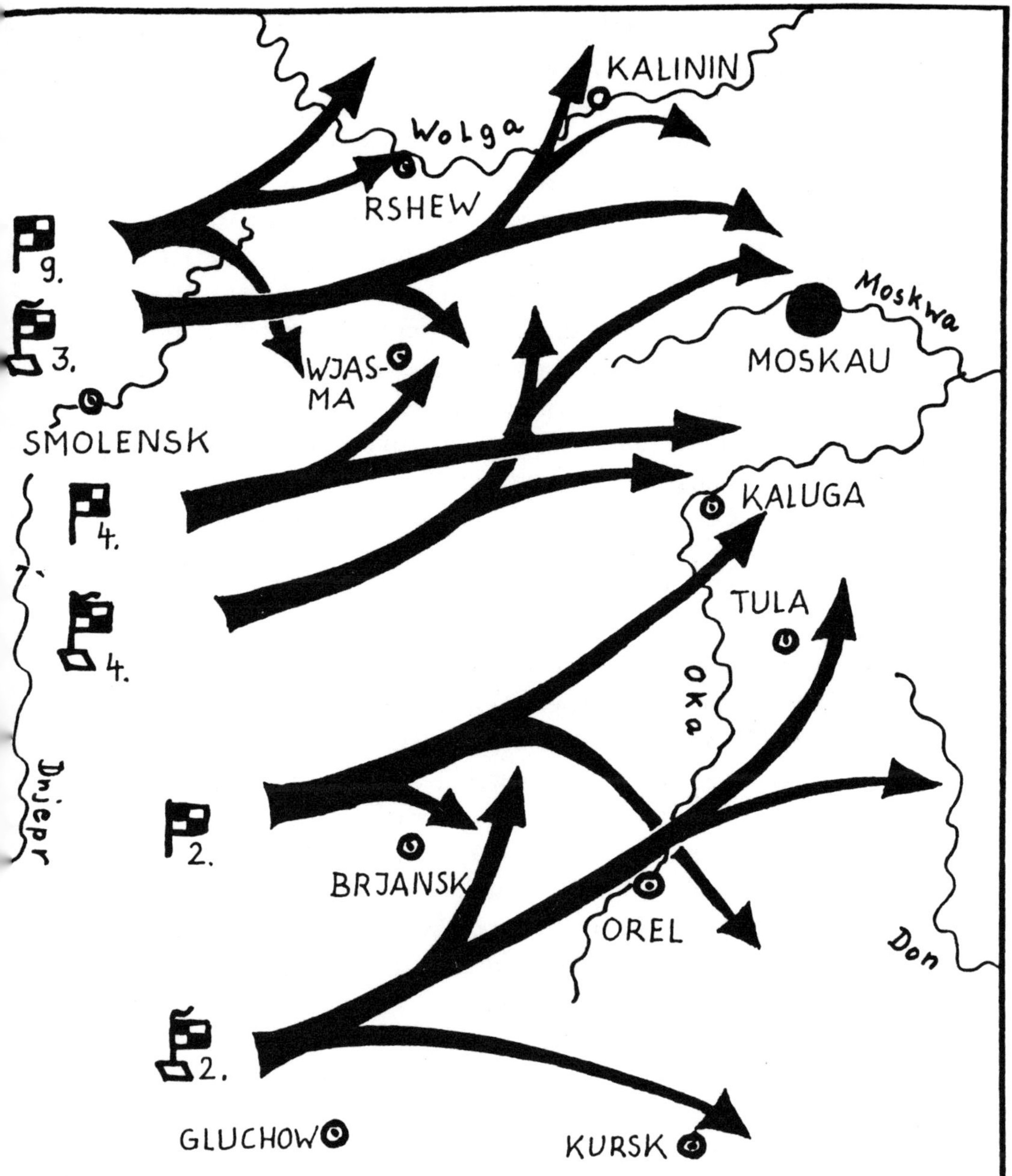
KALININ
Wolga
RSHEW
9.
3.
Moskwa
MOSKAU
WJAS-
MA
SMOLENSK
4.
4.
KALUGA
TULA
Oka
Dnjepr
2.
BRJANSK
OREL
Don
2.
GLUCHOW
KURSK

mee und der 3. Panzerarmee. Doch konnten hier alle feindlichen Vorstöße abgewiesen werden.
Der Schwerpunkt lag bei der 2. Panzerarmee. Hier mußte trotz aller Witterungsschwierigkeiten und fanatischen Feindwiderstands weiter an Boden gewonnen werden. Das XXIV. Pz.K. (General d. Panzertruppen Freiherr Geyr von Schweppenburg) stand mit 3. PD. am linken Flügel noch immer kurz vor Tula. Die 17. PD. erreichte den Raum um Krapiwna. Vom XXXXVII. Pz.K. (General d. Panzertruppen Lemelsen) schloß die 18. PD. mit Masse um Tschern auf, wobei ihre verstärkte Aufklärungsabteilung Nikolskoje besetzte.
Das waren die an diesem Tag am weitesten im Osten stehenden Verbände der deutschen Wehrmacht.
Generaloberst Guderian beschrieb den nächsten Tag wie folgt:

> "Am 14. November besuchte ich die 167. ID. und sprach mit einer Reihe von Offizieren und Soldaten. Die Versorgung der Truppe war schlecht. Schneehemden, Stiefelschmiere, Wäsche und vor allem Tuchhosen fehlten. Ein großer Teil der Männer lief in Drillichhosen, und das bei 22 Grad Kälte! Strümpfe und Stiefel wurden gleichfalls dringend gebraucht. Mittags bei der 112. ID. bot sich das gleiche Bild. Unsere Männer hatten sich russische Mäntel und Pelzmützen beschafft und waren nur noch an den Hoheitszeichen als deutsche Soldaten zu erkennen. Was die Panzerarmee an Bekleidungsvorräten noch besaß, ging unverzüglich an die Front. Es war bei dem Bedarf allerdings nur ein Tröpfchen auf den heißen Stein.
>
> Oberst Eberbach hatte etwa noch 50 Panzer in seiner stolzen Brigade. Die Zahl der Panzer von drei Divisionen hätte 600 betragen müssen! Die Glätte machte große Schwierigkeiten, da die Kettenstollen noch nicht eingetroffen waren. Infolge der Kälte beschlugen die Optiken; die Salbe, die das

verhinderte, war gleichfalls nicht eingetroffen. Das Anlaufen der Panzermotoren mußte durch Anzünden von Feuern unter den Wannen erleichtert werden. Der Betriebsstoff gefror teilweise, das Öl wurde dick. Auch bei dieser Truppe fehlte jede Winterbekleidung. . . ."

Die winterliche Kälte, Eis und Frost, später auch der Schnee wurden zum "Problem Nr. 1" der deutschen Führungsstäbe. Die Heeresgruppe Mitte hätte täglich von 31 Versorgungszügen angelaufen werden müssen, wenn ihre derzeitige Kampfkraft konstant bleiben sollte. Doch trafen in Smolensk — dem Versorgungshauptstützpunkt — höchstens bis zu 20 Transportzüge ein. Die Höchstzahl wurde am 24. November mit 24 Versorgungszügen erreicht.

So gelangte die Winterbekleidung für die Truppe — die aus den Heeresmagazinen des Generalgouvernements und der östlichen Wehrkreise herangefahren wurde — erst in der dritten Novemberwoche bei der Truppe an. Damit konnte bei den Frontdivisionen einmal jeder fünfte Mann einen Mantel bekommen! Die Soldaten der rückwärtigen Dienste; also die Männer, die Lebensmittel, Munition, Verbandsmaterial nach vorn zur Front bringen sollten, bekamen gar nichts!

Dabei zeigten überall die Temperaturen unter —20°; und wenige Kilometer weiter im Osten stellten sich die wohlausgerüsteten und für den Winterkrieg geschulten und eingekleideten sibirischen Divisionen zum Gegenangriff bereit!

Die Berichte des OKW in der ersten Novemberhälfte schwiegen sich deshalb über die Kämpfe zur Erde aus. Sie meldeten lediglich die Einsätze der Luftwaffe, die nachts gegen Moskau und die Rüstungswerke bei Gorki angesetzt wurden. In kurzen Worten beschrieb das OKW diese Einsätze am 1., 4., 5., 7., 10., 11., 12. und 13. November. Der Bericht vom 12. November brachte u. a. die folgende Meldung:

"Moskau wurde bei Tag und bei Nacht mit Spreng- und Brandbomben belegt. Volltreffer in Bahnanlagen verursachten schwere Schäden. Weitere Nachtangriffe der Luftwaffe richteten sich gegen Rüstungswerke in Gorki."

Lediglich am 7. November brachte der OKW-Bericht die Nachricht:

"Im mittleren Abschnitt der Ostfront durchbrachen Infanteriedivisionen stark ausgebaute Stellungen des Feindes und brachten zahlreiche Gefangene und Geschütze als Beute ein."

Es war die einzige Nachricht, die in den ersten 15 Tagen des Monats November vom Einsatz des Heeres sprach, bevor die ausgebluteten und entkräfteten Armeen der Heeresgruppe Mitte zum letzten Sturm auf Moskau ansetzten!

Mitte November war es so weit: Die Thermometer fielen von Tag zu Tag, von Nacht zu Nacht; der russische Winter kam. Die Heeresgruppe trat in die zweite Phase der Schlacht um Moskau. Die Batterien der Artillerie — oben eine 17 cm-Kanonenbatterie einer Heeresartillerieabteilung im Abschnitt des LVI. Panzerkorps, unten ein Geschütz einer Infanteriedivision der 4. Armee — eröffneten den neuen Schlachtabschnitt.

Das Schwergewicht der neuen Schlacht lag wie bisher auf dem Rücken der einfachen Landser in vorderster Front: Bild oben: Ein lMG-Trupp im tiefsten Schnee bei der Abwehr eines russischen Schützenangriffs. Bild unten: Die durch feindliches Artilleriefeuer bei Klin zerstörte Bereitstellung der 106. Infanteriedivision.

Die Schwere der Schlacht hatten aber alle Waffengattungen gleichmäßig zu ertragen. Da der eiskalte Winter — stellenweise unter —30° — alle Bewegungen erschwerte, mußten auch die Männer der Nachrichtenabteilungen pausenlos im Einsatz sein, um ausfallende Leitungen zu reparieren und neue zu verlegen. Bild oben: Männer mit einem Kabel-Verlegewagen im Einsatz, Anfang Dezember. Bild unten: Ein weiterer Trupp bei der Verlegung eines Kabels von Baum zu Baum.

Doch am schlimmsten waren die Männer des rückwärtigen Dienstes dran, die keine Auszeichnungen erhielten und von denen kein Wehrmachtbericht meldete. Bild oben: Hier waren die treuen Panjegäule im tiefen Schnee bis zum Leib eingebrochen. Bild unten: Ein tiefverschneites Nachschublager der 2. Panzerarmee unweit von Orel.

Den Frontsoldaten fehlte es in den eiskalten November- und Dezembertagen vor Moskau an jeder Winterbekleidung. Das Oberkommando des Heeres hatte zwar schon bis 2. August die Winterbekleidung für die Heeresgruppe bereitgestellt, doch infolge der schlechten Transportmittel der Eisenbahn und dem Ausfall der Zugmittel trafen die ersten Transporte an Wollwesten, Kopf- und Ohrenschützern, Handschuhen und Mäntel erst Mitte Dezember an der Front ein.

Doch genau so schlimm wie die Menschen waren auch die Pferde dran, die einzigen, die in der Eiskälte noch beweglich blieben. Allein in der Zeit vom 1. Oktober 1941 bis Anfang März 1942 starben an der Ostfront 179 609 Pferde an Erschöpfung, Erfrierung und durch Feindbeschuß.

Die Kälte zwang auch die Luftwaffe in die Knie. Hier räumten russische Zivilisten die Startbahn für ein Aufklärungsflugzeug.

Die teilweise abgeschnittenen und vorübergehend auch eingekesselten deutschen Verbände konnten zeitweise nur aus der Luft versorgt werden. Hier hatte eine "Ju-52" Feldpost herangebracht.

Die wenigen noch im Einsatz befindlichen Kampfstaffeln des VIII. Fliegerkorps griffen trotz stärkster Luftabwehr noch einige Male Moskau an. Die beiden Luftaufnahmen zeigen Bombenangriffe am 6. August (oben) und am 28. November (unten) jeweils auf die Rüstungswerke und die Eisenbahnknotenpunkte im Stadtteil Krassnoprjesnenskij im Südwesten Moskau.

Stellung einer schweren Batterie am Ostrand von Kaluga am 22. Oktober 1941.

Stellung einer schweren 8,8 cm-Batterie der Flakabteilung 11 bei Mzensk an der Ostflanke der 2. Panzerarmee.

# Sturm bis Moskau

Die Kalenderblätter — soweit solche in den Geschäftszimmern der Divisionen, Korps und Armeen vorhanden waren, die Truppe hatte sowieso keine — zeigten bereits Mitte November. Nach den Vorstellungen Hitlers, OKW, OKH und auch der Heeresgruppe sollten sich zu diesem Zeitpunkt bereits die deutschen Soldaten in der russischen Hauptstadt befinden. Denn, nachdem die Offensive am 2. Oktober mit Schwung begonnen hatte, glaubte man, die "Rote Armee" bis Ende Oktober geschlagen zu haben. Doch dann machten Schlamm und Frost jede Operation zunichte. Erst, als das Wetter umschlug, konnte die Offensive fortgesetzt werden.

Feldmarschall von Bock erließ deshalb am 30. Oktober den Befehl zum letzten Angriff seiner Heeresgruppe auf Moskau:

"Befehl für die Fortsetzung der Operationen

1. Um das im Heeresgruppenbefehl Ia Nr. 1960/41 g.Kdos.Chefs. vom 14.10.1941 gesteckte Ziel der Abschließung von Moskau zu erreichen, muß zunächst der zwischen der Moskwa-Mündung und Kalinin stehende Feind geschlagen werden.
   Alle Vorbereitungen für die neuen Operationen sind so zu treffen, daß die voraussichtlich nur kurze Zeit schneefreien Frostes ohne Verzug und in vollem Umfang ausgenutzt werden kann.
2. 2.Armee behält ihren bisherigen Auftrag; sie setzt sich zunächst in Besitz der allgemeinen Linie Kursk-Maloarchangelsk und nördlich und treibt baldmöglichst schnelle Kräfte auf Woronesh vor.

3. 2. Pz.-Armee stößt zwischen Rjasan und Gegend Kaschira über die Oka vor. Soweit die Wegeverhältnisse es irgend gestatten, sind unter Ausnutzung jeder Gelegenheit in Nord-und Ostflanke kleine, besonders bewegliche und mit Betriebsstoff reichlich ausgestattete Abteilungen zum nachhaltigen Unterbrechen der von Süden auf Moskau führenden Bahnen und zu überraschender Wegnahme der Oka-Übergänge vorzutreiben; Pioniere zur Entladung eingebauter Zeitzündungsanlagen müssen mitgegeben werden. Ob die Masse der Panzerarmee im späteren Verlauf ostwärts oder westlich der Moskwa-Mündung vorgeführt werden muß, hängt von den Übergangsmöglichkeiten und von der Lage nach Fortnahme von Tula ab.

   Auf die Bedeutung der Wegnahme der Industriegebiete von Stalinogorsk und Kaschira wird hingewiesen.
4. 4. Armee bereitet sich darauf vor, den Angriff an scharf ausgesprochenen Schwerpunkten südlich und nördlich der Autobahn ohne Zeitverlust wieder aufzunehmen, sobald die Wetterlage die dazu notwendigen Kräfteverschiebungen und die zureichende Munitionierung der Front zuläßt. Die in Aussicht genommenen Angriffsschwerpunkte sind zu melden.

   Der Nordflügel der Armee ist weiter scharf in allgemeiner Richtung Klin vorzutreiben. Späteres Vorgehen der durch Infanterie verstärkten Panzergruppen 4 und 3 in Richtung Jarosslawl-Rybinsk ist, sobald Wetter- und Versorgungslage dies ermöglichen, beabsichtigt.
5. 9. Armee bereinigt die Lage um Kalinin und in ihrer tiefen Ostflanke nördlich Jaropoletz. Sie wirft den Gegner über den Lama-Abschnitt zurück und setzt sich in Besitz der Übergänge über den Westzipfel des Wolga-Stau-

beckens. Danach stellt sie die Panzergruppe 3 wie befohlen zu späterem Vorgehen südlich des Wolga-Staubeckens nach Nordosten bereit.

Auf ihrer Nordfront gliedert sich die Armee in allgemeiner Linie Kalinin — südlich Torshok — B.Koscha zur Abwehr. Der linke Armeeflügel ist aus Gegend Szjelisharowo so weit nach Nordosten vorzutreiben, daß die Straße Szjelisharowo (beabsichtigter Eisenbahnendpunkt) — Sztaritza, als Versorgungsstraße ausgenutzt werden kann. Wo der feindliche Widerstand erkennbar nachläßt, ist bis zur allgemeinen Linie Kalinin-Torshok und westlich nachzustoßen.

253. Div. tritt mit sofortiger Wirkung unter den Befehl der 9. Armee, ihre Versorgung erfolgt zunächst weiterhin durch 16. Armee.

6. . . .

7. Französisches I.R. 638 wird mit Eintreffen in Smolensk zunächst dem Bef.r.H.Geb. Mitte in jeder Beziehung unterstellt. Nach Versammlung um Smolensk ist das Regiment durch 9. Armee in schonenden Märschen zunächst bis Wjasma vorzuführen.

gez. v. Bock"

Das unter Nr. 7 dieses Befehls genannte französische IR. 638 war eine Freiwilligenformation, die am 1. September in Paris unter deutscher Oberaufsicht gebildet worden war. Viele ehemalige Offiziere, Unteroffiziere und Mannschaften der französischen Armee meldeten sich zur "Légion volontaire française", aus der dann auf dem Truppenübungsplatz Grafenwöhr das IR. 638 unter rein französischer Führung entstand. Das Regiment wurde Anfang Oktober in den Mittelabschnitt der Ostfront verlegt und hier vorerst der 221. Sich.D. unterstellt. Im November kam das Regiment zur bayerischen 7. ID. und nahm an den schweren Abwehrkämpfen zwischen Maurino und Anischkino teil, wobei die französischen Freiwilligen sich hervorragend schlugen und sehr starke Verluste erlitten. (Es darf dazu noch vermerkt werden, daß französische Freiwillige bis Kriegsende treu an deutscher Seite stritten und noch im Mai 1945 das Regierungsviertel in Berlin verteidigten!)

Die allgemeine Frontlage Mitte November zeigte etwa folgendes Bild der Heeresgruppe Mitte von Nord nach Süd:

Die 9. Armee stand in loser Verbindung mit der Heeresgruppe Nord bei Ostashkow am Sseliger See. Ihre Front ging dann geradlinig nach Osten bis Kalinin, wo die motorisierten Verbände der 3. Panzerarmee mit Front nach Osten festlagen. Daran schloß sich die 4. Panzerarmee mit nach Süden zeigender Front an. Hier war Anschluß zu den Infanteriedivisionen der 4. Armee vorhanden, die mit Schwerpunkt zwischen Mohaisk und Naro Fominsk stehen geblieben waren. Die 2. Panzerarmee kämpfte noch um Tula, während die 2. Armee eine fast 300 km breite Frontlinie nach Süden hin zu erreichen versuchte, um die lose Verbindung zur benachbarten 6. Armee in Höhe von Kursk nicht abreißen zu lassen.

Der Chef des Generalstabes des OKH, Generaloberst Halder, war am 12. November im Hauptquartier der Heeresgruppe in Orscha eingetroffen, um die letzten Befehle zu erteilen. Bei den allgemeinen Besprechungen mit Feldmarschall von Bock und dessen Generalstabsoffizieren versicherte der Generalstabschef, daß die Heeresgruppen Nord und Süd Befehl erhalten hätten, jeden weiteren Vormarsch einzustellen, und daß nur noch die Heeresgruppe Mitte im Angriff verbleiben sollte, denn — so sagte Generaloberst Halder:

> "Der Angriff ist eine bessere Lösung als die Überwinterung in der Einöde. . ."

Doch die Ziele waren wieder einmal zu weit gesteckt. Da sollte u.a. die 3. Panzerarmee von Kalinin aus nach Nordosten mit Fernziel Rybinsk — 250 km von Kalinin entfernt — stoßen. Die 4. Panzerarmee mußte von Nordosten her gegen Moskau vorgehen, während die 4. Armee von Südwesten die Hauptstadt der Sowjetunion erreichen mußte. Die 2. Panzerarmee hatte sogar über Koloma und Rjasan nach Nordosten anzugreifen, um Moskau weit im Osten vom Hinterland abzuschneiden, während die 2. Armee breit gefächert zum Don nördlich von Woronesh vorzugehen hatte . . .
Dieser weitgesteckte Angriff sollte für den nördlichen Abschnitt der Heeresgruppe am 15. November und für den Südflügel zwei Tage später erfolgen.
Dann kam der 15. November herauf. Es war ein Tag, an dem der Himmel bedeckt blieb und sich erst gegen Abend lichtete, als die Temperaturen weiter nach unten sanken. Überall herrschte starker Frost, der die tiefgespurten Straßen und Wege noch härter machte und bei vielen Fahrzeugen Federbrüche zur Folge hatte. Es schneite lediglich im Bereich der 4. Armee.
Die 9. Armee des Generalobersten Strauß eröffnete die letzte Phase des deutschen Angriffs gegen Moskau. Ihr linkes Flügelkorps — das XXIII. AK. (General d. Infanterie Schubert) — beteiligte sich nicht an diesem Vorgehen. Die am äußersten linken Flügel stehende 253. ID. (Generalleutnant Schellert) hatte sogar heftige Feindangriffe abzuwehren, die eine Lücke zwischen den Heeresgruppen Nord und Mitte erzwingen wollten. Lediglich das XXVII. AK. (General d. Infanterie Wäger) griff planmäßig in Richtung Wolga-Staubecken an und unterstützte damit tatkräftig die 3. Panzerarmee (General d. Panzertruppen Reinhardt), dessen LVI. Pz.K. (General d.Panzertruppen Schaal) dasselbe Ziel erhalten hatte. Die voraus angreifende 6. PD. (Generalmajor Rauss) gewann bereits am ersten Tag die

Lama und bildete nördlich Selenzino einen Brückenkopf. Das XXXXI. Pz.K. (General d. Panzertruppen Model) lag nach wie vor um Kalinin fest und stellte sich zum Vorrücken bereit.

Die 4. Panzerarmee (Generaloberst Hoepner) schloß sich am nächsten Tag diesen Angriffen an. Das linke Flügelkorps der Armee — V. AK. (General d. Infanterie Ruoff) — trat aus dem Raum ostwärts Wolokolamsk in Richtung auf Klin an. Es waren 2. PD., 23., 35. und 106. ID., die gegen schweren Widerstand langsam Boden gewannen. Hier erreichte die 2. PD. (Generalleutnant Veiel) den Raum 10 km ostwärts von Wolokolamsk und die 106. ID. (Generalmajor Dehner) den Abschnitt südlich Kusjejewa. Vom benachbarten XXXXVI. Pz.K. (General d. Panzertruppen von Vietinghoff) gewann die 5. PD. (Generalleutnant Fehn) eine Linie 15 km südwestlich Nowopetrowskoje und das XXXX. Pz.K. (General d. Panzertruppen Stumme) konnte bis zum Abend gleichfalls hier aufrücken.

Dann kam der 17. November, der Tag, an dem alle Verbände der Heeresgruppe Mitte zum Sturm antraten:

> "Nach einem dunstigen Morgen heben sich die Nebelschleier um 9.00 Uhr und lassen einen weiten Blick in die frostklare Winterlandschaft werfen. Wir stehen auf einem Höhenrücken hart ostwärts Mussino . . . In 3 000 m Entfernung läuft der Rand eines in den Horizont verschwindenden Waldes entlang. Zwischen uns und dem Wald dehnen sich kilometerbreite flache Felder mit wenigen dunkelbraunen Büschen. Durch die leichte Schneedecke schimmern Getreidestoppeln und einige scharfe Ackerfurchen. Die Sonne steigt immer höher. Eines unserer Regimenter soll nach Norden vorstoßen und stellt sich hinter uns im Dorf zum Angriff bereit. Es ist 10.00 Uhr . . ."

So begann ein Bericht der 106. ID., der den letzten Kavallerieangriff der Kriegsgeschichte meldete:

"Die aus dem Walde unregelmäßig heraussprengenden Reiterschwärme formieren sich in kaum faßbarer Schnelligkeit zu einem Gliede, ein zweites setzt sich dahinter. Jetzt sind es schon drei dicht hintereinander gestaffelte Glieder, die dann weit vom Walde abgesetzt links abbrechen und nach Süden galoppieren.
Es ist ein unbeschreiblich schönes Bild, wie in dieser sonnenklaren Winterlandschaft Bügel an Bügel tief über die Pferdekörper gebeugt und mit geschwungenen blitzenden Säbeln ein Reiterregiment in voller Attacke über die Felder rast. Die Zeiten des Mongolensturmes scheinen wiedergekommen zu sein ..."

Es waren die Schwadronen der 44. sibirischen Kavalleriedivision, die vor kurzem noch über die Steppen Asiens brausten und nun nördlich von Moskau in die Front geschoben wurden, um den deutschen Divisionen in die Flanke zu stoßen. 30 Minuten dauerte der mit wirklichem Schneid vorgetragene letzte Kavallerieangriff der Geschichte; dann war die 44. sowjetische Kavalleriedivision vom Feuer deutscher Artillerie, Pakgeschütze und MGs vernichtet!

Tiefer knallender Frost legte sich am 17. November über das ganze Schlachtfeld vor Moskau, so daß nun auch die Fahrzeuge der Panzer-und motorisierten Divisionen beweglicher wurden und in die Kämpfe eingreifen konnten; denn am nächsten Tag sollten sich alle Großverbände in Richtung Moskau auf dem Marsch befinden. Die Vorbereitungen hierzu waren überall abgeschlossen. Die Geschichte der 87. ID. berichtete:

"Die Angriffsvorbereitungen der Division sind am 18.11. abgeschlossen. Doch trotz aller Anstrengungen der Quartiermeisterabteilung ist das Ergebnis wenig befriedigend. Nicht einmal die 1. Munitionsausstattung konnte voll aufgefüllt werden. Die Gefechtsstärken der Infanterie sind durch blutige Ausfälle der letzten Kämpfe bereits erschreckend abgesunken und der körperliche Zustand der Truppe durch ungenügende Verpflegung und Unterbringung geschwächt. Die schwerste Sorge aber bedeutet die für die Härten eines russischen Winterkampfes völlig unzulängliche Bekleidung und Ausrüstung. Es fehlt an warmem Unterzeug, an warmen Stiefeln, warmen Handschuhen und Kopfschützern. In seinem dünnen, dunklen Tuchmantel steht der deutsche Infanterist bei 20 Grad unter Null dem mit Pelzwerk und weißem Tarnanzug bestens ausgerüsteten russischen Infanteristen gegenüber.

Aber allem zum Trotz. Die Truppe ist bereit, ihr äußerstes herzugeben in einem letzten Versuch, die Kriegsentscheidung zu erzwingen."

Das Oberkommando der russischen Heeresgruppe "Westfront" unter Armeegeneral Schukow befand sich in Derchuskowo. Von hier aus befahl der Oberbefehlshaber rücksichtslose Verteidigung bis zur Selbstaufopferung. So wie bei Mussino die 44. Kavalleriedivision verblutete, so kämpften überall an der Front vor Moskau die russischen Einheiten. Viele Divisionen hörten nach der Schlacht zu bestehen auf, da alle Offiziere und Kommissare gefallen waren. Oft kamen nur noch 350 Soldaten — wie bei der 316. Schützendivision und der 58. Panzerbrigade — zurück.

Dieser harte Widerstand wurde von allen deutschen Divisionen und Kampfgruppen gemeldet, die am 18. November zum Angriff angetreten waren.

Die 3. Panzerarmee gewann an diesem Tag mit dem XXVII. AK. den Südrand des Wolgastaubeckens. Damit war eine Frontlücke in Richtung auf Klin aufgebrochen, so daß nun auch die übrigen Korps der Panzerarmee zügig vorankamen. Die gegenüberliegende 16. Sowjetarmee begann bereits zum

Istra-Staubecken zurückzuweichen, als der strikte Befehl von Armeegeneral Schukow eintraf:

> "Ich verwerfe den Befehl zum Ausweichen der Truppen an das Istra-Staubecken. Ich befehle, sich in dem jetzigen Abschnitt zu verteidigen und keinen Schritt zurückzugehen! Verteidigung bis zum letzten Mann!"

Dieser Widerstand zeigte sich am härtesten vor der 4. Armee. Hier beteiligte sich auf Befehl von Feldmarschall von Kluge sowieso nur der linke Armeeflügel am Angriff, da der rechte sich schwerster Feindvorstöße erwehrte. Dabei geriet tageweise das XIII. AK. (General d. Infanterie Felber) in eine schwere Krise, die nur durch das Verschieben einzelner Verbände und Zuführung von Kräften des benachbarten XII. AK. (General d. Infanterie Schroth) gemeistert wurde. Schneefall war eingetreten und die Temperaturen unter —20° gesunken.

Jetzt war auch der rechte Flügel der Heeresgruppe zum Angriff angetreten. Die 2. Panzerarmee (Generaloberst Guderian) verfügte nur noch über 150 Kampfwagen und war infolge des Liegenbleibens des schwer angeschlagenen XXXXIII. AK. (General d. Infanterie Heinrici) entlang der Straße Aleksin-Tula sowieso nur in der Lage, mit drei geschwächten Korps vorzugehen. Die Infanteriedivisionen waren immer noch ohne jede Winterbekleidung und kräftemäßig nur noch bedingt einsatzfähig.

Die 2. Panzerarmee stellte ihren Korps und Divisionen — von rechts nach links — folgende Aufträge:

| | |
|---|---|
| XXXXVII. Pz.K | General d. Panzertruppen Lemelsen): |
| 18. PD. | Richtung Jefremow |
| 10. ID.mot. | Richtung Jepifan — Michailow |
| 19. ID.mot. | Richtung Gremjatschi zum Schutz der Ostflanke der Armee, |

| | |
|---|---|
| 25. ID.mot. | Reserve OKH |
| LIII. A.K. | (General d. Infanterie Weisenberger): |
| 167. ID. | Richtung Wenew, |
| 112. ID. | Richtung Raum Stalinogorsk |
| XXIV. Pz.K. | (General d. Panzertruppen Geyr von Schweppenburg): |
| 17. PD. | Richtung Kaschira, |
| 3. PD. | Richtung Tula, |
| 4. PD. | Richtung ostwärts Tula, |
| IR. mot. | "Großdeutschland" Richtung Tula, |
| 296. ID. | Richtung Tula. |

Die 2. Panzerarmee ging gegen die 13. Sowjetarmee und die neu auf dem Schlachtfeld erschienene 50. Sowjetarmee vor. Es gelang den deutschen Divisionen bereits am ersten Angriffstag die russische Front zu durchbrechen, wobei die 4. PD. (Generalmajor Freiherr von Langermann und Erlencamp) die 299. und 413. sowjetische Schützendivision überrennen konnte. Erst als hier die direkt aus Sibirien herangeführte 239. Schützendivision eingriff und die 112. deutsche ID. (Generalleutnant Mieth) hart bedrängte, faßten sich die russischen Regimenter wieder.
Die Kampfkraft der 2. Panzerarmee erlahmte am nächsten Tag noch mehr, da die Ostflanke der Armee vollkommen offen lag und die Betriebsstoffzuführung für die wenigen Panzer restlos versagte. Der Angriff auf Tula mußte eingestellt werden.
Genauso trostlos hatte sich die Lage bei der 2. Armee entwickelt. Generaloberst Freiherr von Weichs erkrankte in diesen Tagen schwer und mußte den Oberbefehl niederlegen. Der neue Oberbefehlshaber, General d. Panzertruppen Schmidt — der bisher das XXXIX. Pz.K. bei Tichwin, also im nördlich-

sten Abschnitt der gesamten Ostfront befehligte — traf erst am 26. November im Hauptquartier der 2. Armee ein.
Die Infanteriedivisionen rückten auf breiter Front — fast ohne jede Verbindung untereinander — aus dem Großraum Orel nach Osten mit Fernziel Don vor.
Die Armee hatte von rechts nach links zur Verfügung: Das XXXXVIII. Pz.K. (General d. Panzertruppen Kempf) am äußersten rechten Flügel. Dieses Korps — das neben zwei Infanteriedivisionen nur über die fast bewegungslose 9. PD. verfügte — sollte Verbindung zur benachbarten 6. Armee der Heeresgruppe Süd halten. Das Korps erreichte bis zum Abend des 20. November die Stadt Tim, die in Besitz genommen wurde. Das nach links benachbarte XXXIV. AK. (General d. Infanterie Metz) bewegte sich mit 45. ID. (rechts) und 134. ID. (links) über Senowjewka auf Liwny vor, während das am linken Flügel stehende XXXV. AK. (General d. Artillerie Kaempfe) mit 262. ID. (rechts) und 293. ID. (links) über Darischtschi in Richtung Jefremow vorzugehen beabsichtigte.
Der nächste Tag stand ganz unter dem Zeichen russischer Angriffe gegen das XXXXVIII. Pz.K. Trotzdem gelang es dem Nordflügel des Korps Boden auf Schtschigry zu gewinnen. Eine verstärkte Vorausabteilung der 293. ID. (Generalleutnant von Obernitz) stellte an diesem Tag die Verbindung mit der rechten Flügeldivision der 2. Panzerarmee — 16. ID.mot. (Generalleutnant Henrici) — im Raum Goliza her. Diese Vorausabteilung stieß am nächsten Tag noch weiter und gewann nach Brechung örtlichen Feindwiderstandes den Raum 10 km südwestlich von Jefremow.
Das Wetter hatte sich an diesem Tag durch abnehmenden Frost zwar etwas gebessert, dafür hing teilweise starker Nebel in den Tälern, der die Sicht stark behinderte. Vereinzelt traten an einigen Abschnitten Schneefälle auf.

Jetzt räumten die Russen unter planmäßiger Zerstörung aller Ortschaften, Unterkünfte und Brücken den Abschnitt um Schtschigry und zogen sich nach Osten zurück. Lediglich im Raum Tim versuchten die sowjetischen Verbände das XXXXVIII. Pz.K. zurückzudrücken, was auch an einigen Stellen gelang. Hier konnte lediglich die 95. ID. (Generalleutnant Sixt von Arnim) noch Boden nach Osten gewinnen. Das Wetter klarte an diesem Tag auf, so daß die Infanteriedivisionen ausnahmslos ihren Vormarsch nach Osten fortsetzten.
Die 2. Armee erreichte somit am fünften Schlachttag — dem 24. November — mit dem XXXXVIII. Pz.K. den Abschnitt 10 km ostwärts von Schtschigry, das XXXIV. AK. drang mit seinen beiden Divisionen — 45. ID. (Generalleutnant Schlieper) und 134. ID. (Generalleutnant von Cochenhausen) — auf Liwny vor, während das XXXV. AK.den Abschnitt Gurjewa — südlich Jefremow gewann. Hier erst verstärkte sich der Feindwiderstand von neuem.
Die Kampfereignisse der letzten fünf Tage an den anderen Frontabschnitten der Heeresgruppe Mitte spielten sich von Nord nach Süd wie folgt ab:
Das AOK 9 erhielt am 19. November den Auftrag auf der gesamten Armeefront zur Abwehr überzugehen. Die bisher unterstellte 3. Panzerarmee wurde ihr genommen, um direkt unter Befehl des Heeresgruppenkommandos weiter anzugreifen. Die 9. Armee richtete sich deshalb mit ihren beiden Armeekorps notdürftig an den erreichten Orts- und Waldrändern zur Verteidigung ein. Die Soldaten mußten sich trotz der grimmigen Kälte, die jetzt unter minus 20 Grad sank, ohne jede Winterbekleidung in die steinharte Erde eingraben oder die wenigen intakten Hütten als Bollwerke ausbauen.
Die Sowjets ließen auch wirklich nicht lange auf sich warten und versuchten laufend, den linken Flügel einzurennen, wo die

253. ID. unter Generalleutnant Schellert tagelang die gegnerischen Angriffe abwehren mußte. Teilweise ging hier Gelände verloren, das oft erst am nächsten Tag mühsam zurückgewonnen werden konnte. Auch ein Angriff gegen die 206. ID. (Generalleutnant Höfl) des VI. AK. konnte abgewehrt werden.
Die 3. Panzerarmee (General d. Panzertruppen Reinhardt) erhielt am 19. November den Befehl, unter Abschirmung ihrer Front nach Osten sofort nach Süden in Richtung Klin vorzustoßen, um dadurch dem vor der 4. Panzerarmee zurückweichenden Gegner den Rückweg abzuschneiden.
Die 16. Sowjetarmee des Generalleutnants Rokossowskij wich hinhaltend kämpfend nach Osten aus und verminte dabei das aufzugebende Gelände derart, daß die Panzerabteilungen nur vorankamen, wenn Pioniere das hartgefrorene Gelände von Minen gesäubert hatten. Generalleutnant Rokossowskij begab sich mit seinem Stabe selbst nach Klin, um hier die Verteidigung zu übernehmen.
Die an der Spitze fahrende 7. PD. (Generalmajor Freiherr von Funck) erreichte bereits am 20. November die Straße nach Klin bei Spas Zaulok, konnte aber nicht bis Klin selbst durchfahren, da sich hier die Abwehrkraft der russischen Verteidiger enorm gesteigert hatte. Dagegen konnte südostwärts von Sawidowo die Verbindung zwischen der 6. PD. (Generalmajor Rauss) und der 14. ID.mot. (Generalmajor Fürst) hergestellt werden. Damit hatten beide Panzerkorps der Armee Anschluß aneinander gefunden.
Die 14. ID. mot. durchbrach am 21. November die feindlichen Stellungen ostwärts der Straße Klin — Wolgastaubecken und trat von hier aus in einem Zuge zum Angriff auf Klin an. Dagegen blieb die benachbarte 6. PD. nördlich Sawidowo vorerst liegen. Die Temperaturen waren hier bereits unter 20 Grad minus gesunken und erschwerten jede Bewegung. General d. Pan-

zertruppen Schaal befahl am Abend des 22. November die Bereitstellung seines Korps zum Vorgehen auf die schwer befestigte Stadt Klin.

Die 7. PD. und die 14. ID.mot. griffen am nächsten Tag über die 7 km lange Geländefläche Klin an, wo sich noch vor wenigen Stunden der russische Armeeoberbefehlshaber aufhielt. Die Sowjets warfen hier alle verfügbaren Panzerbrigaden in die Schlacht. Stundenlang wogten die Panzergefechte hin und her, ehe schließlich die deutschen Bataillone und Abteilungen die Oberhand gewannen und bis 16.40 Uhr Klin eroberten. Da gleichzeitig 10 km nördlich der Stadt eine 16 to.-Brücke, die vollkommen unbeschädigt war, in die Hand der Angreifer fiel, war hier eine Lücke in die feindliche Front geschlagen.

Das noch zurückstehende XXXXI. Pz.K. des Generals d. Panzertruppen Model sammelte inzwischen um Sawidowo, wo sich die langsam wieder aufgefüllte 1. PD. westlich Turginowo bereitstellte, während die in Kalinin zurückgebliebene 36. ID.mot. nach vorn gezogen wurde.

Genauso erfolgreich wie hier, waren die letzten fünf Tage für die benachbarte 4. Panzerarmee des Generalobersten Hoepner. Der Oberbefehlshaber erließ am 17. November einen Tagesbefehl, der mit den Worten begann:

> "Die Zeit des Wartens ist vorüber. Wir können wieder angreifen. Die letzte russische Verteidigung vor Moskau ist zerschlagen. Wir müssen das Herz des bolschewistischen Widerstands in Europa zum Stillstand bringen. . . .
> Die Panzergruppe hat das Glück, den entscheidenden Stoß zu führen!"

Die 4. Panzerarmee trat am 18. November zwischen Wolokolamsk und Naro Fominsk zum Angriff auf Moskau an. Das V. AK. (General d. Infanterie Ruoff) stand mit 2. PD., 35. und 106. ID. am linken Flügel. Nach Süden schloß das XXXXVI.

Pz.K. (General d. Panzertruppen von Vietinghoff) mit 5. und 11. PD. an. Dann kam das XXXX. Pz.K. (General d. Panzertruppen Stumme) mit 10. PD. und der SS-PD. "Das Reich".
Die beiden Infanteriekorps — IX. AK. (General d. Infanterie Geyer) und VII. (General d. Artillerie Fahrmbacher) mit 78., 87., 7., 197. und 267. ID. — bildeten den rechten Flügel, wo Verbindung zur benachbarten 4. Armee bestand.
Kurz vor Beginn des geplanten Angriffs wurde den Kommandeuren und Chefs in der 252. ID. folgende Lagebeurteilung übermittelt:

> "Erneute Heranführung feindlicher Infanterieverbände und besonders Artillerie. Feind kämpft erbittert unter Einsatz von Hecken- und Baumschützen in ausgebauten Waldstellungen. Er wird weiterhin bemüht sein, durch massierten Art.-Einsatz und Gegenangriffe mit Panzern gegen die Flanken der Division den Vorstoß zu hemmen. Daher Ansatz eigener Luftkräfte zur Ausschaltung der gegnerischen Artillerie, Zuführung von Verstärkungs-Art. und Flak zur Flug- und Panzerabwehr erforderlich. Abschirmung der linken Flanke durch andere Einheiten gewinnt bei Fortsetzung des Angriffes durch die Division an Bedeutung."

Das V. AK. griff 24 Stunden vor den benachbarten Panzerkorps an, um deren Flanke zu sichern. Dabei gelang es der 106. ID. schon am ersten Tag die Verbindung zur benachbarten 3. Panzerarmee zu halten. Die 2. PD. (Generalleutnant Veiel) drang am selben Tag von Nordosten her nach Solnetschnogorsk. Die Spitzengruppe unter Führung von Oberst Rodt (2. Schtz.Brig. und Schtz.Rgt. 304) eroberte nach Abschuß von mehr als 20 russischen Kampfwagen die Stadt — nur noch 60 km von Moskau entfernt! Der Weg zum Istra-Staubecken nordwestlich von Moskau war frei.

Der Zusammenhalt zwischen 16. und 30. Sowjetarmee war zerrissen. Da griffen Stalin und Armeegeneral Schukow selbst in die Kampfführung ein. Schukow befahl Widerstand bis zur letzten Patrone. Er ließ ferner die Schleusen des Staubeckens öffnen. Damit konnte das Gelände südlich des Staubeckens in einer Länge von rund 50 km und in einer Höhe von 2,50 m überschwemmt werden. Das Wasser gefror sofort zu Eis und wurde eine unüberwindliche Barriere für die auftauchenden deutschen Kampfwagen.
Die Einnahme von Solnetschnogorsk wurde am 24. November im Wehrmachtbericht der deutschen Bevölkerung bekanntgegeben. Es war die erste offizielle Nachricht, daß an der Ostfront das deutsche Heer wieder zum Angriff angetreten war. Die Berichte des OKW meldeten praktisch bis zum 22. November keine Ereignisse mehr von der Front im Osten. Erst an diesem Tag wurde berichtet, daß es zu Kämpfen gekommen war, und am 24. November erfuhren die Angehörigen der deutschen Soldaten in der Heimat:

> "Nach erbitterten Kämpfen wurde die Stadt Solnetschnogorsk — 50 km nordwestlich von Moskau — durch Panzertruppen genommen. . . ."

Die 35. ID. (Generalleutnant Fischer von Weikersthal) stieß am 24. November über den Istra-Stausee und nahm den Ort Nowinki. Damit standen die Soldaten im Rücken der ersten russischen Verteidigungsstellung! Jetzt schob das Korps die bisher in Reserve zurückgehaltene 23. ID. (Generalleutnant Hellmich) nach vorn. Die Temperaturen zeigten 30 Grad minus. Doch der Vormarsch ging weiter. Die 2. PD. stieß am nächsten Tag bei Peschki auf russische Panzerabteilungen, die mit britischen "Mark III"-Panzerwagen ausgerüstet waren. Es handelte sich um neuaufgestellte Verbände, die erst wenige Tage vorher in Moskau diese englischen Kampfwagen erhalten hatten, mit

Generaloberst Hoepner, Oberbefehlshaber der 4. Panzerarmee, dessen Divisionen und Kampftruppen die Vororte Moskaus Anfang Dezember erreichten. Hoepner wurde am 8. Januar 1942 von Hitler seines Postens enthoben. Er war später einer der führenden Köpfe der Widerstandsbewegung und wurde am 20. Juli 1944 hingerichtet. Hinter ihm General d. Panzertruppen Reinhardt, damals Kommandierender General des XXXXI. Panzerkorps vor Moskau, ab Oktober Oberbefehlshaber der 3. Panzerarmee und letzter Oberbefehlshaber der Heeresgruppe Mitte, 1944 — 45.

Die Panzer- und Infanteriedivisionen der 4. Panzerarmee drangen von allen deutschen Truppen am weitesten in den Vorraum der russischen Hauptstadt vor. Hier rückte ein Panzergrenadierbataillon zum Istra-Stausee.

Der Sturm der 4. Panzerarmee vom Nordwesten nach Moskau war schon wenige Tage nach Beginn des "Unternehmens Taifun" in Gang gekommen, als Vorausgruppen der 1. Panzerdivision bereits am 14. Oktober die Straßenbrücke über die Wolga bei Kalinin (Bild) im Handstreich nahmen.

Später versteifte sich gerade an diesem Frontabschnitt der sowjetische Widerstand so enorm, daß es nur noch meterweise vorwärtsging. Hier rückte die Spitze einer Aufklärungsabteilung in ein brennendes Dorf an der Istra ein. Dieser 1938 gebaute Panzerspähwagen (Sonder-Kraftfahrzeug 222) wog 5 t und war mit einer 2 cm-Kanone und einem MG-34 ausgerüstet.

Die Inbesitznahme von Kalinin Mitte Oktober (Bilder oben und unten) gewährte die Ausgangsstellung für den Angriff der 4. Panzerarmee und den Divisionen der 9. Armee nach Südosten in Richtung Moskau. Kalinin wurde später zum Eckpfeiler der Nordostfront der gesamten Heeresgruppe, gegen den Anfang Dezember drei Sowjetarmeen zum Sturm antraten.

Ghatsk, auf halbem Wege zwischen Wjasma und Moskau gelegen, wurde im Winter 1941 zu einer der bedeutendsten Etappenstädte der Heeresgruppe Mitte. Hier endeten die großen Versorgungswege der Feldeisenbahndirektion und von hier wurden dann die Transportgüter auf die Nachschubkolonnen der Korps und Divisionen verladen.

Wenige Kilometer weiter im Osten wurde die Stadt Wolokolamsk (Bild) zu einem der härtesten umkämpften Orte des Angriffs gegen Moskau. Russische Elitetruppen — hier eine ihrer Nachschubkolonnen in den Straßen der Stadt — verteidigten ihre Stellungen buchstäblich bis zur letzten Patrone.

Je näher sich die deutschen Kampfgruppen an die Schutzstellungen vor Moskau heranarbeiteten, umso härter wurde der russische Widerstand und umso grausamer die Witterung. Das Bild oben zeigt einen leichten deutschen Panzerspähwagen, im Vordergrund ein abgeschossener russischer Panzer vom Typ "T-34/76", dessen Besatzung tot vor dem Wrack liegt. Gewaltige Rauchsäulen wirbelten die Einschläge russischer Granaten empor, als sich die Infanteristen des IX. Armeekorps stetig auf Moskau vorwärtskämpften. Links im Bild eine Gruppe russischer Gefangener.

Die 2. Panzerarmee sollte vom Südosten her Moskau umfassen. Ihre schwachen gepanzerten Kampftruppen stießen vor und um Tula (Bild oben) auf härtesten Feindwiderstand, der nicht zu brechen war. Bild unten: Gefallene deutsche Soldaten im Kampfraum vor Tula.

Die deutschen Verluste erreichten Anfang Dezember solch hohe Ziffern, daß die Befehlshaber von sich aus die weiteren Angriffe einstellen ließen. Die Bilder zeigten den Bereitstellungsraum der 18. Panzerdivision, die 1941 am weitesten von allen Divisionen nach Osten vorgestoßen war.

Der Krieg spielte sich bei Temperaturen unter —30° nur noch um Dörfer, um einzelstehende Häuser und Panjehütten ab. Ein Kampf im Freien war schier unmöglich, da nicht nur die Verschlüsse der Geschütze und Maschinengewehre einfroren, sondern auch die Hände der Soldaten an den eisernen Waffen anfroren. So war jeder froh, wenn (und war es nur für Minuten) er noch ein freies Plätzchen in einem russischen Bauernhaus fand — und wer Glück hatte, konnte sich sogar auf den warmen Ofen legen.

Die Vorbereitungen für den Angriff auf Moskau liefen in der zweiten Septemberwoche an. Das Feldeisenbahnkommando 2, das verantwortlich für den Bahnverkehr im Bereich der Heeresgruppe war, führte trotz vieler Streckensprengungen in den nächsten zwei Wochen der Heeregruppe aus der Heimat, aus anderen Frontabschnitten (sogar vom Balkan) acht neue Divisionen zu. Das Bild zeigt einen Betriebsstoffzug auf dem Verladebahnhof Smolensk.

Die rückwärtigen Dienste arbeiteten pausenlos, um den Nachschub für die Fronttruppe sicherzustellen. Das Bild zeigt die Frontbäckerei einer Infanteriedivision. Der monatliche Bedarf einer solchen Division betrug etwa 330 000 Brote.

Der Angriff auf Moskau begann bei strahlendem Herbstwetter am 2. Oktober. Bild oben zeigt einen Pionierstoßtrupp, der mit Flammenwerfern ein russisches Widerstandsnest ausräuchert. Das Bild unten zeigt das Instellunggehen eines Infanteriegeschützes, das zur Unterstützung der im Waldkampf stehenden Kompanien gebraucht wurde. Jedes Infanterieregiment besaß 1941 im Durchschnitt eine schwere Kompanie mit sechs mittleren Granatwerfern und zwei leichten Infanteriegeschützen.

Der Angriff der motorisierten Kräfte gewann schnell Boden nach Osten. Bereits am 6. Oktober konnte Brjansk (Ortsrand im Hintergrund) genommen werden und schon einen Tag später waren sowjetische Truppen um Brjansk und Wjasma eingeschlossen. In diesen beiden Kesselschlachten, die ca. zwei Wochen dauerten, wurden noch einmal über 600 000 Rotarmisten gefangengenommen.

Überraschend für den deutschen Soldaten trat in diesen Tagen ein neuer russischer Panzer — der "T-34" — auf, gegen den es vorerst überhaupt keine Abwehrwaffen gab. Der "T-34" hatte bei einem Gefechtsgewicht von 26,5 t einen Kraftstoffvorrat von 480 l. Seine Länge betrug 6,7 m, die Breite 3,0 m und die Höhe 2,6 m. Die Bewaffnung bestand aus einer 7,62 cm-Kanone.

Die ganze Schwere der neuentbrannten Schlacht zwischen Rshew im Norden und Gluchow im Süden trug wieder die arme weißrussische Bevölkerung, über die eine mehrwöchige, ja mehrjährige Walze von Feuer, Tod und Vernichtung niederging.

denen sie noch lange nicht vertraut waren.
Das rechts benachbarte XXXXVI. Pz.K. war am 23. November an die Istra und den dortigen Stausee herangekommen. Hier saßen die russischen Verteidiger auf dem erhöhten Ostufer, während sich die deutschen Kampfgruppen wie auf einem "Präsentierteller" über das offene Gelände vorwärtskämpften. Doch gelang es in der Nacht zum 25. November, den See und den Fluß an verschiedenen Stellen zu überqueren, wobei u.a. das Kradschtz.Btl. 61 (Major von Usedom) über das zugefrorene Eis ging.
Die 11. PD. stieß mit weiteren Verbänden über den Stausee. So setzten Teile anderer Kampfgruppen bei Lopatowo über das Eis. Von der benachbarten 5. PD. beseitigte die 1./Pz.Pionier-Btl. 89 (Oberleutnant Breitschuh) noch rechtzeitig 40 Zentner Sprengladung und 1100 Minen aus der Staumauer. Weiter südlich setzte eine Kampfgruppe der 10. PD. (Oberleutnant von der Chevallerie) über den Istra-Fluß und bildete einen Brückenkopf.
Das XXXX. Pz.K. (General d. Panzertruppen Stumme) kämpfte sich gegen erbitterten Widerstand an der Straße von Wolokolamsk mit Ziel Istra nach vorn. Die 10. PD. (Generalmajor Fischer) und die SS-PD. "Das Reich" standen am 25. November am Fluß Istra.
Doch in und vor der Stadt gleichen Namens hatte sich die 78. sibirische Schtz.D. festgesetzt, die keinen Fußbreit Boden preisgab. Eine Kampfgruppe der 10. PD. unter Führung von Oberstleutnant Mauß und das Kradschützen-Btl. der Division "Das Reich" unter Sturmbannführer Klingenberg konnten nur im Nahkampf mit aufgepflanztem Seitengewehr die tapfer fechtenden sibirischen Schützen bezwingen und Istra stürmen! Dann war vorerst die Kampfkraft des XXXX. Pz.K. erschöpft — die Temperaturen zeigten inzwischen auf 32 Grad minus!

Das IX. AK. (General d. Infanterie Geyer) ging beiderseits der Straße Rusa — Swenigorod entlang der Moskwa vor, um die rechte Flanke des Panzerkorps zu schützen. Das Ziel für das Korps war die Stadt Swenigorod, das wichtigste Nachschubzentrum der "Roten Armee" westlich Moskau. Die hier liegende 5. Sowjetarmee hatte bereits im vergangenen Oktober den Deutschen härtesten Widerstand geleistet, und ihre Divisionen gaben auch jetzt nicht nach.

Die 78. ID. (Oberst Weber) quälte sich durch das verschneite Urwaldgebiet entlang der Moskwa. Zwar konnte das IR. 215 (Oberst Merker) noch bis Lokotnja vordringen, dann blieb die Division liegen. Die sich links davon einschiebende 252. ID. (Generalleutnant von Boehm-Bezing) stieß gleichfalls in das unwegsame Waldgebiet vor. Dabei geriet das IR. 461 (Oberst Karst) in einen Hinterhalt und mußte sich zwei Tage lang gegen überlegene Feindkräfte verteidigen. Die dritte Division des Korps — die 87. ID. (Generalleutnant von Studnitz) — gewann bis zum 23. November Lukino. Die Division hatte in den letzten vier Angriffstagen fast 1000 Gefangene gemacht, acht Panzerwagen abgeschossen und mehrere MGs erbeutet. Die eigenen Verluste betrugen in dieser Zeit 800 Gefallene, Verwundete und Vermißte. Allein das IR. 187 verlor an einem Tag sieben Offiziere!

Das IX.AK. hatte in diesen letzten Kampftagen trotz härtesten Feindwiderstandes und ungünstigster Witterung fast 30 km an Boden nach Osten gewonnen und stand damals Moskau am nächsten!

Das südlich der Moskwa angreifende VII. AK. (General d. Artillerie Fahrmbacher) stemmte sich gegen die wütenden Angriffe der neu eingetroffenen 20. Sowjetarmee, die ihr Oberbefehlshaber Generalleutnant Wlassow persönlich in die Schlacht führte. Die 267. ID. (Generalmajor von Wachter) übernahm den Schutz der Front an der zugefrorenen Moskwa. Die rechts davon vorgehende 197. ID. (Generalleutnant Meyer-Rabingen) versuchte Boden nach Osten zu gewinnen, was dieser Division erhebliche Verluste kostete. Ganz rechts stand die 7. bayerische ID. (Generalleutnant Freiherr von Gablenz) allein auf weiter Flur und versuchte, die Flanke zu sichern. Denn hier gab es keine Verbindung zum Nachbarn!

Die 4. Armee des Feldmarschalls von Kluge beteiligte sich vorerst an diesem offensiven Vorgehen nicht. Sie sollte auf ausdrücklichen Befehl des Feldmarschalls stehenbleiben, um starke Feindkräfte zu fesseln und damit den Weg für die 4. und 3. Panzerarmee in den Rücken der westlich von Moskau stehenden Feindarmeen freizuhalten.

Die 4. Armee stand Mitte November von rechts nach links in einer Front, die sich von nordwestlich Aleksin bis dicht westlich von Naro Fominsk erstreckte. Hier lagen:

| | |
|---|---|
| XIII. AK. | (General d. Infanterie Felber) mit 260., 52., 17. ID.; |
| XII. AK. | (General d. Infanterie Schroth) mit 137., 267., 98. ID; |
| LVII. Pz.K. | (General d. Panzertruppen Kuntzen) mit 19. PD., 258., 15. ID.; |
| XX. AK. | (General d. Infanterie Materna) mit 292., 183. ID., 3. ID.mot. |

Die "Rote Armee" ließ der Armee keine Zeit zur Entfaltung. Ihre Angriffe richteten sich vornehmlich gegen die Stellungen des XIII. und XII. AK. Von der Art dieser Abwehrkämpfe mit "Gewehr bei Fuß" berichteten Tagebucheintragungen von Soldaten der 260. ID., die in einem Brückenkopf südostwärts Wysokinitschi in Stellung lagen:

". . . Trichter an Trichter. Tote Pferde, tote Russen, halbe Dächer, geborstenes Gerät, zerschossene Fahrzeuge, dazwi-

schen unsere Männer. Wild und verwahrlost sehen sie aus. Und zwischen Unrat die vielen Kreuze aus Holz. . . ."
Ein anderer schrieb:
". . . Sind wir zu bedauern oder zu bewundern? Ohne Winterbekleidung, keine Handschuhe, ausbesserungsbedürftiges Schuhzeug. Wir hausen im Freien, liegen notfalls in Erdlöchern . . ."
Und schließlich noch ein dritter Soldat dieser Division:
". . . Die reinsten Schreckgespenster steigen aus dem Stroh, bleich,zusammengefallen, hohläugig mit wilden Bärten, verschmutzt, verlaust, schwarze und schmierige Hände. Drei Wochen ohne Wasser, nur Granaten, Feuer, Kampf..."

Das Stehenbleiben der 4. Armee in diesen Novembertagen erfüllte seinen Zweck nicht. Das Oberkommando der "Roten Armee" erkannte frühzeitig diese Situation und löste schon in den ersten Tagen der begonnenen Novemberoffensive vor der 4. Armee ihre Divisionen aus der Front, um diese nach Norden vor die 3. und 4. Panzerarmee zu verschieben. Innerhalb von acht Tagen zog Armeegeneral Schukow vier Schtz.-, zwei Kavalleriedivisionen, drei Panzerbrigaden und zwei selbständige Panzerregimenter ab und befahl diese an den Istra-Stausee. Dafür kamen aus dem Großraum Moskau bisher noch nicht im Kampf gestandene Milizeinheiten und aus Sibirien weitere Verbände, um vor der 4. Armee eingesetzt zu werden.
Bei der südlich anschließenden 2. Panzerarmee des Generalobersten Guderian waren von rechts nach links angesetzt:

XXXXVII. Pz.K. (General d. Panzertruppen Lemelsen)
Richtung Jefremow, Michailow, ostwärts Wenew;

| | |
|---|---|
| LIII. AK. | (General d. Infanterie Weisenberger) Richtung Wenew; |
| XXIV. Pz.K. | (General d. Panzertruppen Freiherr Geyr von Schweppenburg) Richtung Tula; |
| XXXXIII. AK. | (General d. Infanterie Heinrici) Richtung Aleksin, dabei Halten der Verbindung zur 4. Armee. |

Diese bereits stark dezimierten Korps konnten mit ihren zwölf Divisionen kaum mehr offensiv werden. Trotzdem gingen alle befehlsgemäß vor. Die 18. PD. (Generalmajor Nehring) nahm bereits am 20. November nach hartem Kampf Jefremow. Darüber hinaus erreichte die Aufklärungs-Abt. 88 der Division (Major von Seydlitz) am 24. November das Dorf Skopin bei Gorlowo. Das war der östlichste Punkt, den jemals deutsche Soldaten im Ostfeldzug gewinnen konnten!

Teile der 10. und 29. ID.mot. (Generalleutnant von Loeper, Generalmajor Fremery) schlossen an Jepifan heran, wo eine unbeschädigte Brücke über den Don gewonnen wurde. Kampfgruppen der 29. ID.mot. drangen am 23. November bis Jepifan vor. Die 10. ID.mot. stieß noch auf Michailow vor, sprengte hier die Eisenbahnlinie Woronesh — Moskau und ging dann auf 60 km Breite (!) zur Verteidigung über.

Das links noch hart um Tula ringende XXIV. Pz.K. verblutete sich auf diesem Gefechtsfeld. Die 296. ID. (Generalleutnant Stemmermann) lag dicht vor dem Südrand von Tula und mußte ihre Front immer weiter nach rechts und links ausdehnen. Die 3. PD. (Generalmajor Breith) kam nicht mehr voran. Ihr gegenüber standen in diesen Novembertagen allein drei sowjetische Schützen- und eine Kavalleriedivision. Die benachbarte 4. PD. (Generalmajor Freiherr von Langermann und Erlencamp) hatte genau so viele Gegner vor sich und focht unter letzter Kraftanstrengung im Waschanabatal. Die 17. PD. (Oberst Licht) am rechten Flügel des Korps drang zwar am 24. November in Wenew ein und stieß mit einer Kampfgruppe darüber noch 20 km nach Norden bis dicht vor Kaschira vor. Dann war auch hier die Kraft zu Ende.

Moskau war noch 80 km entfernt!

Das LIII. AK. (General d. Infanterie Weisenberger, ab 28. November Generalleutnant Fischer von Weikersthal) folgte links rückwärts gestaffelt den Panzerdivisionen. Das Korps mußte noch am 20. November mit 112. (Generalleutnant Mieth) und 167. ID. (Generalmajor Trierenberg) heftige Abwehrkämpfe bei Bogorodizk führen, ehe es in Richtung Gorlowo — Tula — Stalinogorsk vorrücken konnte. Das Korps gewann in den nächsten Tagen Boden nach Norden und erreichte Stalinogorsk am 25. November, wo es innerhalb des ausgedehnten Industrieviertels zu schweren Kämpfen kam.

Das am äußersten linken Flügel stehende XXXXIII. AK. (General d. Infanterie Heinrici) hatte für seine große Aufgabe nur zwei geschwächte Infanteriedivisionen zur Verfügung, die in einer 100 km breiten Frontlinie nach Osten vorrückten, um einerseits die Verbindung nach rechts zur 2. Panzerarmee und andererseits nach links zur 4. Armee aufrechtzuhalten.

Die 131. ID. (Generalmajor Meyer-Burgdorf) am linken Flügel hatte jede Verbindung zu den Verbänden der 4. Armee ab 20. November verloren. Die tapferen, verdreckten, hungernden und verlausten Infanteristen mühten sich trotz aller Widerstände durch Eis und Schnee und einem unerbittlichen Feind nach Osten voranzukommen. Langsam, praktisch Meter nach Meter, rückte die Division auf Aleksin, der wichtigsten Stadt dieses Abschnitts, vor.

Aleksin konnte noch mit letzter Kraft am 27. November gewonnen werden; dann waren Offiziere, Unteroffiziere, Mann-

schaften und Pferde am Ende ihrer Leistungsfähigkeit — und Fahrzeuge gab es sowieso nicht mehr.
Die zweite Division des Korps — die 31. ID. (Generalmajor Berthold) — mühte sich gleichfalls auf breitester Front mit ihren geschwächten Regimentern, die Verbindung nach rechts zu halten und den Anschluß nach links nicht zu verlieren. Vor ihrer Front hatten sich gerade starke Teile der 50. Sowjetarmee versammelt, die unentwegt zu Gegenangriffen übergingen und auf deutscher Seite viele Ausfälle hervorriefen.
Es waren die Tage, über die der Armeeoberbefehlshaber an seine Familie nach Deutschland schrieb:

> ". . . Die eisige Kälte, die elenden Unterkünfte, die mangelhafte Bekleidung, die hohen Verluste an Menschen und Material, der klägliche Brennstoffnachschub machen die Kriegführung zu einer Qual. . . ."

Die Schlacht um Moskau stand in der letzten Novemberwoche 1941 auf ihrem Höhe- und Wendepunkt. Die STAVKA — das Oberkommando der "Roten Armee" — karrte von allen möglichen Stellen der langen Ostfront Truppen in den bedrohten Raum westlich von Moskau und warf diese den geschwächten deutschen Angriffsverbänden entgegen. Dazu setzte sie alle erreichbaren Kampffliegergeschwader ein, denen sich kaum mehr ein deutsches Jagdflugzeug entgegenstellte. Das Kriegstagebuch der 2. Panzerarmee meldete deshalb am 24. November u.a.:

> "Starke feindliche Lufttätigkeit. Bomben- und Tieffliegerangriffe, die zu Verlusten führen. Die Truppe bedauert das Fehlen der eigenen Flieger. . . ."

Die Verstärkung der "Roten Armee" machte sich zuerst am linken Flügel der Heeresgruppe bei der schon geschwächten 9. Armee bemerkbar. Hier griffen die neuen Divisionen der russischen Heeresgruppe "Kalininfront" mit unerbittlicher Härte

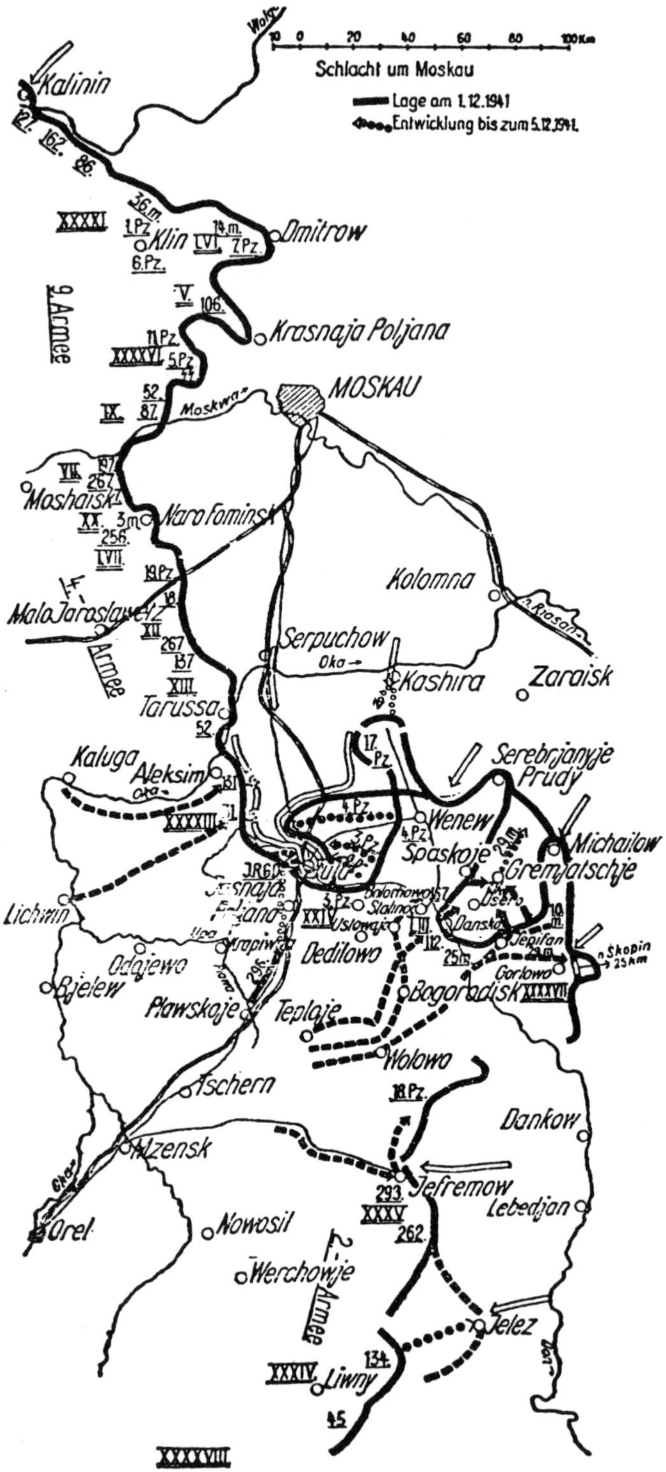
Schlacht um Moskau
Lage am 1.12.1941
Entwicklung bis zum 5.12.1941
10 0 20 40 60 80 100 Km
Wolga
Kalinin
Dmitrow
Klin
Krasnaja Poljana
MOSKAU
Moskwa
Moshaisk
Naro Fominsk
Malo Jaroslawetz
Serpuchow
Oka
Kolomna
Kashira
Zaraisk
Tarussa
Kaluga
Aleksin
Serebrjanyje Prudy
Wenew
Michailow
Spaskoje
Gremjatschje
Tula
Lichwin
Dedilowo
Odojewo
Bjelew
Plawskoje
Teploje
Bogorodisk
Gorlowo
Skopin 25 km
Wolowo
Tschern
Dankow
Mzensk
Jefremow
Lebedjan
Orel
Nowosil
Werchowje
Jelez
Liwny
Don
9. Armee
4. Armee
2. Armee
XXXXI
LVI
V
XXXXVI
IX
VII
XX
LVII
XII
XIII
XXXXIII
XXIV
LIII
XXXXVII
XXXV
XXXIV
XXXXVIII
1.Pz.
6.Pz.
7.Pz.
11.Pz.
5.Pz.
19.Pz.
17.Pz.
4.Pz.
3.Pz.
18.Pz.
36.m.
14.m.
3.m.
29.m.
10.m.
25.m.
106.
86.
162.
129.
52.
87.
197.
267.
258.
137.
131.
112.
296.
293.
262.
134.
45.

an. Es entstand eine Lücke zur benachbarten Heeresgruppe Nord von 15 km Breite, die von der 9. Armee nicht mehr geschlossen werden konnte. Der Angriff der Feindverbände erstreckte sich jetzt auf ganzer Armeebreite. Allein am 27. November mußte das VI. AK. — und hier besonders die 26. ID. (Generalmajor Weiß) — an der Eisenbahnlinie Torshok — Rshew Feindvorstöße abwehren, die von schwerster Artillerie unterstützt wurden. Ein weiterer Schwerpunkt zeichnete sich im Raum um Kalinin ab, wo die Kämpfe bis Ende November unvermindert anhielten, auch als hier die Temperaturen inzwischen auf minus 25 Grad gesunken waren. Doch konnte die Armee im großen ganzen ihre bis Ende Oktober erreichte Frontlinie halten!

Die rechts von ihr vorgehende 3. Panzerarmee hatte vom Heeresgruppenkommando am 27. November den Befehl erhalten, unverzüglich über den Moskwa-Wolga-Kanal zu setzen und in Richtung auf Krassnaja Poljana vorzustoßen, um dadurch dem liegengebliebenen Angriff der 4. Panzerarmee voranzuhelfen.

Der erste Brückenkopf über den Kanal wurde im Handstreich von Teilen der 7. PD. noch am 28. November gebildet. Eine Kampfgruppe der Division unter Führung von Oberst von Manteuffel, bestehend aus dem Schtz.Rgt. 6 und Teilen des Pz.Rgt. 25, stürmte im kühnen Handstreich über die unbeschädigte Brücke bei Jachroma, kämpfte einen russischen Panzerzug nieder und zerstörte das hier stehende Elektrizitätswerk, das große Teile Moskaus mit Strom belieferte.

Stalin selbst erkannte als Erster die Gefahr für seine Hauptstadt und ordnete per Telefon rigorose Gegenangriffe zur Beseitigung dieses Brückenkopfes an. Armeegeneral Schukow ließ von anderen Frontstellen alle erreichbaren Panzerbrigaden herankarren, die sofort zum Gegenangriff übergingen, während Milizeinheiten, vermischt mit Zivilisten das Ostufer des Kanals südlich Jachroma befestigten. Deshalb blieben die langsam aufschließenden Bataillone der 14.ID.mot. und der 36.ID.mot. am Westufer des Kanals liegen, um wenigstens den linken Flügel der 7. PD. zu sichern. Die später herankommende 6. PD. schob sich langsam von rechts her an die 7. PD. heran.

Doch schon am Abend des 28. November rollten die von schweren "T-34"-Panzern vorgetragenen sowjetischen Angriffe gegen die kleine Kampfgruppe des Obersten von Manteuffel. Die wenigen deutschen Kampfwagen der Typen "P-III" und "P-IV" des Pz.Rgts. 25 waren den feindlichen Kampfwagen von vornherein waffen- und motorenmäßig unterlegen und verschossen bald ihre Munition. Oberst von Manteuffel entschloß sich, noch am 29. November den Brückenkopf zu räumen und zog sich auf das Westufer des Moskwa-Wolga-Kanals zurück.

Endlich — am letzten Novembertag — schob sich von Kalinin her das XXXXI. Pz.K. (General d. Panzertruppen Model) nach vorn. Das Korps warf nun den gegenüberliegenden Feind zurück und drängte ihn nach Südosten ab. Verbindung mit der 6. PD. wurde hergestellt.

Da geriet die 23. ID. südlich Federowka in einen Hinterhalt und mußte sich tagelang nach allen Seiten freikämpfen, bis die Kampfgruppen der 1. PD. heran waren. Diese schlugen die Infanteristen heraus und erreichten den Kanal bei Lobnja. Damit standen beide Korps der 3. Panzerarmee am Moskwa-Wolga-Kanal von westlich Dmitrow bis zum Nordrand des großen Wolga-Staubeckens bei Krassnaja Poljana.

Doch in diese Richtung hatte sich inzwischen gleichfalls die 4. Panzerarmee vorangekämpft.

Die am linken Armeeflügel angreifende 2. PD. stieß mit den beiden gemischten Kampfgruppen des Obersten Rodt und des Oberstleutnant Decker entlang der Straße Solnetschnogorsk —

Moskau vor, rückte dann nach Osten und gewann die Orte Chmetjewo, Buntjeicha, Kluschino und bildete hier einen Brückenkopf bei Kljasma.

Die Kampfgruppe des Oberstleutnantes Decker (II./Pz.Rgt. 3, I./Schtz.Rgt. 2, I./AR. 74, Teile Kradschtz.Btl. 2, 1./Pz.Jäg. Abt. 38 und zwei Züge Fla-Btl. 47) stieß bei dichtem Schneetreiben durch das unwegsame Waldgebiet über Starodalnaja auf Babaicha. Die Kampfgruppe Oberst Rodt (Schtz.Rgt. 304, I./Pz.Rgt. 3, II./AR. 74, 2./Pionier-Btl. 38 und 2./Pz.Jäg. Abt. 38) besetzte am 30. November Krassnaja Poljana, Putschki und Katjuschki. Hier standen die Soldaten des I./Schtz.Rgt. 304 (Major Buck) mit Teilen der Kradschützen und Pioniere am Moskauer Bahnhof. Das II. Bataillon desselben Regiments unter Major Reichmann gewann noch Gorki, von wo aus ein Stoßtrupp des Pionier-Btl. 38 bis zum Bahnhof Lobnja vordrang und die Schienenanlage sprengte.
Von hier waren es genau noch 17 km bis zum Stadtrand von Moskau und 27 km bis zum Kreml!
Die rechts der 2. PD. vorgehende 106. ID. (Generalmajor Dehner) hatte Schritt mit dem rechten Flügel des V. AK. gehalten und verlor nicht die Verbindung zu der rechts von ihr vorgehenden 11. PD. unter Generalmajor Scheller. Diese Panzerdivision befreite die Männer der 106. ID. am Monatsende aus einer mißlichen Lage bei Lopotowo und Alabuschewo. Dann drehten beide Divisionen weiter nach Süden ein, gewannen im gemeinsamen Vorgehen Matuschino und Krjukowo.
Eine Kampfgruppe, bestehend aus Teilen des IR. 240 und des Flak-Rgt. 52 arbeitete sich bei 40 Grad minus bis zum Bahnhof Krjukowo, der Endstation der Moskauer Vorortbahn heran. An einer Straßenkreuzung zeigte ein Wegweiser nur noch 22 km bis Moskau!

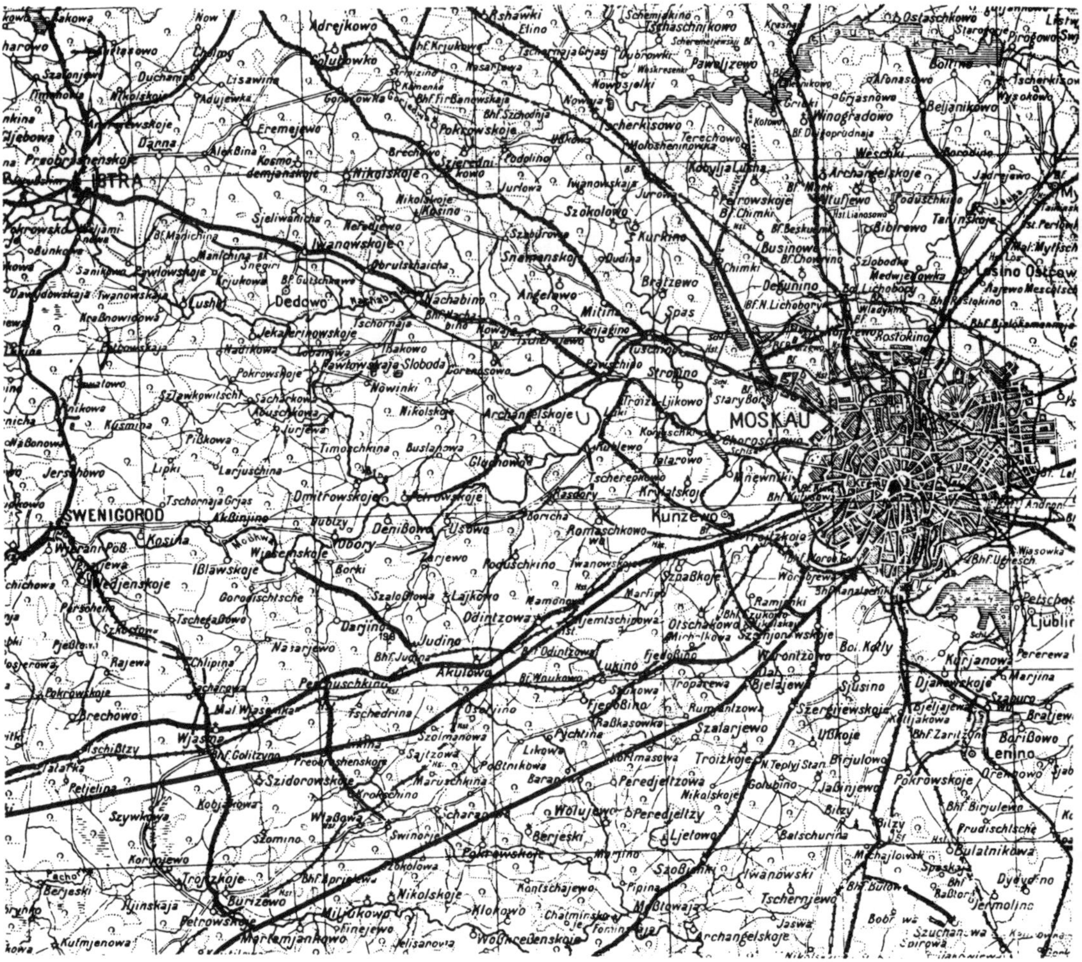


DAS SCHLACHTFELD ZWISCHEN ISTRA-SWENIGOROD-MOSKAU

Die südlich der Straße Solnetschnogorsk — Moskau vorgehende 35. ID. (deren Führung am 1. Dezember Generalmajor Freiherr von Roman übernahm) kämpfte sich sogar noch weiter nach Südosten voran. Die Soldaten litten schwer unter der Kälte, die sämtliche automatischen Waffen eingefrieren ließ. Doch die Kampfgruppen der drei Regimenter 34, 109 und 111 fochten mit Kanonieren, Pionieren, Nachrichtenmännern, Sanitätern, Panzerjägern und Troßleuten Seite an Seite und arbeiteten sich immer weiter nach Südosten, Moskau entgegen. Pioniere des hier eingesetzten Heeres-Pionier-Btl. 62 kamen bis zum Bahnhof Chimki vor und sprengten diesen in die Luft. Da waren es nur noch 16 km bis zum Kreml!
Das war die Stelle, an der deutsche Soldaten Moskau am nächsten standen!

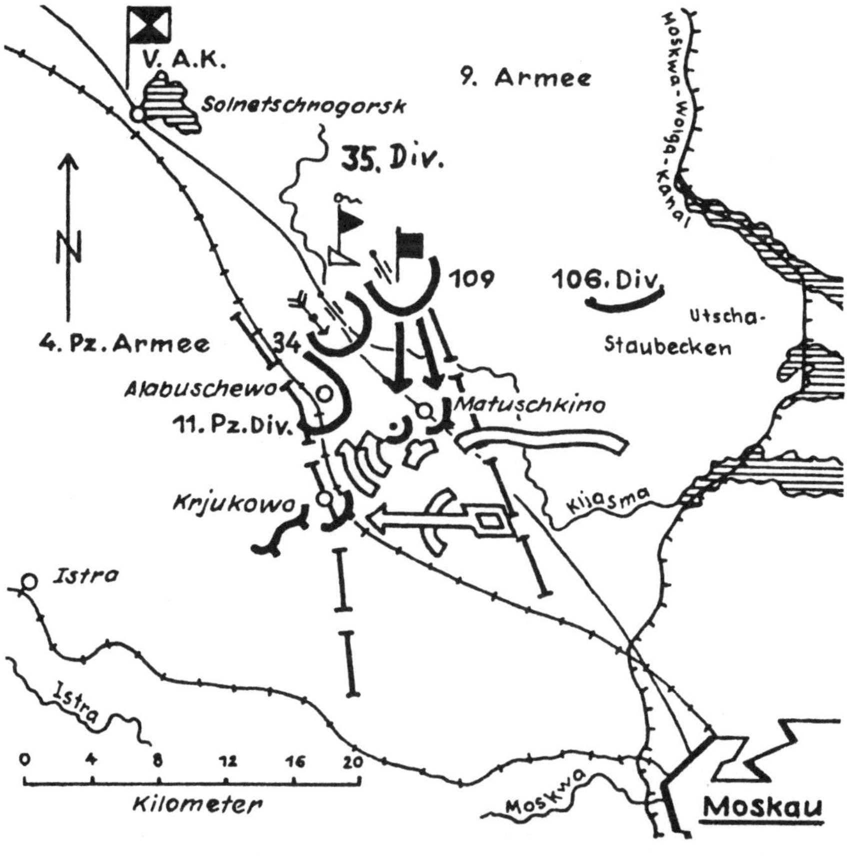

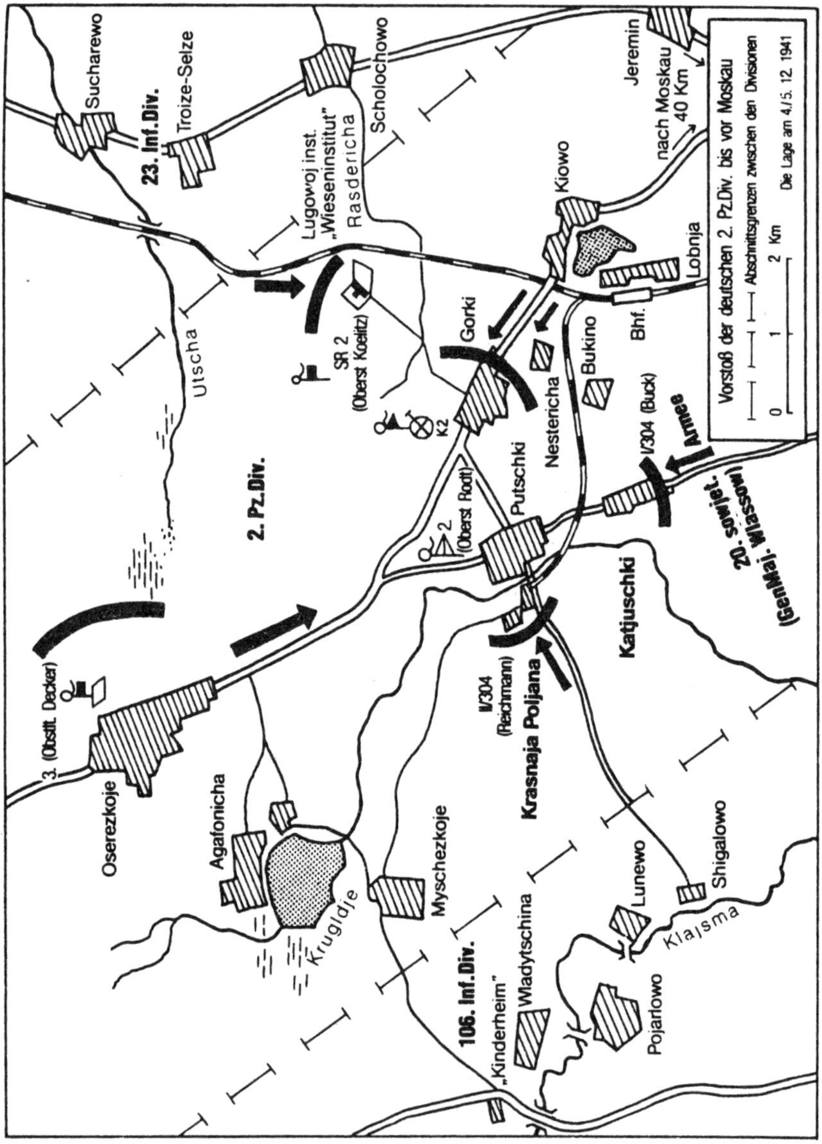

Sucharewo
Troize-Selze
23. Inf.Div.
Scholochowo
Lugowoj inst.
„Wieseninstitut"
Rasdericha
Utscha
Jeremin
nach Moskau
40 Km
Kiowo
Lobnja
Bhf.
Bukino
Gorki
SR 2
(Oberst Koelitz)
K2
Nestericha
I/304 (Buck)
20. sowjet. Armee
(GenMaj. Wlassow)
Putschki
2
(Oberst Rodt)
2. Pz.Div.
3. (Obstlt. Decker)
Oserezkoje
Agafonicha
Kruglоje
Myschezkoje
II/304
(Reichmann)
Krasnaja Poljana
Katjuschki
Shigalowo
Lunewo
Klajsma
Pojarlowo
Wladytschina
„Kinderheim"
106. Inf.Div.
Vorstoß der deutschen 2. Pz.Div. bis vor Moskau
Abschnittsgrenzen zwischen den Divisionen
0 1 2 Km
Die Lage am 4./5. 12. 1941

Das XXXX. Pz.K. arbeitete sich zur gleichen Zeit mühsam beiderseits der Wolokolamsker Chaussee — 5. PD. links, SS-PD. "Das Reich" Mitte und 10. PD. rechts — von Nordwesten her an Moskau heran. Die Angriffskraft des Korps war allerdings durch die schweren Kämpfe am Istra-Staubecken und um Istra selbst fast erschöpft. Die Temperaturen waren hier auf minus 32 Grad gesunken. Die Panzermotoren waren eingefroren und mußten jedesmal beim Starten vorgewärmt werden. Die Verschlüsse der MGs öffneten sich sowieso nicht mehr,und die Wollhandschuhe der Männer froren an den eiskalten Waffen an.

Ein junger Offizier vom SS-Rgt. "Deutschland" beschrieb seine Eindrücke:

> "So können wir uns nur schrittweise unserem Endziel Moskau nähern. Um uns ist eisige Kälte — und das bei schlechter Unterkunft und ungenügender Verpflegung der kämpfenden Truppen. Die Nachschubschwierigkeiten wachsen ständig. Sie sind die Hauptursache unserer Not. Wir wären sonst dem Ziele schon viel näher.
>
> Dennoch erringt die Truppe in übermenschlichen Anstrengungen einen Vorteil nach dem anderen und kämpft sich in bewundernswerter Geduld durch alle Widrigkeiten hindurch.
>
> Vielfach haben sich die Soldaten russische Mäntel und Pelzmützen beschafft und sind kaum noch als deutsche Soldaten zu erkennen. Überall fehlt die Winterbekleidung, alle sind verlaust. Das Anlaufen der Motoren muß durch Anzünden von Feuern unter den Wannen erleichtert werden. Der Betriebsstoff ist teilweise gefroren, das Motorenöl wird dick, und es fehlt das Glysantin, um das Einfrieren des Kühlwassers zu verhindern.
>
> Die verbliebene geringe Gefechtsstärke der Einheiten wird

fortlaufend durch Abgänge an Erfrierungen weiter vermindert. Allzu großen Belastungen darf die Truppe nicht mehr ausgesetzt werden. Es naht der Tag, an dem die Truppe nicht nur am Ende ihrer Kraft ist, sondern die zahlreichen Abgänge an Verwundeten, Erfrierungen und Toten die Gefechtsstärken der Kompanien vollends auflöst.

Dazu kommt, daß die Maschinenwaffen der Gruppen und Züge durch die große Kälte oft versagen, weil sich kein Schloß mehr in den Maschinengewehren bewegt, was natürlich bei einem feindlichen Angriff oder Gegenstoß eine weitere tödliche Gefahr bedeutet.

Diese kämpfenden und halberfrorenen deutschen Fronttruppen stehen und liegen in der unerbittlichen Kälte, die bisweilen bis über 45 Minusgrade absinkt, in ihrer normalen Uniform, ihren normalen Lederstiefeln, ohne Handschuhe, ohne Überschuhe, ohne Schals dem gnadenlosen Kampf und Winter ausgesetzt.

Ganz im Gegenteil dazu stellen wir täglich bei den russischen Gefangenen fest, daß sie das Beste tragen, was man sich überhaupt für die winterliche Ausrüstung vorstellen kann. Ihre dicken Winteruniformen sind durchgehend mit Watte gefüttert. Sie tragen durchweg Filzstiefel, Pelzfäustlinge und Pelzmützen. Um nicht selbst zu erfrieren, besorgen sich die deutschen Soldaten von den steifgefrorenen Toten diese wertvollen Winterbekleidungsstücke; denn die Erhaltung der Körperwärme ist einfach eine elementare Notwendigkeit, um zu überleben."

Und weiter ging es! Die beiden Bataillone des SS-Regiments "Deutschland" — unter Führung der Sturmbannführer Schulz und Meyer, die beide an diesem Tag schwer verwundet wurden — traten entlang des Weges Rschdestweno — Lenino an. Beide Bataillone stießen auf heftigsten Widerstand, der unter Einsatz von zwei eigenen Sturmgeschützen gebrochen wurde. Die Verluste stiegen von Stunde zu Stunde und erst mit Dunkelwerden gelang es von Osten her in Lenino einzudringen. Glücklicherweise hatten Kampfgruppen des Regiments "Der Führer" (Obersturmbannführer Kumm) fast zur selben Zeit das Industrieviertel Lenino erreicht und säuberten es nach schwerem Kampf. Erst kurz nach Mitternacht war Lenino fest in der Hand der SS-PD. "Das Reich".

Die 1. Kompanie des SS-Kradschützen-Btl. stieß noch bis zur Endhaltestelle der Moskauer Straßenbahn vor.

Von da waren es noch 17 km bis zum Stadtrand von Moskau!

Das IX. AK. des Generals d. Infanterie Geyer blieb mit seinen drei Divisionen (von links nach rechts) 252., 87. und 78. ID. nach wie vor im Angriff nördlich der Moskwa und schirmte den rechten Flügel der 4. Panzerarmee ab. Ein Lagebericht der am weitesten im Osten stehenden 87. ID. (Generalleutnant von Studnitz) — es war die Division, die im Westfeldzug 1940 Paris besetzte — vom 30. November sagte aus:

> "Von Seiten des Korps wird zwar darauf gedrängt, die Kräfte zu schonen und die Truppe für weiteren Angriff frisch zu erhalten. Vergeblich weist der Ia den Kommandierenden darauf hin, daß in dieser Lage von Ausruhen und Auffrischen der Truppe keine Rede sein könne, daß vielmehr die laufenden Ausfälle an Erfrierungen die Verluste durch Feindeinwirkung übersteigen. Und daß bei dem ununterbrochenen Einsatz bei Tage und bei Nacht die Nervenkraft der Männer zusehends nachließe. Auch der Befehl, durch vermehrtes Eingraben Kräfte zu sparen, sei leichter gegeben als durchgeführt. Bei 20° unter Null sei es der Truppe, wie sie sich auch mühe, nicht möglich, tief genug in den steinhart gefrorenen Boden zu kommen, um Schutz vor feindlichem Artilleriefeuer zu finden. Die Erfrierungsfälle häuften

sich so stark, daß die Kompanieführer sich vielfach gezwungen sähen, das Risiko eines Artillerietreffers auf ein überbelegtes Haus auf sich zu nehmen, um ihre Männer einigermaßen vor der schneidenden Kälte geschützt zu wissen."

Das Korps verblieb weiterhin im zähen Vorgehen und erreichte bis 1. Dezember Anbuschkowo (links), Piskowo (Mitte) und Jerschowo (rechts) und beherrschte mit Infanterie- und Pakgeschützen das Moskwatal. Die Soldaten der 87. ID. (Generalleutnant von Studnitz) und der 252. ID. (Generalleutnant von Boehm-Bezing) standen nur noch 20 km von Moskau entfernt. Im Kriegstagebuch der 87. ID. wurde verzeichnet:

"3.12.41: Das III./IR. 173 ist um 6.00 Uhr erneut angetreten und hat bis Mittag Masslowo genommen und Sicherungen vorgeschoben. Und diese Männer vom Infanterieregiment 173, die bei 30° Kälte am Nachmittag des 3.12.1941 dort am Waldrand ostwärts Masslowo auf Posten standen und hinabschauten auf die Einmündung der Istra in die Moskwa — keine 20 km mehr bis zum Stadtrand von Moskau, dessen Türme bereits in Sicht waren — können sich mit Stolz rühmen, zu denjenigen deutschen Soldaten zu gehören, die im Zweiten Weltkrieg der Hauptstadt des Russischen Reiches am nächsten gekommen sind!"

Rechts von diesen Einheiten stritt das VII. AK. (General d. Artillerie Fahrmbacher) nördlich der Rollbahn Wjasma — Moskau um jeden Meter Boden. Aufgabe des Korps war es, die russische Verteidigungsstellung zwischen dem Nara-See und dem Moskwa-Knie aufzubrechen. Die 267. ID. (Generalmajor von Wachter) blieb nördlich der Rollbahn unter schweren Abwehrkämpfen liegen. Auch die beiden anderen Divisionen — 197. ID. (Generalleutnant Meyer-Rabingen) und die 7. ID. (Generalleutnant Freiherr von Gablenz) — kamen nicht mehr weiter und steckten vor der See-Enge vor Kubinka fest.

Da endlich befahl Feldmarschall von Kluge den Angriff seiner gesamten 4. Armee. Das XX. AK. (General d. Infanterie Materna) trat am 1. Dezember mit allen Divisionen gleichzeitig an. Links stand die 3. ID.mot. (Generalleutnant Jahn), dann folgten 258. ID. (Generalmajor Pflaum) und 292. ID. (Generalmajor Seeger). Ganz rechts — noch westlich von Naro Fominsk — schloß sich die 183. ID. (Generalmajor Dettling) an.
Bei 30° Kälte wurden die russischen Feldbefestigungen durchbrochen. Die 292. ID. nahm mit dem IR. 507 (Oberst Hahne) Akulowo, 57 km vor Moskau. Die am rechten Flügel angreifende 183. ID. blieb nach Anfangserfolgen liegen. Dagegen gewannen 3. ID.mot. und 258. ID. schnell an Boden. Das IR. 59 — das alle Kompanieführer verlor — nahm die wichtige Stadt Naro Fominsk und stieß noch fünf Kilometer weiter nach Osten.
Die 258. ID. war am erfolgreichsten. Sie stellte eine Kampfgruppe unter Major Bracht (Aufkl.Abt. 53 (mot.), 1./Pz.Jäg.Abt.258 und 1./Heeres-Fla-Btl. 611) zusammen, die im Sturmlauf Juschkowo, 44 km vor Moskau nahm. Noch weiter kamen die Männer des II. und III./IR. 478 unter Major Staedtke, die den Exerzierplatz der Moskauer Garnison, Burzewo, stürmten und sich hier in den armseligen Hütten festsetzten.
Es war der Ort, der Moskau am nächsten lag und von der 4. Armee erreicht wurde.
Die übrigen Korps der 4. Armee — LVII. Pz.K. mit 20. PD., 19. PD., 15. ID.; XII. AK. mit 98., 34., 137. und 17. ID.; XIII. AK. mit 17., 260., 52. und 268. ID. — beteiligten sich nicht an diesem Angriff und mußten sich in den letzten Novembertagen den gewaltsamen Vorstößen der 43. und 49. Sowjetarmee beugen.
Die Berichte des OKW gaben der deutschen Bevölkerung

kaum Kenntnis von der Schwere der Schlacht. Nur karge Sätze vermittelten den Angehörigen der Millionen von Soldaten das Geschehen vor Moskau. So brachten die OKW-Berichte die lakonischen Meldungen:

25.11.:
"– Die Angriffskämpfe im mittleren Abschnitt der Ostfront verlaufen weiterhin erfolgreich."

26.11.:
"– Im mittleren Abschnitt der Ostfront brachten unsere gestrigen Angriffe erheblichen Raumgewinn."

27.11.:
"– Im mittleren und nördlichen Abschnitt der Ostfront wurden weitere Fortschritte erzielt. Sowjetische Angriffe bei und nördlich Rostow wurden unter schweren Verlusten des Gegners abgewiesen."

28.11.:
"– Im mittleren Abschnitt der Ostfront wurden starke feindliche Verteidigungsstellungen durchbrochen."

29.11.:
"– Im Angriff auf Moskau wurden weitere Fortschritte erzielt."

30.11.:
"– Im Raum von Moskau gewann der Angriff der Infanterie- und Panzerverbände weiter an Boden."

1.12.:
"– Im Raum von Moskau angreifende Infanterie- und Panzerverbände sind im weiteren Vordringen gegen die sowjetische Hauptstadt."

2.12.:
"– Im Kampfgebiet vor Moskau drangen die deutschen Truppen an weiteren Abschnitten tief in das feindliche Ver-

teidigungssystem ein."

3.12.:

"— An der Front vor Moskau gewannen die von starken Kampf-und Sturzkampffliegerverbänden unterstützten Angriffe unserer Infanterie- und Panzerverbände trotz zähen Widerstands und örtlichen Gegenstößen des Feindes weiter an Boden. Bei diesen Kämpfen wurden gestern insgesamt 20 feindliche Panzer vernichtet."

Feldmarschall von Bock schrieb am 1. Dezember in sein privates Tagebuch die folgenden Sätze, die den Ernst der militärischen Lage am besten darstellten:

"Der Gedanke, daß der Feind vor der Heeresgruppe 'zusammenbricht', war, wie die Kämpfe der letzten 14 Tage lehren, ein Traumbild. Stehenbleiben vor den Toren von Moskau, wo sich das Bahn- und Straßennetz fast ganz Ostrußlands vereinigt, ist gleichbedeutend mit schweren Abwehrkämpfen gegen einen zahlenmäßig überlegenen Gegner. Dem sind die Kräfte der Heeresgruppe auch für begrenzte Zeit nicht mehr gewachsen. . . Der Angriff erscheint somit ohne Sinn und Zweck."

Die allgemeine Lage hatte sich Ende November noch am günstigsten bei der 2. Panzerarmee gezeigt. Das Heeresgruppenkommando befahl nun am 28. November der Armee jeden weiteren Angriff einzustellen und Tula zuerst zu nehmen. Der Befehl Generaloberst Guderians an seine Truppen lautete auszugsweise:

"1. Feind steht weiterhin in Stellung nördlich des Schat mit zurückgebogenem Ostflügel in der Linie Dubki-Romanowa-Leshka-Iwrowka mit vorgeschobener Sicherung in Grezowo. . . .
Die Feindlage im Wald nordostwärts Tula ist noch ungeklärt. . . .

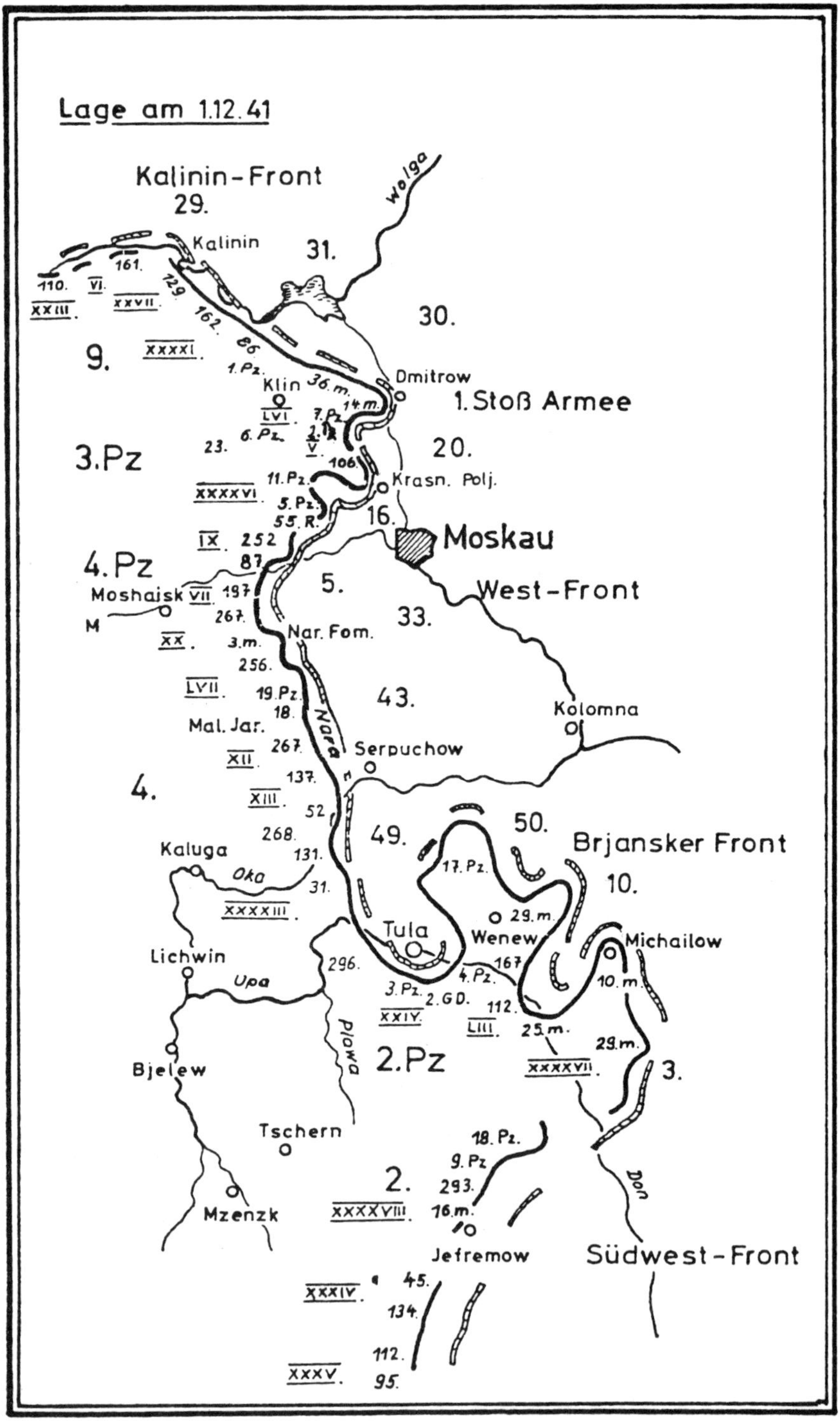
Lage am 1.12.41
Kalinin-Front
29.
Wolga
Kalinin
31.
161.
110.
VI.
XXIII.
XXVII.
129.
162.
86.
30.
9.
XXXXI.
1. Pz.
Dmitrow
Klin
36. m.
14. m.
1. Stoß Armee
LVI.
7. Pz.
6. Pz.
V.
20.
3. Pz
23.
106.
11. Pz.
Krasn. Polj.
XXXXVI.
5. Pz.
55. R.
16.
Moskau
IX.
252
4. Pz
87.
5.
197
West-Front
Moshaisk
VII.
267.
33.
M
XX.
3. m.
Nar. Fom.
256.
LVII.
19. Pz.
43.
18.
Nara
Kolomna
Mal. Jar.
267.
Serpuchow
XII.
137.
4.
XIII.
52
268.
49.
50.
Brjansker Front
Kaluga
131.
17. Pz.
10.
Oka
31.
XXXXIII.
29. m.
Tula
Wenew
Michailow
Lichwin
296.
167
Upa
4. Pz.
10. m.
3. Pz.
2. GD.
112.
XXIV.
LIII.
25. m.
Plawa
29. m.
2. Pz
XXXXVII.
3.
Bjelew
Tschern
18. Pz.
9. Pz.
Don
2.
293.
Mzenzk
XXXXVIII.
16. m.
Jefremow
Südwest-Front
XXXIV.
45.
134.
112.
XXXV.
95.

Die Lage in Tula selbst ist unverändert.
Bei 17. PD., die auf die Linie beiderseits Kotschinka zurückgenommen wurde, ist Feind nur zögernd gefolgt.

2. XXIV. Pz.K. tritt am 2.12. mit 4. PD. rechts — hier Schwerpunkt — und 3. PD. links aus dem Raum südwestlich Wenew zum Angriff nach Westen an und stößt bis zur Straße Tula — Serpuchow zur Vereinigung mit dem XXXXIII. AK. durch. 4. PD. wird hierzu am 2.12., 4.00 Uhr, aus dem Raum um und südlich Wenew antreten. . . .
   3. PD. greift am 2.12. tief gegliedert aus dem Raum Gryslowo — Apeschkowo — Chrusslowka in allgemeiner westlicher Richtung an . . .
   . . . bis zur Straße Tula — Serpuchow vorgehend, um Tula von Norden abzuschließen. . . ."

Damit war der Schwerpunkt dieses letzten Angriffs eindeutig zum XXIV. Pz.K. (General d. Panzertruppen Freiherr Geyr von Schweppenburg) verlegt. Die anderen beiden Korps am rechten Armeeflügel — LIII. AK. und XXXXVII. Pz.K. — mußten in den bisher erreichten Stellungen stehen bleiben, während das stark geschwächte XXXXIII. AK. des Generals d. Infanterie Heinrici noch versuchte, südlich von Aleksin entlang des Upa-Flusses auf Tula vorzugehen, um hier die Verbindung mit dem vom Osten angreifenden XXIV. Pz.K. herzustellen.
Die Schlacht um Tula, die bereits seit dem 28. Oktober im vollen Gange war, sollte nun in die letzte Phase treten, um endlich das starke Bollwerk im Süden Moskaus zu Fall zu bringen. Der Angriff des XXIV. Pz.K. begann planmäßig am frühen Morgen des 2. Dezember bei minus 30 Grad. Die Kampfgruppen der 4. PD. (Generalmajor Freiherr von Langermann und Erlencamp)

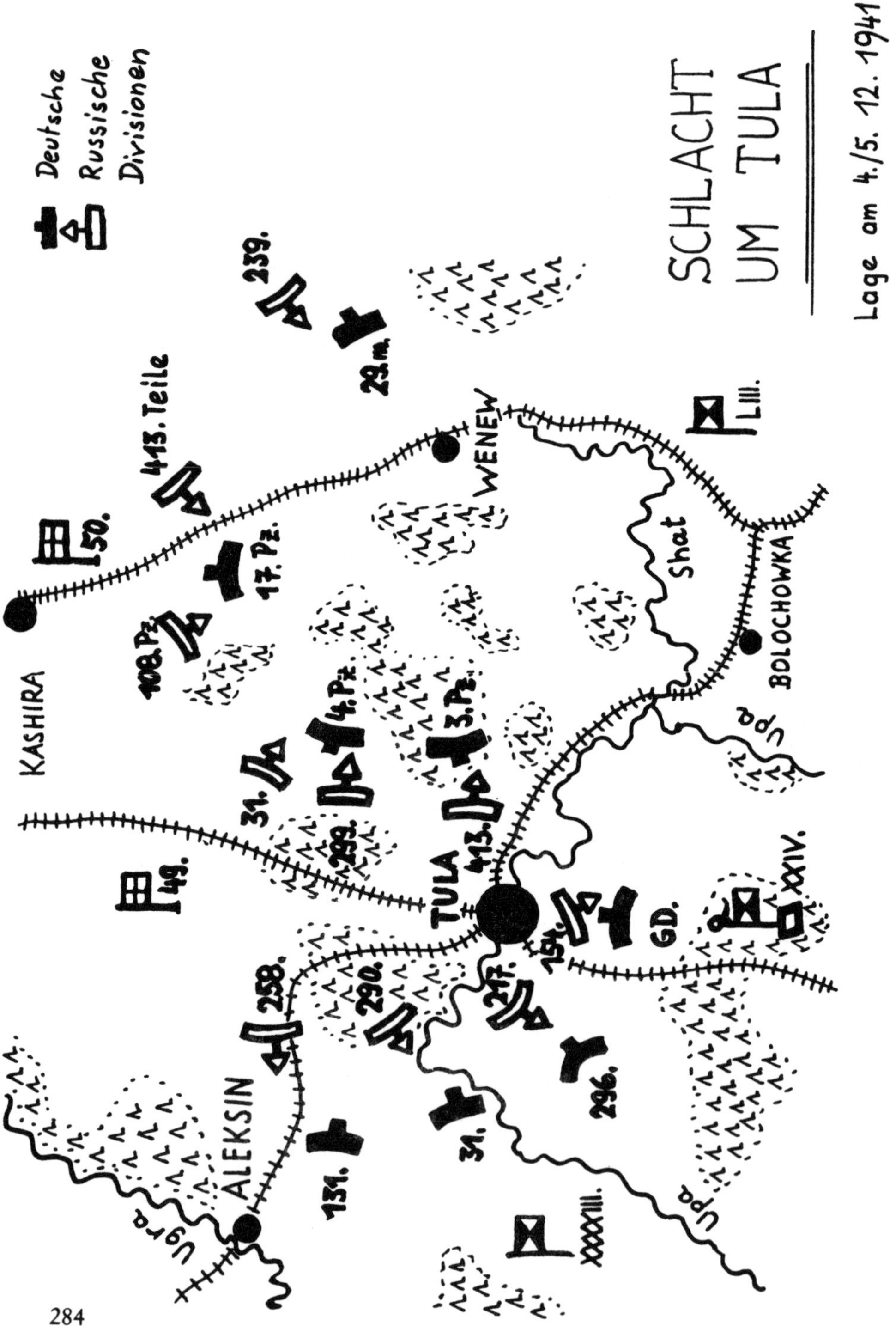
SCHLACHT
UM TULA
Lage am 4./5. 12. 1941
Deutsche
Russische
Divisionen
KASHIRA
ALEKSIN
TULA
WENEW
BOLOCHOWKA
Shat
Upa
Ugra
50.
49.
413. Teile
17. Pz.
108. Pz.
4. Pz.
3. Pz.
31.
299.
413.
239.
29. m.
LIII.
XXIV.
GD.
154.
217.
296.
31.
290.
258.
131.
XXXXIII.

kamen nach Überwindung starken Widerstands der 31. und 299. Sowjetdivisionen bis Rudnewo vor. Die 3. PD. (Generalmajor Breith) gewann am frühen Nachmittag Torschowo, wobei das linke Regiment — Schtz.Rgt. 394 — mit dem IR.mot. "Großdeutschland" bis südwestlich Dubki vorkam. Dann blieben alle weiteren Angriffe stecken. Nur in den frühen Morgenstunden des nächsten Tages drangen einige verwegene Männer von "Großdeutschland" in den Ort ein.
Die Aufkl. Abt. der 4. PD. kam am nächsten Tag bei Kostrowo an die Straße Tula — Serpuchow sogar heran. Damit war Tula von Moskau abgeschnitten! Die Männer der 4. PD. klammerten sich nun in den Schneelöchern fest und warteten auf Verstärkung — doch diese kam nicht mehr. Der linke Nachbar — die 3. PD. — konnte nicht weiter. Die Verluste waren einfach zu hoch. Das Schtz.R. 394 (Oberstleutnant Zimmermann) verlor an einem Tag allein 47 Gefallene.
Die Temperaturen betrugen an diesem Tag minus 27 Grad und sanken in der Nacht auf minus 31 Grad; da war eine offensive Kriegführung nicht mehr möglich.
Lediglich die gepanzerte Gruppe der 4. PD. (Oberst Eberbach) kam am dritten Schlachttag noch bis Kostrowo vor. Von hier fehlten nur noch 15 Kilometer bis zu der Infanteriespitze des XXXXIII. AK., die im tiefen Schnee festlag — dann wäre Tula eingeschlossen gewesen! Aber keiner hatte mehr die Kraft, diese Lücke zu schließen. General d. Infanterie Heinrici, Kommandierender General des XXXXIII. AK., hatte alle noch verfügbaren schweren Waffen an den rechten Flügel seines Korps zur 31. ID. (Generalmajor Berthold) verlegt.
Die Männer dieser schon stark geschwächten Division griffen am 4. Dezember befehlsgemäß an. (Sie hatten seit Tagen keinen warmen Bissen mehr gegessen!) Es gelang trotz beißender Kälte und fanatischen Widerstands der 217. und 290. Sowjetdivision

in die erste feindliche Grabenstellung einzudringen. Dann blieb die Division liegen — die Verluste waren zu hoch. Allein das IR. 82 meldete am Abend den Ausfall von 100 Gefallenen und 800 Erfrierungen! Das III./IR. 17 — das die Tradition der "Goslaer Jäger" fortführte — verblutete und erfror an diesem Tag.

Da konnte auch die rechts benachbarte 296. ID. (Generalleutnant Stemmermann) nicht mehr weiterhelfen. Bei minus 35 Grad waren weder Offiziere, Unteroffiziere, Mannschaften und vor allem die Waffen in der Lage zu kämpfen!

Dagegen griffen auf einmal neue Kräfte der 50. Sowjetarmee von Norden und Osten an. Die Regimenter drangen zwischen 4. PD. und 17. PD. und brachen auf 150 km Breite gegen die notdürftig eingerichteten Verteidigungsstellungen der 18. PD. und 10. ID.mot.

Die Schlacht um Tula bekam am 4. Dezember ihre entscheidende Wende . . .

Die am rechten Flügel der Heeresgruppe Mitte weit auseinandergezogene nach Osten vorgehende 2. Armee (General d. Panzertruppen Schmidt) hielt notdürftig die Verbindung zur 2. Panzerarmee nach links; zur 6. Armee der Heeresgruppe Süd klaffte schon seit Wochen ein Loch.

Der letzte Erfolg der 2. Armee zeichnete sich in den ersten Dezembertagen ab. Hier hatte sich das XXXIV. AK. des Generals d. Infanterie Metz mit 45. ID. (Generalleutnant Schlieper) rechts und 134. ID. (Generalleutnant von Cochenhausen) links beiderseits Liwny vorgehend der bedeutenden Stadt Jelez an der Sossna genähert. Mit dem Fall dieses Bollwerkes konnte dann endlich die Winterstellung erreicht und gehalten werden. Ein erster Angriff der 45. ID. auf Jelez scheiterte, dann stellte sich die 134. ID. bereit. Doch das zu überwindende Gelände war offen und bot kaum Schutz vor dem Feind und vor der bei-

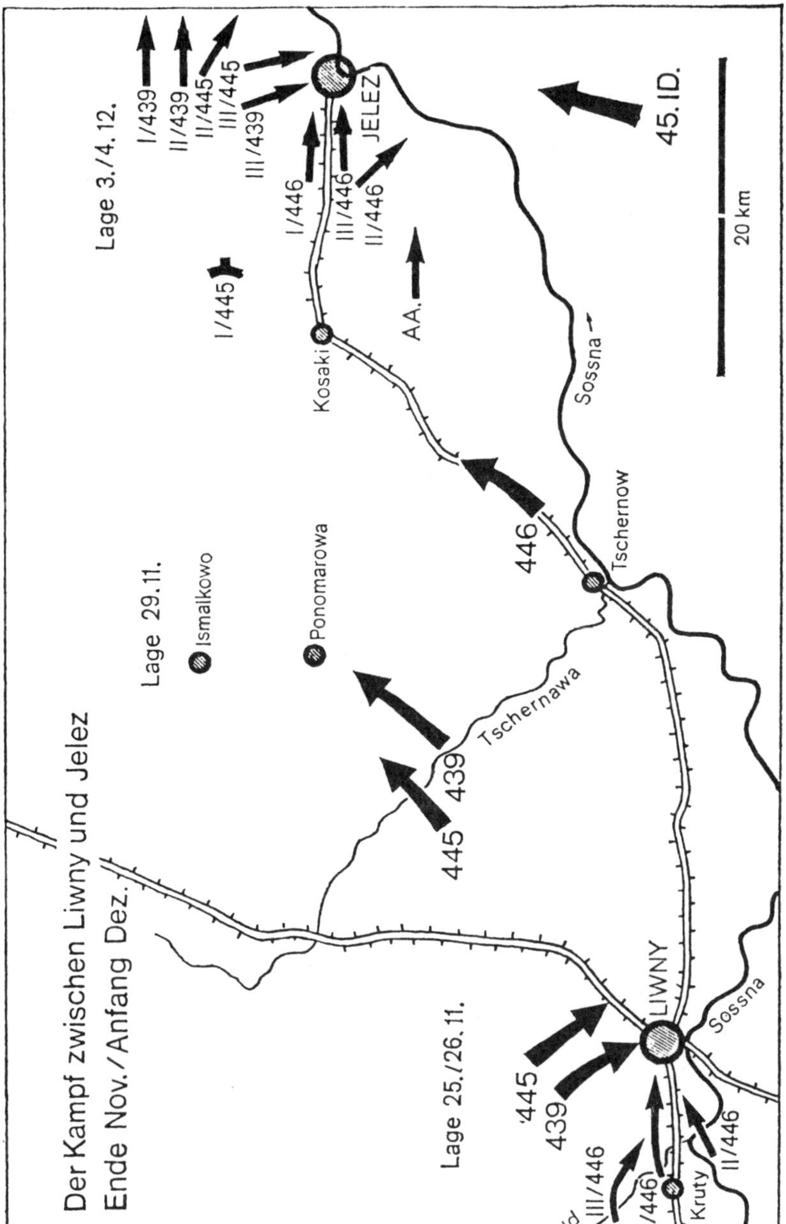

Der Kampf zwischen Liwny und Jelez
Ende Nov./Anfang Dez.
Lage 25./26.11.
Lage 29.11.
Lage 3./4.12.
Ismalkowo
Ponomarowa
Kosaki
JELEZ
LIWNY
Tschernow
Tschernawa
Sossna
Trud
Kruty
445
439
446
I/446
II/446
III/446
I/439
II/439
III/439
I/445
II/445
III/445
AA.
45. ID.
20 km

ßenden Kälte. Dazu peitschte ein eisiger Schneesturm am 3. Dezember aus dem Osten. Die beiden Regimenter der Division — IR. 439 links und IR. 446 rechts — griffen trotzdem an. Das IR. 439 blieb am Nachmittag im Schneesturm liegen, dagegen gelang es dem III./IR. 446 (Major Klein), bis auf 5 km an Jelez heranzukommen, und bis 20.00 Uhr den Westrand der Stadt zu erreichen. Dann mußten sich die Männer eingraben, um das Aufschließen der anderen Kompanien abzuwarten.

Der Kampf ging am nächsten Tag weiter. Die Soldaten der 134. ID. mußten buchstäblich um jeden Straßenzug, um jedes Haus kämpfen.

Am heftigsten wurde um das alte Kloster gestritten. Hier gaben die russischen Verteidiger erst auf, nachdem zwei Sturmgeschütze das Gebäude systematisch zusammengeschossen hatten. Am Nachmittag war Jelez ganz in deutscher Hand. Ein Stoßtrupp des III./IR. 439 nahm im Handstreich eine unbeschädigte Brücke über die Sossna.

Das war der letzte Erfolg der 2. Armee — und es war auch der letzte Erfolg der Heeresgruppe Mitte in der Schlacht um Moskau!

# Halt vor Moskau

Es war der 5. Dezember 1941.
Die Temperaturen zeigten von 25 Grad minus bis 37 Grad minus im Bereich der Heeresgruppe Mitte.
Der Wendepunkt in der Schlacht von Moskau war gekommen!
Die Verluste des deutschen Heeres im bisherigen Ostfeldzug, also seit dem 22. Juni 1941, beliefen sich auf insgesamt 162 314 Gefallene, 563 082 Verwundete und 31 191 Vermißte, also Gefangene. Von diesen Zahlen waren seit Beginn der Offensive auf Moskau allein 109 600 Gefallene und 16 953 Vermißte zu verzeichnen. Diese hohen Ziffern der letzten drei Monate bewiesen allein, daß die Schlachten der Heeresgruppe Mitte bei ihrer letzten Offensive die meisten Verluste gekostet hatten.
Die Heeresgruppe sollte — nach einer Aufstellung vom 10. Januar 1942 — seit dem 3. Oktober verloren haben: 61 328 Gefallene, 227 419 Verwundete und 16 592 Vermißte.
Als Beispiel für diese Ausfälle bei den einzelnen Divisionen mögen zwei dieser Verbände herangezogen werden, die mit am weitesten auf Moskau vorgedrungen waren: Die 10. PD. und die SS-PD. "Das Reich" verloren insgesamt 7 582 Offiziere, Unteroffiziere und Soldaten; das waren 40% der Sollstärke beider Kampfdivisionen.
Die Verluste einer einzigen Division am 3. Dezember: Es waren die Zahlen, die die 252. ID. nannte, die eine der drei Infanteriedivisionen war, die Moskau am nächsten standen. Sie verlor an diesem Tag an Gefallenen 5 Offiziere und 50 Unteroffiziere und Mannschaften, an Verwundeten 250 Offiziere, Unteroffiziere und Mannschaften.

DER STADTRAND IM NORDWESTEN MOSKAUS

Bis zum Dorf Chimski - oberer Kartenrand - stiessen Deutsche vor

So hoch wie die menschlichen Ausfälle beliefen sich selbstverständlich auch die Ausfälle an Waffen und Material. Hier sollen Zahlen der 2. und 3. Panzerarmee die hohen Verluste verdeutlichen.

| Kampfwagen: | Stand 16. Okt. | Stand 23. Nov. |
|---|---|---|
| 2. Pz.Armee | 248 | noch 38 |
| 3. Pz.Armee | 259 | noch 77 |

Die Front der Heeresgruppe Mitte verlief an diesem Tag vom Sseliger-See im äußersten Nordwesten über Kalinin und von hier bis Jachroma am Moskwa-Wolga-Kanal. Dann reichten die Stellungen am Westufer des Kanals entlang bis Krassnaja Poljana, bogen hier leicht zurück, um noch einmal bis Chimki (17 km nordwestlich von Moskau) vorzugehen. Dann bog die Front bis halbwegs Istra zurück, ging von hier über Swenigorod nach Südosten auf Burzewo vor, lief entlang der Straße Moskau — Naro Fominsk bis zu diesem Ort zurück. Von dort schwenkte die Linie leicht nach Südosten bis Serpuchow an die Straße Moskau — Tula vor, ging hier im Westen bis dicht südlich Tula, schwenkte dort scharf nach Norden ein und umfaßte in einem gewaltigen Halbkreis den Raum südlich Kaschira und ostwärts Alterjewo, Michailow, Jefremow, Jelez und zeigte von da nach Südwesten bis dicht südlich von Kursk.

Während nun im Norden der Stellungslinie loser Anschluß zur Heeresgruppe Nord bestand, klaffte im Süden eine Lücke von fast 80 km Breite bis zur Heeresgruppe Süd.

Die Armeen der Heeresgruppe Mitte hatten seit Beginn der Offensive am 2. Oktober bis zum 5. Dezember folgende Wegstrecken im Kampf gegen einen überlegenen Gegner und gegen Schlamm und eiskaltes Winterwetter zurückgelegt:

| | | | | | |
|---|---|---|---|---|---|
| 9. Armee | = | 220 km, | 4. Armee | = | 260 km, |
| 3. Pz.Armee | = | 490 km, | 2. Pz.Armee | = | 410 km, |
| 4. Pz.Armee | = | 380 km, | 2. Armee | = | 350 km. |

Jetzt ging es nicht weiter!
Die 1. russische Stoßarmee griff bereits seit dem 1. Dezember in die Flanke der 3. Panzerarmee an, so daß Generaloberst Reinhardt bereits an diesem Tag vom Heeresgruppenkommando forderte:

> "Ein Kampf um größere Ziele ist nicht möglich. Es muß der ganze Entschluß gefaßt werden, nämlich das Einnehmen der Linie, die man im Winter halten kann!"

Der Oberbefehlshaber der benachbarten 4. Panzerarmee, Generaloberst Hoepner, befahl aus eigenem Entschluß und ohne seine vorgesetzte Dienststelle zu verständigen, am 3. Dezember einen Stop aller Angriffsvorhaben für vorerst drei Tage.
Das Kriegstagebuch einer Panzerdivision vermeldete:

> "Am 3. Dezember 1941 meldete die Panzergruppe 4 (das war zu dieser Zeit noch ihre offizielle Bezeichnung) der Heeresgruppe Mitte, daß die Angriffskraft am Ende sei. Die Gründe dafür sind körperliche und seelische Überanstrengung, nicht mehr tragbarer Ausfall an Truppenführern, mangelhafte Winterausrüstung. . ."

Doch die gerade am 5. Dezember erreichten Frontlinien der beiden Panzerarmeen waren ausgesprochen ungünstig. Sie wiesen lange und ungeschützte Flanken auf. Ein Befehl zum Rückzug war nicht eingegangen, so daß sich der deutsche Soldat gerade dort eingraben mußte, wo er eben an diesem Tage stand. Und Hoffnung auf baldigen Nachschub gab es sowieso nicht.
Nur einzelne Kommandeure leiteten auf eigene Verantwortung die Aufgabe einzelner Ortschaften ein, die weit vor der eigenen Front lagen und zogen Bataillone und Kompanie auf günstigere Positionen zurück.
Die später erschienenen Truppengeschichten zweier Infanteriedivisionen, die dicht vor Moskau standen, berichten u.a. über diesen Tag:

Der Tagesbefehl der Panzergruppe 4 vom 17. November:
"Die Zeit des Wartens ist vorüber.
Wir können wieder angreifen! . . ."
Trotz äußerster Entbehrung, trotz Mangels an jedem Nachschub und besonders an Reserven griff der "Landser" noch einmal an. Nach Schlamm und Regen kam nun der Winter und ein durch sibirische Truppen verstärkter Feind, der um jedes Haus, um jede Wegkreuzung und um jeden Quadratmeter Boden kämpfte.

Die Transportleistung der Feldeisenbahner war durch den strengen Winter, den zerstörten Bahnanlagen und den eingefrorenen Kesseln der Lokomotiven anerkennenswert. Bei Beginn des "Unternehmens Taifun" kamen noch 2 093 Transportzüge aus der Heimat an die Front. Im letzten Monat des Jahres 1941 waren es nur noch 1 420.

Das russische Land war in Kälte, Schnee und Eis erstarrt.
Es ging nicht mehr weiter. Das Kriegstagebuch des XXXXI. Panzerkorps, das bis in die Villenvororte Moskaus stieß, berichtete am 5. Dezember: ". . . völlig erschöpft und zum ersten Male nicht mehr einsatzfähig! . . ."

Der letzte Gefechtsstand des XXIV. Panzerkorps vor Tula: Die Wohngebäude Leo Tolstois in Jassnaja-Poljana.

Der deutsche Soldatenfriedhof in Ljublino im Südosten von Moskau. Hier liegen 500 deutsche Soldaten begraben, die nach 1945 in russischen Gefangenenlagern im Großraum Moskau verstorben sind. Der Friedhof wird von einem rotfarbenen Obelisken geschmückt (Kreuze gibt es nicht), der sich über die kleinen weißen mit metallenen Namensschildern versehenen Gräbern erhebt. Der Friedhof ist mit einer hohen steinernen "Berliner Mauer" eingefaßt, um der russischen Bevölkerung den Zugang zu dem stets verschlossenen Friedhof zu verwehren. Anfangs schmückten russische Frauen die deutschen Gräber mit Blumen und an Gedenktagen mit Brot und Salz. Das Bild zeigt den Verfasser beim Besuch des Friedhofes im Frühjahr 1984. Dabei konnte er feststellen, daß trotz aller Abschirmmaßnahmen auf einzelnen Gräbern und auch dazwischen Blumensträuße (oft nur Papierblumen) lagen, die russische Frauen über die Mauer geworfen hatten! Diese kleinen Liebesbeweise sagen tausendmal mehr als die Friedensbeteuerungen der Politiker von Ost und West!

"Vom Korps trifft um 17.00 Uhr der Befehl ein, die Linie Jerschowo-Kosjmino-Sslawkowo zur Verteidigung zu erkunden und auszubauen; — als 'Winterstellung', wie sich das Korps euphemistisch ausdrückt. Unsere wirkliche Winterstellung sollten wir später rund 150 km weiter westlich beziehen. Ein Erkundungsstab unter Obstlt. Hörig wird eingesetzt, und die Pioniere beginnen mit dem Ausbau der notwendigsten Kampfstände. Das Ausweichen auf diese Linien ist für den 6.12., 18.00 Uhr vorgesehen."

"Die I.D. führt mit dem heutigen Tage die ersten Rückzugsbewegungen seit Kriegsbeginn durch. Sie tut es in dem Bewußtsein, einen zahlenmäßig weit überlegenen Gegner abgewiesen zu haben. Sie bittet aber eindringlich, daß der Wirkung der russischen Raketengeschütze, der eigenen unzureichenden Pak-Abwehr und der Tatsache der völlig unzulänglichen Winterbekleidung und Unterkunftsverhältnisse Beachtung geschenkt werden möge."

Genauso zeichnete sich die Lage bei den Panzerdivisionen ab, die die letzten Bahnhöfe der Moskauer Stadtbahn erreicht hatten und hier nicht weiterkonnten.

So meldete die Geschichte der 11. PD. vom 3. Dezember u.a.:

"Seit 4.00 Uhr führt der Gegner, nach neuerlich starker Artillerievorbereitung, mehrere starke Angriffe aus südostwärtiger Richtung mit Schwerpunkt beiderseits der Bahnlinie auf Krujukowo. 5 feindliche Batterien und Stalinorgeln, die mittlerweile gefürchteten Raketen-Salvengeschütze, treten dabei neu auf. Desgleichen mehrere Panzer schwerster Bauart. Doch alle Feindangriffe können abgewehrt werden. Es gelingt dem Gegner lediglich, die Sicherungen ostwärts von Krujukowo vorübergehend einzudrücken, doch kann die alte Lage im Gegenstoß wieder hergestellt werden.

Die danach eintretende Feuerpause wird genutzt, um die ei-

## Lage am 5.12.1941 - Stellung der Korps

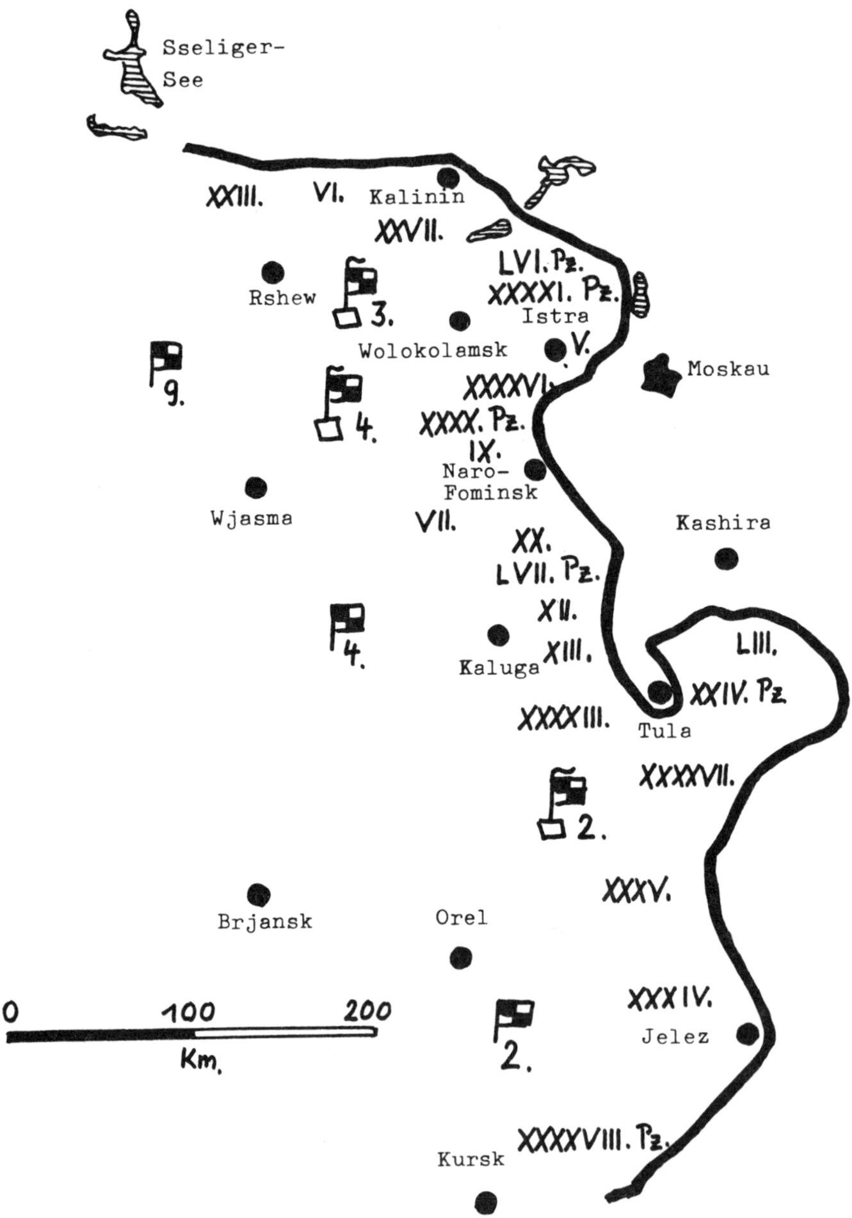

genen Toten zu begraben. Damit aber hat man seine liebe Not, da die Erde so hart gefroren ist, daß ihr mit Spaten und auch mit Spitzhacke nicht beizukommen ist. Mit Handgranaten, die in vorbereitete Löcher gesteckt werden, gelingt es dann schließlich, ein paar seichte Mulden für die gefallenen Kameraden herauszusprengen. Das ist aber auch alles, was hier für sie getan werden kann."

Der Kommandeur des SS-Rgt. "Der Führer", Obersturmbannführer Kumm, dessen Männer Moskau am nächsten lagen, beschrieb das Empfinden dieses Tages so:

"Die Männer des Regiments glauben, die Tage an einer Hand abzählen zu können, bis sie in Moskau eindringen werden. Bei klarem Frostwetter sind die Türme der Stadt ohne Fernglas zu erkennen. Eine vorgezogene 10-cm-Kanonen-Batterie schießt Störungsfeuer in die Stadt hinein. In der erreichten Linie wird der Angriff auf Befehl eingestellt."

Doch auch die Divisionen, die weit ab die Flanken der auf Moskau vorgedrungenen Verbände sichern mußten, zahlten ihre Einsätze mit schweren Verlusten. So meldete die 260. ID. allein in der Zeit zwischen dem 16. Oktober und 30. November den Ausfall von 334 Gefallenen, 1 181 Verwundeten, 44 Vermißten und 811 Erfrierungen. Die Stärke der einzelnen Kompanien an diesem 5. Dezember — die Temperaturen betrugen hier minus 28 Grad beliefen sich im Durchschnitt auf einen Offizier, elf Unteroffiziere und 56 Mannschaften.

Der letzte der drei Oberbefehlshaber der im Mittelabschnitt eingesetzten Panzerarmeen, Generaloberst Guderian, ordnete ohne jede Rücksprache mit dem Heeresgruppenkommando in der Nacht zum 6. Dezember die Einstellung jeden Angriffs seiner Armee an und deren Rückzug auf eine Linie oberer Don — Schat — Upa.

Der Generaloberst schrieb später in seinen Erinnerungen:

> "Unser Angriff auf Moskau war gescheitert. Alle Opfer und alle Anstrengungen der braven Truppen waren umsonst gebracht. Wir hatten eine böse Niederlage erlitten, die sich in den nächsten Wochen durch die Starrheit der Obersten Führung verhängnisvoll auswirkte, weil die Männer des OKW und OKH im fernen Ostpreußen trotz aller Berichte sich keinen Begriff von der wahren Lage ihrer Truppen im Winterkrieg bildeten. . . ."

Und es geschah am 5. Dezember, als die sowjetische Heeresgruppe "Kalininfront" (Generaloberst Konjew) mit — von rechts nach links — 22. Armee (Generalmajor Wostruchow), 39. Armee (Generalleutnant Masslennikow), 31. Armee (Generalleutnant Juschkewitz) und 29. Armee (Generalmajor Schwezow) — zwischen Sseliger-See und Kalinin zur Großoffensive antrat. Es waren insgesamt 192 198 Soldaten der "Roten Armee", von fünf Kampfgeschwadern unterstützt, die zum Angriff gegen die weit auseinandergezogene dünne Abwehrlinie der 9. Armee vorgingen.

Feldmarschall von Bock meldete an diesem entscheidungsvollen 5. Dezember, 16.00 Uhr, an das OKH im fernen Ostpreußen:

> "Kraft zu Ende!"

Der Oberbefehlshaber des deutschen Heeres, Feldmarschall von Brauchitsch, reichte an diesem Tag sein Rücktrittsgesuch ein . . .

# Großangriff der "Roten Armee"

Die sowjetische Führung erkannte noch im Sommer 1941 die Gefahr für die Hauptstadt Moskau und richtete seitdem ihre militärischen und politischen Anstrengungen darauf, die Metropole des Riesenreiches nicht aufzugeben und im Vorraum Moskaus stehenzubleiben. Die ersten Pläne für einen etwaigen Gegenangriff arbeiteten die russischen Führungsstäbe bei Beginn der Schlammperiode aus.
Armeegeneral Schukow, der neue Oberbefehlshaber an der Front vor Moskau, plante mit seinen Führungsoffizieren eine gewaltige Kesselschlacht vor der Hauptstadt, um hier in einer Zangenbewegung die deutschen Armeen einzuschließen und zu vernichten.
Stalin — der sich selbst den Titel "Generalissimus" gab — wollte dagegen keine Kesselschlacht, sondern er beabsichtigte auf möglichst breiter Front die deutschen Armeen zurückzudrängen, um Moskau freizuhalten. Er kalkulierte von vornherein das Risiko ein, daß diese Maßnahmen keine kriegsentscheidende Wirkung haben könnten, wohl aber, daß die Bedrohung Moskaus ein für allemal aufgehoben sein würde.
Er befahl dem Chef des sowjetischen Generalstabes, Generalleutnant Schaposchnikow — dem späteren Marschall — die Ausarbeitung entsprechender Pläne, die er am 30. November billigte. Nach diesem Operationsentwurf gruppierte Armeegeneral Schukow seine Verbände in den kommenden Wochen so um, daß sie gleichzeitig auf breitester Front zwischen dem Sseliger-See im Norden und Kursk im Süden vorgehen konnten.

Die erste Phase des Planes sah vor, daß die im Norden stehende Heeresgruppe "Kalininfront" in Zusammenarbeit mit der vor den Waldaihöhen aufmarschierten Heeresgruppe "Nordwestfront" zusammenarbeiten mußte. Während die Heeresgruppe "Nordwestfront" (Generalleutnant Kurotschkin) mit zwei Stoßarmeen (Panzerarmeen) die Naht zwischen Heeresgruppe Nord und Mitte südlich des Sseliger-Sees aufreißen sollte, hatte die "Kalininfront" zwischen Kalinin und Klin nach Süden zu stoßen, um hier Verbindung mit dem rechten Flügel der Heeresgruppe "Westfront" im Raum Wolokolamsk zu suchen. Dabei mußten die Angriffsspitzen der 3. und 4. Panzerarmee abgeschnitten werden. Die Front westlich von Moskau hatte stehen zu bleiben, dafür mußte die Heeresgruppe "Westfront" den von der 2. deutschen Panzerarmee auf Wenew, Michailow und Jepifan vorgeschobenen Keil abschneiden. Noch weiter im Süden sollte die Heeresgruppe "Südwestfront" in einem gewaltigen Zangenangriff die 2. Armee zwischen Kursk und Jefremow einkesseln.

Hierzu stellte sich die "Rote Armee" in den ersten Dezembertagen wie folgt bereit:

"Heeresgruppe Kalininfront" (Generaloberst Konjew)
mit (von rechts nach links)
22., 29. und 31. Armee;
"Heeresgruppe Westfront" (Armeegeneral Schukow)
mit (von rechts nach links)
30., 1. Stoß-, 20., 16., 5., 33., 43., 49., 50. Armee,
I. Garde-Kav.K., 10. Armee; Reserve 26. Armee;
"Heeresgruppe Südwestfront" (Marschall Timoschenko)
mit 3., 13., 40. und 61. Armee.

Die Gesamtstärke der drei Heeresgruppen belief sich auf 73 Schützen-, 23 Kavallerie-, 3 Panzer-, 3 motorisierte Divisionen, 18 selbständige Kavallerie- und 23 Panzerbrigaden in einer Stärke von insgesamt 1 060 380 Mann. An Bewaffnung verfügten die drei Heeresgruppen über 7 735 Geschütze, 678 moderne Panzerwagen, 52 904 Kraftfahrzeuge u.a.m.

Starke Teile der Luftstreitkräfte waren gleichfalls zusammengezogen, um den Angriff der Armeen zu unterstützen. Im Luftraum über Moskau befanden sich am 6. Dezember in der Luft:

> 33 Kampf-, 9 Fernkampf-, 9 Schlacht-, 46 Jagd-, 11 Aufklärungs- und 13 leichte Geschwader.

Das war eine Zahl, über die die noch im Kampf stehenden Verbände der deutschen Luftwaffe nur noch "staunen" konnten!

Der allgemeine Befehl für die sowjetischen Armeen lautete:

> "1. Abschneiden der deutschen Panzerkeile.
> 2. Durchstoß in die offenen Flanken.
> 3. Vernichtung der Heeresgruppe Mitte!"

Der Großangriff der "Roten Armee" begann in den Morgenstunden des 6. Dezember 1941.

Einer, der dabei war, berichtete:

> „Nach drei Uhr wurden wir jäh aus unserem unruhigen Halbschlaf herausgerissen. Die Sowjets griffen an — Alarm! Schon ballerten von allen Seiten unsere Maschinengewehre. Der sowjetische Angriff richtete sich zuerst frontal gegen unsere Linien. Gelände und Witterung boten den Angreifern manchen Vorteil. Das Gelände war von zahlreichen Mulden durchzogen, die häufig nicht einzusehen waren, und wo nur unsere Granatwerfer und sMG im indirekten Beschuß hinwirken konnten. Der noch vor wenigen Stunden mondhelle und sternklare Himmel wurde plötzlich von Schneewolken überzogen. So gelang es den Bolschewisten, sich allmählich an unsere Stellung heranzuarbeiten. Im Einzelsprung unter gegenseitiger Feuerunterstützung gelangten sie immer weiter nach vorne. Schon waren sie so dicht an uns heran, daß wir die aufpeitschenden Rufe der

Kommissare und Offiziere und die heiseren Schlachtrufe der Bolschewisten hörten, mit denen sie sich Mut zu machen versuchten. Unsere Waffen hämmerten und hämmerten, aber es war schwer, unter diesen Bedingungen ein genaues Ziel auszumachen. Doch dann erhoben sich die Sowjets zum Sturmangriff, und nun konnten wir die furchtbare Präzisionswirkung unserer Waffen, insbesondere unserer Maschinengewehre feststellen. Wie hingemäht fielen die Angreifer, entweder getroffen oder durch die Feuereinwirkung zu Boden gezwungen. Es war ein phantastischer Feuerzauber. Die vor unseren Stellungen aufgestellten Strohmieten gingen in Flammen auf. Die Leuchtspurmunition durchpfiff aufblitzend von allen Seiten die Luft, prallte mitunter von dem steinhart gefrorenen Boden derartig ab, daß sie noch einmal hochgeschleudert wurde und quirlend in der Luft herumsauste. Häuser eines unweit von uns gelegenen Dorfes, in dem Teile der Angreifer sich aufhielten, wurden in Brand geschossen und beleuchteten den Kampf.
Keiner der Schützen dachte in diesen Augenblicken noch an seine eisigen Füße und die frierenden Glieder. Es gab nur ein Ziel: Der bolschewistische Angriff mußte zum Stillstand gebracht werden! Aus allen Rohren schoß es, wie die Teufel lagen die Schützen hinter ihren Waffen, und es wurde geschafft! Die Bolschewisten kamen nicht weiter vor, sie mußten sich schließlich hastig zurückziehen."

Schrecken und Entsetzen breitete sich bei den deutschen Soldaten aus, die auf diese "Massen" russischer Kampfverbände nicht vorbereitet waren. Aus dem grauen Nichts des eiskalten — Temperaturen um minus 34 Grad (!) — Wintermorgens stürmten plötzlich pelzvermummte Regimenter mit fanatischem "Urräh"-Geschrei. Es waren kilometerbreite Ketten, Mann an Mann, die in mehreren Reihen durch die Eis- und

Schneewehen vorrückten. Dahinter brummten Hunderte von Panzermotoren, die unbeirrt ihre Bahnen durch das tiefverschneite Gelände wühlten.

Und auf deutscher Seite lagen die verhungerten, verfrorenen, verlausten und verdreckten feldgrauen Soldaten, nur notdürftig mit Ohrenschützern und gestrickten Wollhandschuhen ausgerüstet und sahen mit weitaufgerissenen und durch Eiskristalle verklebten Augen auf die Phalanx, die aus dem kalten Morgendunst vorstürmte. Da schien jeder Widerstand sinnlos . . .

Die Lage entwickelte sich von rechts nach links auf deutscher Seite schon in den ersten beiden Tagen katastrophal.

Die sowjetische Heeresgruppe "Südwestfront" stürmte im Schwerpunkt rechts und links mit ihren drei Armeen an den Flügeln der 2. deutschen Armee (General d. Panzertruppen Schmidt) vor, riß schon am ersten Tag die drei Korps der Armee auseinander und kesselte das am weitesten im Osten stehende XXXIV. AK. (General d. Infanterie Metz) ein. Die volle Wucht des ersten Angriffsschwunges traf die ostmärkische 45. ID. des Generalmajors Schlieper, die sich hinhaltend kämpfend auf Liwny zurückzog. Die benachbarte 95. ID. (Generalleutnant Sixt von Arnim) wurde von der Front abgesprengt und überrannt. Dann brach auch der Widerstand der am weitesten im Osten stehenden 134. ID. (Generalleutnant von Cochenhausen) zusammen.

Hier berichtete die Divisionsgeschichte:

> "Die vollkommen ermüdete Truppe war nicht in der Lage, den ununterbrochen vorgetragenen Angriffen energisch Widerstand zu leisten. Die bisher erfolgreich im Rahmen des Regiments kämpfende III./AR. 134 hatte keine Munition mehr. . . .
>
> Der Gegner dehnte seine Angriffe weiter aus und faßte das Regiment von Süden her. Noch wehrten sich die Infanteri-

sten erbittert; die wenigen Pioniere verlegten Minen; und als die letzte Granate der Panzerjäger verschossen war, wurden die Geschütze gesprengt. Es ging nicht mehr. Verbindung nach rückwärts war längst unterbrochen — nun durchstoßen die russischen Truppen die deutsche Front..."

Der Armeeoberbefehlshaber befahl angesichts der sich anbahnenden Katastrophe das Ausweichen seiner Korps — doch überall waren die russischen Panzer- und Kavalleriebrigaden schneller, denen dichtauf die 100%ig mit Winterausrüstung versehenen Schützenregimenter folgten.
Doch genau wie im Süden der Heeresgruppe Mitte brach die Front der 2. Panzerarmee zusammen. Die Armee wurde beidseits umfaßt. Von Tula aus stießen die Regimenter der 50. Sowjetarmee (Generalleutnant Boldin) und von Jepifan die 10. Armee (Generalleutnant Golikow) in die Flanken der Armee des Generalobersten Guderian. Die mit Front nach Norden kämpfenden Verbände des LIII. AK. (General d. Infanterie Fischer von Weikersthal) wurden von den Reiterregimentern des I. Garde-Kavalleriekorps (Generalmajor Below) gepackt und nicht mehr losgelassen.
Die Befehle zum Rückzug, die Generaloberst Guderian in der kommenden Nacht gab, waren bei ihrem Eintreffen längst überholt. Die Divisionen und Kampfgruppen waren auseinandergerissen, und jede abgesplitterte Gruppe versuchte, sich auf eigene Faust nach Süden oder Westen in Sicherheit zu bringen. Die Verluste waren enorm. Die Verwundeten und die Soldaten mit Erfrierungen konnten von Sanitätsdiensten kaum mehr versorgt werden. Viele dieser Verletzten stürzten ermattet in den Schnee, wo sie entweder von den russischen Reitern erschlagen wurden oder nach wenigen Minuten starben, da ihr Blut am Eis gefror.

Das I. Garde-Kavalleriekorps drang ungestüm auf Wenew vor, die 10. Armee überrannte Kashira und Jepifan und die 50. Armee der "Roten Armee" brach zwischen dem XXIV. Pz.K. und dem XXXXIII. AK. innerhalb von zwei Tagen eine Lücke bis zu 40 km auf.

Doch genauso wie hier im Süden die Frontlinie der Heeresgruppe Mitte riß, klaffte auch der nördliche Flügel auseinander. Vier Sowjetarmeen griffen die 3. Panzerarmee (General d. Panzertruppen Reinhardt) frontal an. Die 14. und 36. ID.mot. wurden im ersten Anlauf auseinandergerissen und nur durch den Einsatz von Teilen der 1. PD. (Generalmajor Krüger) konnte Klin behauptet werden. Noch zwei Tage stritten die Kampfgruppen des LVI. Pz.K. (General d. Panzertruppen Schaal) an dieser Stelle, dann mußten auch sie zurück. Kalinin war gefallen und damit die Front der 3. Panzerarmee zusammengebrochen.

Die noch nach Osten vorgestaffelt stehengebliebene 4. Panzerarmee (Generaloberst Hoepner) behauptete in den ersten beiden Schlachttagen ihre gewonnenen Linien. Doch waren es schlimme Tage, die die Soldaten in tiefem Schnee bei bitterlichem Frost, ohne schützende Unterkünfte und ohne jegliche Winterbekleidung zubrachten. Durch blutige Verluste und Erfrierungen lichteten sich die Reihen der Kampftruppen in erschreckendem Maße.

Die Heimat erfuhr in diesen Tagen kaum etwas von dem blutigen Geschehen auf dem Schlachtfeld vor Moskau. Das OKW ließ in seinen Berichten nur durch karge Worte das Debakel verdeutlichen. Die Wehrmachtberichte, die zwischen 8. und 13. Dezember aus den Lautsprechern des "Großdeutschen Rundfunks" erklangen, lauteten kurz und bündig:

"8. — Die Fortsetzung der Operationen und die Art der Kampfführung im Osten sind von jetzt ab durch den Einbruch des russischen Winters bedingt. Auf weiten Strecken der Ostfront finden nur noch örtliche Kampfhandlungen statt.

9. — An der Ostfront nur örtliche Kampfhandlungen.

10. — An der Ostfront wurden örtliche Angriffe des Feindes erfolgreich abgewehrt. Hierbei erlitt der Gegner erneut schwere blutige Verluste.

11. — Im Osten wurden dem Gegner bei der Abwehr örtlicher Angriffe schwere Verluste zugefügt.

12. — An der Ostfront fanden auch gestern nur örtliche Kampfhandlungen statt.

13. — An der Ostfront wurden örtliche Angriffe des Feindes abgewiesen. Die Luftwaffe bekämpfte mit guter Wirkung Truppenbereitstellungen sowie Eisenbahnziele im Donezbogen, am unteren Don und an der Nordfront. Sie bombardierte ferner Flugstützpunkte der Sowjets südostwärts des Ladogasees und griff in der vergangenen Nacht militärische Ziele in Moskau an."

Die deutschen Führungsstellen im fernen "Führerhauptquartier" wurden von der Gewalt der sowjetischen Offensive überrascht und von den drohenden Meldungen der Frontbefehlshaber aufgeschreckt. Der Oberste Befehlshaber, Adolf Hitler, griff energisch in die Führung der Heeresgruppe Mitte ein und erließ am 8. Dezember die "Grundsätzliche Weisung Nr. 39" für den "Übergang des Ostheeres zur Verteidigung in kräftesparenden Fronten".

"I. Ergebnis des russischen Feldzuges im Jahre 1941:

Die Operationen des Jahres 1941 sind mit dem zunehmenden Einsetzen der schneereichen Jahreszeit und Kälteperiode im wesentlichen zum Abschluß gekommen; einzelne noch nicht beendete werden noch fortzuführen sein.

Nach den großen Siegen im September und Oktober hat die

Truppe unter fast übermenschlichen Anstrengungen die bei Beginn des Feldzuges gesteckten Operationsziele gegenüber dem personell und materiell zahlenmäßig weit überlegenen Gegner erreicht.
Für die feindl. Wehrkraft entscheidende Wirtschafts- und Rüstungszentren sind dem Gegner entzogen. Die dem Ostheer gestellte Aufgabe, die Masse des Roten Heeres vor ihrem Ausweichen in die Tiefe des russ. Raumes zu zerschlagen, ist durch die Kämpfe dieses Jahres in weitgehendem Maße erfüllt, die Kampfkraft des Gegners ist durch die über Erwarten hohen Verluste an Personal und Material entscheidend geschwächt.
Das Ziel, den Russen militärisch endgültig auszuschalten, liegt noch vor uns. Wann und wie die Kraft des Heeres für diese Aufgabe nach den Wintermonaten eingesetzt wird, wird zeitgerecht befohlen werden.
Die in dem bisher härtesten Kampfe des Krieges von Führung und Truppe vollbrachten, unübertrefflichen Leistungen des Jahres 1941 werden an anderer Stelle und zu gegebener Zeit ihre Würdigung finden.

. . .

IV. Aufgaben der Heeresgruppen:

. . .

b) Heeresgruppe Mitte

hat nach Abschluß der Operation gegen Moskau ihre Kräfte so zu gliedern, daß russ. Angriffe gegen die nach Moskau gerichtete Front der Heeresgruppe und gegen ihre linke Flanke abgewehrt werden können. Zum Schutze der tiefen Flanke der H.Gr. ist die Bereitstellung von Reserven im Gebiet südl. Ostaschkow vorzusehen. Gegen eine feindl. Bedrohung aus dem Gebiet um Woronesh werden, in Anbetracht der für diesen Frontabschnitt nur begrenzt verfügbaren Inf.Kräfte, schnelle Verbände zur Auffrischung hinter den Südflügel der H.Gr. zu verlegen und einzusetzen sowie vorbereitende Maßnahmen für Kräfteverschiebungen im Bereich der Heeresgruppe zu treffen sein. Der engen Fühlungnahme mit dem Nordflügel der H.Gr. Süd wird hierbei besondere Bedeutung zukommen.

. . .

VII. Richtlinien für die Kampfführung, Organisation und Ausbildung:

1. Kampfführung:

Das Bestreben unserer Truppe, im Kampf gegen Überzahl, Witterung und Bewegungshindernisse die Kraft des Feindes endgültig zu zerschlagen und die von der Führung gesteckten Ziele, wenn auch mit dem letzten Kraftaufgebot, noch vor Eintritt des Hochwinters zu erreichen, hat zu einem Kräfteverbrauch geführt, der nicht mehr überschritten werden darf. Die Notwendigkeit, angesichts der auf weite Sicht noch vor uns liegenden Aufgaben mit den gegebenen Kräften hauszuhalten, zwingt dazu, alle Maßnahmen zu treffen, um vermeidbare Verluste zu sparen und die derzeitige Kampfkraft der Truppe nicht nur zu erhalten, sondern im Laufe des Winters auf ein neues Höchstmaß zu bringen. Andererseits muß dem Gegner durch möglichst bewegliche Kampfführung vorwärts der eigenen Stellungen, die Tatsache, daß wir zur Abwehr übergegangen sind, möglichst lange verschleiert werden. Hierdurch wird auch erreicht werden, daß unsere Truppe örtlich die Initiative und die moralische Überlegenheit über den Gegner behält.

. . ."

Feldmarschall von Bock, Oberbefehlshaber der Heeresgruppe Mitte, meldete bereits am nächsten Tag — 9. Dezember — an das OKH:

"Heeresgruppe ist an keiner Stelle mehr in der Lage, feindlichem Angriff zu widerstehen!"

Drei Tage später, am 12. Dezember, 11.30 Uhr, rief der Feldmarschall im Hauptquartier des OKH an:

"Lage kritisch!"

Und die Lage war kritisch. Am äußersten linken Flügel hatten russische Panzerkräfte — die u. a. mit motorisierten Schlittenbataillonen ausgestattet waren — den Flügel des XXIII. AK. (General d. Infanterie Schubert) aufgerissen und damit die Verbindung zur Heeresgruppe Nord endgültig gesprengt. Im Süden der Front gingen Jelez und Liwny verloren und die Lücke zur Heeresgruppe Süd erweiterte sich. Direkt vor Moskau erstürmte die 20. Sowjetarmee des Generalleutnants Wlassow am 10. Dezember die bedeutende Stadt Solnetschnogorsk.

Generaloberst Hoepner gab daraufhin den Befehl zum Rückzug auf die Istra-Stellung.

Damit war nun auch die 4. Armee (Feldmarschall von Kluge) in den Strudel der Schlacht gerissen. Die 5., 33. und 43. Sowjetarmee griffen seit dem 12. Dezember frontal die Linie der Armee an und drängte sie zwischen Juchnow und Mohaisk langsam nach Westen zurück. Das neu hier aufgetretene II. sowjetische Garde-Kavalleriekorps (Generalmajor Dowator) riß südwestlich Swenigorod die Front zur benachbarten 4. Panzerarmee auf. Lediglich die stark abgekämpften Verbände des IX. AK. (General d. Infanterie Geyer) bewahrten die Armee vor dem endgültigen Zusammenbruch und schossen mehrere Kosakenregimenter an der Rusa zusammen.

Mit dem Ausweichen der 4. Panzerarmee mußte nun die 3. Panzerarmee Klin endgültig aufgeben, da die drei geschwächten

Armeekorps der benachbarten 9. Armee dem Vorstoß der drei frisch aufgefüllten Sowjetarmeen in Richtung zur Wolga nicht mehr standhalten konnten.

"Das Eis gibt dem Schritt keinen Halt," so schrieb ein junger Offizier in sein Tagebuch. „Man rutscht und fällt. Man bewegt sich mit gebeugten Knien. Auf den Fahrrädern — Pkws fahren schon lange nicht mehr — sind Munition, MG, Decken usw. verlastet. Die Leute sind wirklich geplagt. Einer bricht zusammen, andere bleiben liegen. Die Füße frieren im Schnee . . ."

Feldmarschall von Bock erhielt am 13. Dezember einen Befehl des OKH mit folgendem Wortlaut:

„H.Gr. Mitte hat unter Heranführung aller verfügbaren Reserven die aufgerissenen Lücken nördlich Liwny und westlich Tula und die Linie Liwny-Dubna-Aleksin zu halten.

4. Armee geht keinen Schritt zurück.

Pz.Gr. 3 und 4 sollen, falls keine andere Wahl bleibt, schrittweise in die Linie Rusa-Wolokolamsk-Sztaritza zurückgehen.

9. Armee hat für den Abschluß zur Pz.Gr. 3 zu sorgen."

Der Oberbefehlshaber des Heeres, Feldmarschall von Brauchitsch, traf am nächsten Tag zu Besprechungen mit den Frontbefehlshabern im Bereich der Heeresgruppe Mitte ein. Feldmarschall von Kluge und Generaloberst Guderian kamen in Rosslawl mit dem Oberbefehlshaber zusammen, um diesen von den wirklichen Vorgängen an der Front zu unterrichten. Es war der Tag, an dem sich die Lage im südlichen Teil der Front dramatisch zuspitzte. Der sowjetische Durchbruch durch die Linie der 2. Armee weitete sich über Liwny in Richtung Orel aus. Hier wurden starke Teile der 45. und 134. ID.

Als am Morgen des 6. Dezember 1941 die Großoffensive der "Roten Armee" zur Zerschlagung der Heeresgruppe Mitte vor Moskau einsetzte, hieß es für die Soldaten des deutschen Ostheeres: "Zurück!"

Nachrichtenleute bauten — so gut und so schnell es ging — die einstmals unter Mühen gelegten Leitungen ab. Dieses Bild entstand am Morgen des "Heiligen Abends" 1941 irgendwo westlich von Moskau.

Rückzug bei tiefem Schnee und frostiger Kälte, da kamen kaum die Fahrzeuge voran und blieben mehr als einmal stecken. Dann mußten Fahrwege geräumt werden — und dabei pfiff der eisige Ostwind, da es noch lange keine Winterbekleidung gab. Die Zahl der Erfrierungen übertraf in diesen Tagen die Zahl der Gefallenen und Verwundeten bei weitem.

Das XXXXI. Panzerkorps mußte — wie alle anderen auch — die gewonnenen Stellungen (Straßenbild aus Staroje) aufgeben. Man stand nur noch 30 km vor dem Kreml: Nun hieß es zurück.

So wurde auch die Front am großen Wolgastaubecken, nordwestlich von Moskau, geräumt. Dieses Bild wurde noch am 15. Dezember von einem Bildberichterstatter der Propagandakompanie aufgenommen. Dann hieß es auch hier: "Zurück!"

Auf den Schlachtfeldern rings um Moskau blieben von der deutschen Wehrmacht nicht nur die gefrorenen Körper von Hunderten von Soldaten zurück, sondern auch eine riesige Menge von Fahrzeugen aller Art und Waffen, die wegen eingefrorener Motoren oder fehlenden Treibstoffs nicht mehr zurückgebracht werden konnten. Das Bild zeigt die verlassene Stellung einer schweren Heeres-Kanonenbatterie im Raum Mohaisk.

eingeschlossen. Der Kommandeur der letzten Division, der "Pour-le-merite"-Träger Generalleutnant von Cochenhausen, gab sich dabei den Freitod. Da sich die benachbarten Divisionen dem Rückzug anschlossen, klaffte westlich Jefremow eine breite Lücke zum XXXXVII. Pz.K. der 2. Panzerarmee.
Am linken Flügel der Armee war inzwischen gleichfalls eine 40 Kilometer breite Lücke zwischen dem auseinandergerissenen XXXXIII. AK. und dem XXIV. Pz.K. entstanden. Der Oberbefehlshaber des Heeres gab daraufhin folgenden Befehl:

> "Die 2. Armee wird dem Oberbefehlshaber der 2. Panzerarmee unterstellt. Beide Armeen sollen die Stellung vorwärts Kursk — vorwärts Orel — Plawskoje — Aleksin, nötigenfalls die Oka halten!"

Es war der letzte Befehl, den Feldmarschall von Brauchitsch gab; denn schon einen Tag später rief Hitlers Chefadjutant Oberst i. G. Schmundt im Hauptquartier der Heeresgruppe Mitte an und teilte mit, ". . . daß der Führer bei den heutigen schwerwiegenden Erörterungen über die Lage an der Front den Oberbefehlshaber des Heeres völlig ausgeschaltet habe und daß Oberst Schmundt während dieser Zeit unmittelbar Verbindung mit dem Heeresgruppenkommando halte. . ."
Der Oberbefehlshaber der Heeresgruppe ließ noch am selben Tag von seinem Generalstabschef, Generalmajor von Greiffenberg, an das Hauptquartier des OKW im fernen Ostpreußen folgende Meldung machen:

> "Ich habe Vorschläge nicht mehr zu machen, das habe ich früher getan. Die Frage, die jetzt zu entscheiden sei, gehe über das Militärische hinaus. Der Führer muß sich entschließen, ob die Heeresgruppe sich weiter vorn schlagen soll auf die Gefahr, daß sie dabei in Trümmer geht, oder ob sie sich absetzen soll, was die gleiche Gefahr in sich birgt. Entscheidet er sich für das Absetzen, so muß er wissen, daß

es zweifelhaft ist, ob dann hinten ausreichende Kräfte ankommen, um eine neue, nicht vorbereitete und nicht wesentlich kürzere Stellung zu halten. Die wenigen mir zugesagten Verstärkungen kämen so langsam, daß sie eine entscheidende Rolle für diesen Entschluß nicht spielen."

Feldmarschall von Brauchitsch meldete sich am 19. Dezember herzkrank und legte den Oberbefehl über das Heer nieder. Hitler hatte sich längst entschieden, als "Oberster Befehlshaber der Wehrmacht" den Oberbefehl über das Heer selbst zu übernehmen. Alle übrigen Befugnisse eines Oberbefehlshabers als "Oberste Kommando- und Verwaltungsbehörde des Heeres" übte im Auftrage Hitlers der Chef des OKW, Feldmarschall Keitel, aus. Hitler übernahm von den Aufgaben des Oberbefehlshabers lediglich die Operationsführung. Ihm unterstanden in dieser Hinsicht die Oberbefehlshaber der Heeresgruppen und Armeen unmittelbar. Für die Operationsplanung im Osten war der Generalstab des Heeres, für alle anderen Kriegsschauplätze der Wehrmachtführungsstab des OKW verantwortlich.

Die Führungsstellen der drei Heeresgruppen an der Ostfront erhielten am Morgen des 20. Dezember folgendes Fernschreiben des OKH:

"Geheime Kommandosache —

Der Führer und Oberste Befehlshaber der Wehrmacht hat mit dem heutigen Tage den Oberbefehl über das Heer selbst übernommen. — Der Chef des Generalstabes des Heeres untersteht dem Führer unmittelbar. —

Die übrigen Befugnisse des Oberbefehlshabers des Heeres als Oberste Kommando- und Verwaltungsbehörde des Kriegsheeres übt im Auftrage des Führers der Chef des Oberkommandos der Wehrmacht, Generalfeldmarschall Keitel, aus. —

# Soldaten des Heeres und der Waffen-SS!

Der Kampf um die Freiheit unseres Volkes zur Sicherung seiner Existenzbedingungen für die Zukunft, zur Beseitigung der Möglichkeit, uns alle 20 oder 25 Jahre unter einem neuen Vorwand — aber im tiefsten Grunde stets aus den gleichen jüdisch-kapitalistischen Interessen heraus — mit Krieg zu überziehen, geht seinem

**Höhe- und Wendepunkt**

entgegen.

> Tagesbefehl Hitlers, der am 5. Dezember 1941 den persönlichen Oberbefehl über das Ostheer übernahm, das seit 22. Juni 1941 bis zu diesem Zeitpunkt 158.773 Gefallene, 563.082 Verwundete und 31.191 Vermißte beklagte.

…nd Italien sowie die bisher mit uns …n das Glück,

**… Weltmacht als neuen …ampfgenossen erhalten**

…den gleichen Vorwänden und Formen … wir selbst. Mit der blitzschnellen …nischen Pazifikflotte sowie der briti…ngapur, der Besetzung zahlreicher … Stützpunkte in Ostasien durch die …tt nun dieser Krieg in ein neues, für … aber auch

**vor Entscheidungen von weltweiter Bedeutung.**

Die Armeen im Osten müssen, nach ihren unvergänglichen und in der Weltgeschichte noch nie dagewesenen Siegen gegen den gefährlichsten Feind aller Zeiten, nunmehr unter der Einwirkung des plötzlichen Wintereinbruchs aus dem Zug der Bewegung in eine Stellungsfront gebracht werden. Ihre Aufgabe ist es, bis zum Anbruch des Frühjahrs genau so fanatisch und zäh das zu halten und zu verteidigen, was sie bisher mit einem unermeßlichen Heldenmut und unter schweren Opfern erkämpft haben. Von der

**neuen Ostfront**

wird dabei nichts anderes erwartet, als was die deutschen Soldaten vor 25 Jahren in vier russischen Kriegswintern schon geleistet haben. Jeder deutsche Soldat muß dabei das Vorbild für unsere treuen Verbündeten sein.

Darüber hinaus aber werden, so wie im vergangenen Winter, neue Verbände aufgestellt und vor allem neue und bessere Waffen ausgegeben.

Der Schutz der Front nach dem Westen wird von Kirkenes bis zur spanischen Grenze verstärkt.

Die Schwierigkeiten der Organisation der Verbindungen dieser Front, die heute einen ganzen Kontinent umspannen und bis nach Nordafrika reichen, sind zu überwinden. Auch dies wird gelingen.

Die Vorbereitungen zur sofortigen Wiederaufnahme des offensiven Kampfes im Frühjahr bis zur endgültigen Vernichtung des Gegners im Osten müssen unvermittelt getroffen werden. Die Einleitung entscheidender anderer Kriegsmaßnahmen steht bevor.

**Diese Aufgaben erfordern es, daß Wehrmacht und Heimat zur höchsten Leistung angespannt und zum gemeinsamen Einsatz gebracht werden.**

Der hauptsächlichste Träger des Kampfes der Wehrmacht aber ist

**das Heer.**

## Ich habe mich deshalb unter diesen Umständen heute entschlossen, als Oberster Befehlshaber der deutschen Wehrmacht die Führung des Heeres selbst zu übernehmen.

### Soldaten!

Ich kenne den Krieg schon aus den vier Jahren des gewaltigen Ringens im Westen 1914—1918.

Ich habe den Schrecken fast aller großen Materialschlachten als einfacher Soldat selbst miterlebt.

Zweimal wurde ich verwundet und drohte endlich zu erblinden.

Mir ist daher nichts fremd, was auch Euch quält, belastet und bedrückt.

Allein ich habe nach vier Jahren Krieg in keiner Sekunde an der Wiedererhebung meines Volkes gezweifelt und es mit meinem fanatischen Willen als einfacher deutscher Soldat fertiggebracht, die ganze deutsche Nation nach mehr als fünfzehnjähriger Arbeit wieder zusammenzuschließen und von dem Todesurteil von Versailles zu befreien.

## Meine Soldaten!

Ihr werdet es daher verstehen: daß mein Herz ganz Euch gehört, daß mein Wille und meine Arbeit unbeirrbar der Größe meines und Eures Volkes dienen, daß mein Verstand und meine Entschlußkraft aber nur die Vernichtung des Gegners kennen, d. h. die siegreiche Beendigung dieses Krieges.

**Was ich für Euch tun kann, meine Soldaten des Heeres und der Waffen-SS, in der Fürsorge und in der Führung, wird geschehen. Was Ihr für mich tun könnt und tun werdet, das weiß ich: mir in Treue und Gehorsam folgen bis zur endgültigen Rettung des Reiches und damit unseres deutschen Volkes.**

Der Herrgott aber wird den Sieg seinen tapfersten Soldaten nicht verweigern!

Führerhauptquartier, den 19. Dezember 1941.

**Adolf Hitler**

Die durch vorstehende Regelung notwendigen Anordnungen und Ergänzungen werden nach den Weisungen des Führers durch den Chef des Oberkommandos der Wehrmacht geregelt. Sie werden mitgeteilt werden. —"

Feldmarschall von Bock, Oberbefehlshaber der Heeresgruppe Mitte, wurde aus dem "Führerhauptquartier" nahegelegt, einen längeren Erholungsurlaub anzutreten. Hitler ernannte am 19. Dezember bereits — ohne das Einverständnis von Bocks abzuwarten — Feldmarschall von Kluge zum neuen Oberbefehlshaber der Heeresgruppe Mitte.

Mit dem Oberbefehl der 4. Armee wurde General d. Gebirgstruppen Kübler ernannt, der das XXXXIX. Geb.K. in der Ukraine führte. Er traf in den Weihnachtstagen im Armeehauptquartier ein und übernahm die Dienstgeschäfte vom Chef des Generalstabes, Generalmajor Blumentritt, der wenige Wochen später in das OKH versetzt und von Oberst i.G. Bernuth abgelöst wurde.

Das OKH befahl unter Ausschöpfung aller Transportmöglichkeiten die im Reich oder in den besetzten Gebieten stehenden Divisionen — nämlich 205., 208., 211., 216. und 246. ID. — beschleunigt in den Raum Witebsk zu überführen.

Doch bevor diese Kräfte — es wurden voraus nur die wirklichen Kampftruppen wie Infanterie, Artillerie, Panzerjäger befördert, die rückwärtigen Dienste fuhren nur bis an die Grenze — überhaupt auf dem Schlachtfeld eintrafen, ging hier der Rückzug der auseinandergerissenen Verbände der Heeresgruppe weiter.

Von der Schwere der Rückzugsgefechte in diesen letzten Dezembertagen des Jahres 1941 im Abschnitt südwestlich Kalinin, wo sich das VI. AK. (General d. Pioniere Förster) allein gegen fünf russische Divisionen wehren mußte, wurde berichtet:

". . . Die oft führerlosen Trosse geben auf der Straße den

Ton an, während die fechtende Truppe aller Waffen, einschließlich Flak mit letzter Kraft vorn hält. . . . Glatteis, Steigungen, lange Brückenrampen verlangsamen das Marschtempo. . . ."

Weiter südlich kämpfte die 4. Panzerarmee um Sein oder Nichtsein. In einer Divisionsgeschichte war zu lesen:

"Die neue Stellung verlief entlang der Straße Swenigorod – Istra. Der Nachteil dieser Stellung war, daß in und vor ihr sehr viel Waldgelände lag, es dafür an Ortschaften und günstigen Versorgungswegen fehlte. Die einzig brauchbare Nachschubstraße ging zum größten Teil durch das linke Nachbarkorps.

Während die Div. im festen Vertrauen auf die trotz aller Strapazen und Leiden ungebrochenen Kampfkraft und den unbeugsamen Widerstandswillen den weiteren Ereignissen zuversichtlich entgegenblickte, drang aus dem südl. Korpsabschnitt (VII. A.K.) die Nachricht zu uns von einem Einbruch des Feindes bei der 267.I.D. Unsere A.A. 252 wurde zur Abwehr dorthin in Marsch gesetzt, um zunächst der 78.I.D. zum Nahtschutz verfügbar zu sein."

Genauso schwer rangen die Divisionen der 4. Armee, von denen z.B. das Kriegstagebuch der 260. ID. berichtete:

"Der durch die Lücke zwischen XIII. und XXXXIII. AK. stoßende Feind geht weiter nach Nordwesten vor. Er nimmt am Vormittag Aleschkowo und geht gegen Nedelnoje vor. Am Nachmittag wird Nedelnoje wegen Munitionsmangels aufgegeben. Bei dem heftigen Schneesturm ist es nicht möglich . . . die Straße freizuhalten, so daß sämtliche abgestellten Fahrzeuge in Feindeshand fallen. . . ."

Ein Debakel zeichnete sich auch bei der 2. Panzerarmee an, die an beiden Flügeln überrollt war. Hier lautete ein Bericht:

"Das Einordnen der Kolonnen ist in der Dunkelheit an und

für sich schon schwierig. Die Marschwege sind kaum markiert, und nicht überall stehen Einweiser der Feldgendarmerie. . . . Die einzelnen Abteilungen, Kompanien, Batterien und Züge werden oft auseinandergerissen und voneinander abgesprengt. . . . Die Straßen und Wege sind vollkommen von westwärts rollenden Fahrzeugen belegt. Rechts und links der Wege stecken zerstörte, ausgebrannte, gesprengte oder einfach verlassene Lastwagen, Pkws, Schützenpanzer und Sanitätswagen . . ."

Und auch bei der 2. Armee zeichnete sich ein unvorstellbares Tohuwabohu ab. Da berichtete eine am Südflügel der Armee eingesetzte Division in ihrer Geschichte:

"Zu dieser Zeit wußte eigentlich keiner so recht, wie sich bei den Nachbarn die Lage entwickelte. Überall tauchten plötzlich russische Kavallerie- und Schützentrupps auf. Die Front war ringsum. Die Dörfer brannten. Von allen Seiten krachte es. Russische Flugzeuge stürzten sich auf die noch stehenden Hütten, in denen sich die Reste der Kompanien verschanzt hatten. . . ."

Hitler als Oberster Befehlshaber des Heeres ließ dem OKH am 21. Dezember folgendes Fernschreiben übermitteln:

"An OKH (Op.Abt.)

Nachstehend Zusammenstellung der vom Führer am 20.12. dem Chef des Generalstabes des Heeres erläuterten Aufgaben des Heeres für die nächste Zeit:

1. Halten und kämpfen bis zum Äußersten. Keinen Schritt freiwillig zurückgehen. Durchgebrochene bewegliche Teile des Feindes müssen rückwärts erledigt werden.
2. Dadurch Zeitgewinn erzielen für:
   a) Verbesserung der Transportleistungen,
   b) Heranbringen von Reserven,

c) Abschub wertvollen noch instandzusetzenden Materials,

d) stützpunktartigen Ausbau einer rückwärtigen Linie. Verlauf festlegen.

3. Energische Offiziere einsetzen, um

   a) an den Eisenbahnendpunkten die Züge zu beschleunigen und voll auszunützen,

   b) den Abschub zu organisieren,

   c) Versprengte zu sammeln und nach vorne zu führen,

   d) die Versorgungsstützpunkte zur Verteidigung einzurichten.

4. Alle in der Heimat und im Westen verfügbare Verbände nach dem Osten bringen:

   . . .

5. Gefangene und Einwohner rücksichtslos von Winterbekleidung entblößen.

6. Alle aufgegebenen Gehöfte niederbrennen.

7. Partisanen-Jagdkommandos in der Heimat mit guter Winterausrüstung aufstellen.

8. — 12. . . ."

Die Schlacht ging in der letzten Dezemberwoche mit unvorstellbarer Härte weiter. Nirgendwo zwischen Rshew im Norden und Kursk im Süden gab es eine zusammenhängende Front. Die Heeresgruppe Mitte war mit ihren drei Panzer- und drei Infanteriearmeen vollkommen auseinandergesprengt und jede größere noch einigermaßen intakte Kampfgruppe wehrte sich ohne jede Verbindung nach rechts, nach links oder nach rückwärts. Zwar wies die gesamte Front noch eine Breite von 780 km auf, die aber längst keine geschlossene Linie mehr darstellte.

Das Kriegstagebuch des OKW berichtete am ersten Weihnachtsfeiertag des Jahres 1941 über die Gesamtlage wie folgt:

"H.Gr. Mitte:
Kursk — Tula: Der Feind erweiterte den Einbruch westl. des Tim (nördl. Nikolskoje). Bereitstellungen von herangeführten Komp. wurden durch Sturmgeschütze und Artl. versprengt.
Starke Angriffe nördl. Werchowje wurden unter beiderseitig hohen Verlusten abgewiesen.
Die Pz.-Armee setzte sich unter Durchführung weitgehender Zerstörungen bei starkem Nachdrängen des Feindes planmäßig ab.
Die Stadt Tichwin wurde nach langem Kampf vom Gegner genommen, der Bahnhof wurde noch gehalten.
Front vor Moskau: Der Feind drang in den Ostteil von Kaluga ein. Gegenangriffe von Osten und von Westen waren im Gange.
Vor der Südfront der mittl. Pz.Gr. verlief der Tag ruhig. Weiter nördl. konnten starke Angriffe abgeschlagen werden, bei denen der Feind besonders hohe blutige Verluste erlitt. Auch die nördl. Pz.Gr. wies an ihrer ganzen Front wiederholte Vorstöße des Feindes in Komp.-Stärke ab.
Bei der nördl. Armee konnten alle Angriffe und Vorstöße des Feindes, teilw. in harten Kämpfen und Gegenstößen, abgeschlagen werden.
Wetter: Im Südteil Schneeverwehungen, im Nordteil klar bis minus 20 Grad."

Die sowjetischen Armeen setzten in den letzten Tagen des Jahres 1941 und in den ersten Tagen des Jahres 1942 zum endgültigen Durchbruch an. Die 39. Sowjetarmee (Generalleutnant Masslennikow) durchbrach die Linie des XXIII. und VI. AK. und stieß im Westen von Rshew über die Wolga, zerriß hier alle Verteidigungsstellungen und stürmte nach Süden auf Wjasma los. Zur selben Zeit brach weit im Süden die 10. Sowjetar-

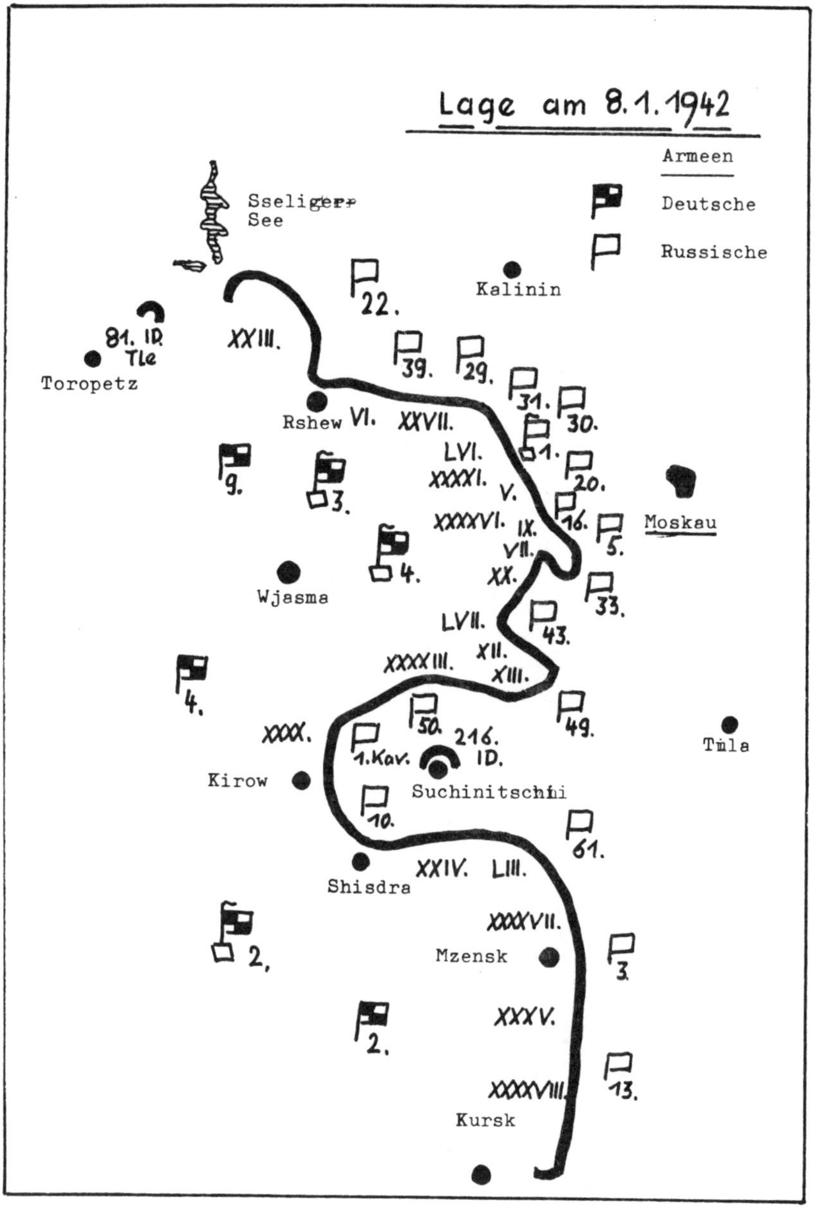

Lage am 8.1.1942
Armeen
Deutsche
Russische
Sseliger-See
Kalinin
22.
81. ID
TLe
Toropetz
XXIII.
39.
29.
31.
30.
Rshew
VI.
XXVII.
1.
LVI.
20.
9.
3.
XXXXI.
V.
XXXXVI.
IX.
16.
5.
Moskau
VII.
4.
Wjasma
XX.
33.
LVII.
43.
XII.
XXXXIII.
XIII.
4.
50.
49.
XXXX.
216.
1.Kav.
ID.
Tula
Kirow
Suchinitschi
10.
61.
Shisdra
XXIV.
LIII.
XXXXVII.
2.
Mzensk
3.
XXXV.
2.
13.
XXXXVIII.
Kursk

mee (Generalleutnant Golikow) über Suchinitschi nach Westen und drehte vom Süden her gleichfalls in Richtung Wjasma ein. Durch diese Lücke stürmten die Regimenter des I. Garde-Kavalleriekorps (Generalmajor Below) und erreichten die Rollbahn Smolensk — Wjasma.

Die Lage verschlimmerte sich in der ersten Januarwoche zusehends, nachdem es der 3. und 4. russischen Stoßarmee gelang, die Heeresgruppe Mitte endgültig von der Heeresgruppe Nord zu trennen und die gesamte Front der 9. Armee fast zum Einsturz zu bringen. Damit begann in den ersten Januartagen die gewaltige und monatelang anhaltende Schlacht um Rshew.

Die Lage am äußersten linken Flügel der Heeresgruppe Mitte entwickelte sich dramatisch. Es schien, als ob es den weit überlegenen russischen Kräften gelingen konnte, von hier aus gleichfalls über Wjasma hinaus in den Rücken der Heeresgruppe zu stoßen und diese dann einzukesseln.

Das OKH und das Heeresgruppenkommando versuchten, die überall entstandenen Frontlücken mit Kampfgruppen zu "stopfen", die irgendwie und irgendwo gerade erreichbar waren.

So mußte die im Transport zur Heeresgruppe Nord befindliche 81. ID. noch im Baltikum eine regimentsstarke Kampfgruppe abstellen, die zwei russische Panzerarmeen aufhalten sollte. Vom Todesmarsch dieser Kampfgruppe berichtete die Geschichte dieser oberschlesischen Division:

> "Die Kampfgruppen des I./I.R. 189 trafen an diesem Tag in einem Gewaltmarsch an der Bahnstation Ochwat ein, während vom Norden her gleichzeitig die Spitzen der 249. sibirischen Schtz.D. das Dorf erreichten. Die Russen besetzten den Ostteil des Ortes, während sich die 3./I.R. 189 (Hptm. Lindenthal) im Westteil festklammerte. Glücklicherweise kam am Spätabend noch die 11. Kp. (Hptm. Neumann) als

Spitzenkompanie des II. Btl. bis zum Bahndamm bei Ochwat heran, um das I. Btl. zu entlasten.
Die Kampfgruppen des Obersten Hohmeyer hielten sich noch am 13. Januar, mußten dann aber vor immer stärker werdendem Feind — mittlerweile war auch die 332. sibirische Schtz.D. vor Ochwat eingetroffen — gegen Abend die Ortschaft räumen. Das II./I.R. 161 (Hptm. Dr. Freese) vertrieb zur selben Zeit den Feind aus mehreren kleinen Siedlungen und stieß bis Welitschkowo vor.
Die russischen Bataillone stellten sich am 14. Januar südlich Ochwat zum weiteren Angriff bereit. Diesmal waren schwere Panzer der Typen "Kw-I" und "Kw-II" dabei. Diese rollten gegen die am Südwestrand von Ochwat liegende 11. Kp. vor. Oberfeldwebel (Ofw.) Maziol, Uffz. Müller und O.Gefr. Praxa vernichteten hierbei im Nahkampf mit selbstgebastelten Hohlladungen drei Kampfwagen.
Oberst Hohmeyer ließ an die 253. I.D. funken: "Eigene Verluste gering. Große Verluste durch Frostschäden. Angriff heute nicht möglich."
Die Situation spitzte sich rasch zu, als plötzlich russische Bataillone Welitschkowo angriffen und Oberst Hohmeyer den weiteren Befehl erhielt, die Lage ostwärts Lugi zu bereinigen, um die einzige Nachschubstraße des Korps zu sichern.
Gegen Abend verdichteten sich die Meldungen der Spähtrupps, daß I.R. 189 eingeschlossen sei. Es war nicht das gesamte Regiment, denn einige Kompanien — darunter 7. und 8./I.R. 189 — waren noch gar nicht heran. Teile des I. Btl. unter Führung von Lt. Klausing kämpften sich nach Lugi trotz Abwehr von Russenpanzern durch. Hierbei fiel Lt. Gebhardt direkt am Kirchentor. Welitschkowo, in dem die Reste des II. Btl. lagen, konnte nicht mehr erreicht werden.

Oberst Hohmeyers letzter Funkspruch vom 15. Januar, 13.10 Uhr, lautete: "Regiment heute 2.30 Uhr Lugi durch Überfall genommen. Nordrand noch besetzt. Neue Kräfte aus Osten auf Rollbahn greifen an. Regiment hält Lugi. Allewino (nicht mehr zu entziffernde Worte folgten). Landesbewohner behaupten, Dubno sei von Russen eingenommen."

Dann schwieg die Funkstelle I.R. 189 für immer!

Doch genau wie hier im Norden hatte sich die katastrophale Lage zwischen 4. Armee und 2. Panzerarmee entwickelt. Die Lücke konnte trotz heldenmütigen Angriffs der 31. ID. — deren Kommandeur Generalmajor Berthold hierbei fiel — nicht mehr geschlossen werden. Die 10. sowjetische Armee stieß mit sechs Schützen-, vier Kavalleriedivisionen und einer Panzerbrigade durch diese Lücke und griff den Raum um Juchnow an. In dieser 80 km breiten Frontlücke stand zur Zeit nur eine 4000 Mann starke Kampfgruppe der gerade aus dem Westen eintreffenden 216. ID. (Generalmajor Freiherr von und zu Gilsa). Diese Kampfgruppe setzte sich in Suchinitschi fest und hielt gegen alle sowjetischen Angriffe diesen Ort als Wellenbrecher, bis die Kampfgruppe erst am 17. Januar durch Teile der 18. PD. (Generalmajor Nehring) und 208. ID. (Oberst Jolasse) entsetzt wurde.

Hitler selbst hatte am 15. Januar sein Einverständnis gegeben, die noch westlich von Moskau stehenden Kräfte der 4. Armee und 4. Panzerarmee auf die sogenannte "Winterstellung" zurückgehen zu lassen. Feldmarschall von Kluge gab nun Befehl, die noch vorspringenden Frontbögen bei Kaluga, Rusa und Wolokolamsk aufzugeben.

Es wurde auch Zeit, denn seit dem 18. Januar sprangen im Rücken dieser Verbände mehrere russische Fallschirmjägerbrigaden und Luftlandeverbände im Großraum Wjasma ab, vereinigten sich hier mit den tätigen Partisanengruppen und warte-

ten auf die ersten Trupps der vom Südosten angreifenden Einheiten des I. Garde-Kav.K., die am 2. Februar bis in die südlichen Vororte Wjasmas vordrangen! Damit schien der Zusammenbruch der Heeresgruppe Mitte kurz bevorzustehen!
Hitler reagierte daraufhin nicht wie ein Feldherr, sondern wie ein Diktator, der die Schuld auf andere schiebt. Es löste von Ende Dezember 1941 bis Anfang Februar 1942 mehrere Armee-Oberbefehlshaber, Kommandierende Generale und Divisionskommandeure ab. Diese hatten entweder von sich aus Befehle zum Rückzug gegeben, schieden durch Verwundungen aus oder waren der Lage physisch und psychisch nicht mehr gewachsen. Den Soldatentod starb in diesen turbulenten Wochen nur Generalmajor Berthold.
Hitler besetzte seit dem 19. Dezember — mit der Ernennung Feldmarschalls von Kluge zum Oberbefehlshaber der Heeresgruppe Mitte — folgende Führungsstellen der Heeresgruppe neu:

23.12.: XXVII. AK. Generalleutnant Frhr. v. Gablenz,
25.12.: 2. Panzerarmee General d. Panzertruppen Schmidt,
26.12.: 4. Armee General d. Gebirgstruppen Kübler,
XII. AK. Generalleutnant Heinemann,
1. 1.: VI. AK. General d. Infanterie Bieler,
IX. AK. Generalleutnant Schmidt,
8. 1.: 4. Panzerarmee General d. Infanterie Ruoff,
XXIV. Pz.K. Generalleutnant Frhr. von Langermann,
VII. AK. General d. Artillerie (ab 1.2.) Hell,
12. 1.: V. AK. General d. Infanterie Wetzel,
XXVII. AK. General d. Infanterie Witthöft,
13. 1.: 2. Armee Generaloberst Freiherr von Weichs,
XIII. AK. Generalleutnant Ottenbacher,

15. 1.: LIII. AK. General d. Infanterie Clössner,
XXXXI. Pz.K. Generalleutnant Harpe,
16. 1.: 9. Armee General d. Panzertruppen Model,
18. 1.: XII. AK. Generalleutnant Graessner,
20. 1.: 4. Armee General d. Infanterie Heinrici,
XXXXIII. AK. Generalmajor Berthold (gefallen)
1. 2.: XXXXIII. AK. General d. Infanterie Brennecke.

Damit hatte Hitler innerhalb weniger Wochen die Oberbefehlshaber von drei Infanterie- und zwei Panzerarmeen sowie fast alle Kommandierenden Generale der 4., 9. Armee und 2. Panzerarmee ausgewechselt. Diesem Wechsel fielen auch die Generalstabschefs der 4. und 9. Armee, 2. und 4. Panzerarmee zum Opfer.

Die neuen Oberbefehlshaber und Kommandierenden Generale mußten nun vorerst einmal die Reste ihrer zerschlagenen Truppen auf die sogenannte "Winterstellung" zurückführen, wozu ihnen der "Führerbefehl" vom 15. Januar u.a. folgende Richtlinien aufzeichnete:

"1. Nachdem es nicht gelungen ist, die nördlich Medyn und westlich Rshew entstandenen Lücken in der Front zu schließen, erteile ich dem Oberbefehlshaber der Heeresgruppe Mitte auf Grund seines Antrages die Ermächtigung, die Front der 4. Armee, 4. Pz.Armee und 3. Pz.Armee in die Linie ostw. Juchnow — ostw. Gshatsk — ostwärts Subzoff — nördlich Rshew zurückzunehmen. Bestimmend für die Festlegung der Widerstandslinie im einzelnen ist die Forderung, daß die Straße Juchnow — Gshatsk — Subzoff — Rshew als Querverbindung hinter der Front der feindlichen Einwirkung entzogen bleibt.

2. In der vorgenannten Linie ist das Vorgehen des Feindes

endgültig zum Stehen zu bringen. Sie ist zu halten. Hierzu sind nachstehende Voraussetzungen zu erfüllen: . . .

3. Für die Durchführung der Absetzbewegung gelten folgende Richtlinien:
   a) Die Absetzbewegung hat in kleinen Schritten zu erfolgen. Die Versorgung der Truppe während der Bewegung (Betriebsstoff!) und in der endgültigen Widerstandslinie muß unverzüglich vorbereitet werden.
   b) Die unumgänglichen Materialverluste sind auf ein Mindestmaß herabzusetzen. Kein Geschütz, kein MG, kein Kraftwagen und kein Munitionsbestand darf unvernichtet dem Feind in die Hand fallen.
   c) Zurücklassen von Verwundeten bedeutet einen Makel für jede Truppe.
   d) Sämtliche Verkehrsanlagen (Kunstbauten, Bahnen usw.) sind nachhaltig zu zerstören.
   e) Sämtliche Ortschaften sind rücksichtslos niederzubrennen, die Kamine zu sprengen.

. . ."

Die Verluste der Heeresgruppe Mitte an Gefallenen, Verwundeten und Vermißten beliefen sich im Dezember 1941 auf 103 600 Offiziere und Mannschaften und im Januar 1942 auf 144 900 Offiziere und Mannschaften. Die Verluste an Waffen und Material seit dem 1. November 1941 bis zum 30. Januar 1942 erreichten folgende Zahlen:

| | |
|---|---|
| Panzer | 4 241 |
| Kraftfahrzeuge | 121 529 |
| Flugzeuge<br>(Frontverluste) | 5 100 |
| lFH | 1 300 |

| | |
|---|---|
| sFH | 642 |
| lIG | 1 067 |
| sIG | 352 |
| lGrW | 3 572 |
| sGrW | 2 318 |
| sKan 10 cm | 132 |
| 3,7 cm-Pak | 3 787 |
| 5-cm-Pak | 475 |
| Karabiner | 66 432 |
| MG | 24 247 |
| Pferde (tote) | 179 132 |

Die "Winterstellung" für die Heeresgruppe Mitte verlief in etwa auf der Linie Rshew (im Norden) über Gshatsk nach Juchnow. Es war Ziel der "Roten Armee", Wjasma zu Fall zu bringen; damit wäre der Zusammenbruch der deutschen Heeresgruppe die Folge gewesen. Doch hier südostwärts von Wjasma schlug zum erstenmal das Pendel des Winterkrieges um!
General d. Infanterie Heinrici, der neue Oberbefehlshaber der 4. Armee — er mußte bei Übernahme seiner Dienststellung fast 250 km mit dem Krad mitten durch russische Truppen fahren, um zum Armeeoberkommando zu gelangen (!) — hatte in den wenigen Tagen nach Antritt seines neuen Amtes erste Pläne zur Zerschlagung der bei Wjasma stehenden Teile der 33. Sowjetarmee, des I. Garde-Kav.K. und der 4., 8. und 201. Luftlandebrigade entworfen und setzte diese in Zusammenarbeit mit dem AOK der 3. Panzerarmee (Generaloberst — seit 1.1.1942 — Reinhardt) in die Tat um.
Der deutsche Gegenangriff begann bereits am 3. Februar und führte schon nach wenigen Tagen zur Einschließung der durchgebrochenen Feindkräfte. Die Schlacht um Wjasma dauerte zwar noch bis Mitte April; war aber das erste Anzeichen dafür, daß sich deutsche Truppen wieder "gefaßt" hatten und

Die russischen Befehlsstellen hatten für die Großoffensive der ”Roten Armee“ aus allen Teilen des Reiches, besonders aus Sibirien, Truppen herangeholt oder Milizdivisionen aus Fabrikarbeitern aufgestellt, die alle an die Front geworfen wurden. Das Bild zeigt die Marschpause eines Milizbataillons auf einer der Ausfallstraßen von Moskau.

Das blieb zurück: Ruinen, Trümmer, Tote . . . Die Ruinen der schwer umkämpften Stadt Istra dicht vor Moskau.

Das russische Oberkommando warf alle einsatzbereiten Verbände zum Angriff gegen die todwunde Heeresgruppe Mitte an die Front. Das Bild zeigt den Angriff des II. Garde-Kavalleriekorps gegen die Stellungen an der Moskwa.

In den ersten Tagen des neuen Jahres erreichten die Truppen der 16., 20. und 60. Sowjetarmee das ehemalige Schlachtfeld von Borodino. Hier stand das Denkmal zur Erinnerung an die Schlacht von Borodino 1812, als Kaiser Napoleons "Grande Armée" vernichtend geschlagen wurde.

Es ließ sich nicht leugnen: Die Heeresgruppe Mitte kämpfte nur noch um das Überleben. Zurück auf den Schlachtfeldern vor Moskau blieben fast 110 000 Gefallene und Vermißte. Und immer noch hieß es: "Zurück!" Und noch immer zeigten die Thermometer: —30°.

bereit zu energischen Gegenschlägen waren!

Mitte Februar schien sich an der gesamten Front der Heeresgruppe die Lage zu entspannen, denn auch die am äußersten linken und rechten Flügel eingesetzten Korps, Divisionen und Kampfgruppen behaupteten sich und gingen zu Gegenangriffen über — denn jetzt machten sich auf russischer Seite erste und ernste Nachschubschwierigkeiten bemerkbar!

Die Führungsstäbe der drei sowjetischen Heeresgruppen erkannten Mitte Februar, daß sie ihre eigenen Kräfte und Mittel überschätzt hatten, denn sie konnten ihren weit im Rücken der deutschen Heeresgruppe Mitte stehenden Verbänden nicht mehr helfen. Der Nachschub stockte; die Eisenbahnlinien der von den russischen Divisionen eroberten Gebiete konnten nicht so schnell umgespurt werden; die Brücken waren größtenteils gesprengt und die Straßen infolge der Schneeverwehungen nicht leicht befahrbar. Dazu machten sich die riesigen Entfernungen von den eigenen Ausgangsbasen mehr und mehr bemerkbar.

> "Die Überschätzung der eigenen Erfolge", so meldete das sowjetische Generalstabswerk zur Geschichte des 2. Weltkrieges, "wurde nicht den tatsächlichen Gegebenheiten gerecht. Die Zersplitterung der strategischen Reserven führte zum Fehlen der notwendigen Kräfte in den Durchbruchslücken. Das Verzetteln der Panzer- und Kavallerieverbände ließ keine Schwerpunktbildung zu. . . ."

Überall faßten sich jetzt deutsche Kommandeure ein Herz und rissen die fast kraftlosen eigenen Verbände wieder nach vorn. Im äußersten Süden der langgestreckten Front war es bereits in den ersten Januartagen gelungen, die Frontlücke zur Heeresgruppe Süd zu schließen. Das dort führende XXXXVIII. Pz.K. (General d. Panzertruppen Kempf) war durch Teile des XXIV. Pz.K., die über Orel herangeführt wurden, erheblich verstärkt.

Hier war es dann dem Korps — in Verbindung mit dem LV. AK. (General d. Infanterie Vierow) — gelungen, die Frontlücke bei Tim endgültig dicht zu machen, wobei sich die 3. und 9. PD., 16. ID.mot. und 299. ID. besonders bewährten. Das bis in diesen Raum vorgedrungene III. russische Garde-Kavalleriekorps mit der 5., 6. Garde-Kav.-, 32. Kav.D. und 34. Schtz.Br. wurde zerschlagen, so daß der Wehrmachtsbericht am 31. Januar 1942 zum erstenmal wieder einen Erfolg meldete:

„Im Raum nordostwärts von Kursk führte ein Gegenangriff deutscher Infanterie- und Panzertruppen unter Führung des Generalmajors Breith nach mehrtägigen Kämpfen zu einem vollen Erfolg. Eine in die deutschen Linien eingebrochene feindliche Kräftegruppe von mehreren Divisionen und Panzerverbänden wurde unter hohen feindlichen Verlusten geschlagen und nach Osten zurückgeworfen!"

Der größte Erfolg in diesen Wochen wurde aber im nördlichen Frontabschnitt erzielt. Da stand die 9. Armee — deren Oberbefehl am 16. Januar an General d. Panzertruppen Model überging — seit den ersten Januartagen im schwersten Abwehrkampf gegen die russische Heeresgruppe "Kalininfront". Die Angreifer trennten innerhalb von zwei Tagen das gesamte XXIII. AK. (General d. Infanterie Schubert) von der übrigen Armee ab und erreichten das Gebiet um Rshew. Hier wurde ihnen die Einnahme der Stadt von einer willkürlich zusammengerafften Kampfgruppe unter Generalmajor Lindig verwehrt. Die sowjetischen Truppen stießen weiter und gewannen Ssytschewka, südwestlich von Rshew.

General d. Panzertruppen Model karrte sofort von allen anderen Frontstellen seiner und der 4. Panzerarmee bewegliche Eingreifverbände heran und warf sie bei Ssytschewka den Sowjets entgegen. Dabei konnten erste Feindverbände — Temperatur -45° (!) — eingeschlossen und die abgesprengten Verbände des

XXIII. AK. wieder entsetzt werden.
Ende Januar begann dann der deutsche Gegenangriff gegen die durchgebrochenen Feindverbände. Auf deutscher Seite standen im Kampf:

| | |
|---|---|
| XXXXVI. Pz.K. | (General d. Panzertruppen von Vietinghoff) mit 1. PD., 86. ID., SS-PD. "Das Reich"; |
| Kampfgruppe VI. AK. | (Generalmajor Burdach); |
| Kampfgruppe XXIII. AK. | (Oberst von Raesfeld); |
| selbständig: | 6. PD., 246. ID., SS-Kav.Brig. |

Der deutsche Angriff ging nur langsam voran, mußte er doch gegen einen fanatisch und erbittert kämpfenden Feind und gegen hohe Schneeverwehungen vorgeführt werden. Die Verteidigungskraft der sowjetischen Verbände ließ bereits in der ersten Februarwoche merklich nach und als sich am 5. Februar die Spitzen der 1. PD. (Generalmajor Krüger), die vom Osten kam, mit den Spitzen der SS-Kav.Brig. (SS-Standartenführer Fegelein), die vom Westen her kam, trafen, waren die feindlichen Verbände eingeschlossen!
Der Widerstand der 29. und 39. Sowjetarmee brach innerhalb von 14 Tagen zusammen. 26 647 Rotarmisten waren gefallen, 187 Panzer und 343 Geschütze vernichtet und 4 833 Gefangene blieben in deutschen Händen.
Damit war die Krise für die Heeresgruppe Mitte gemeistert!

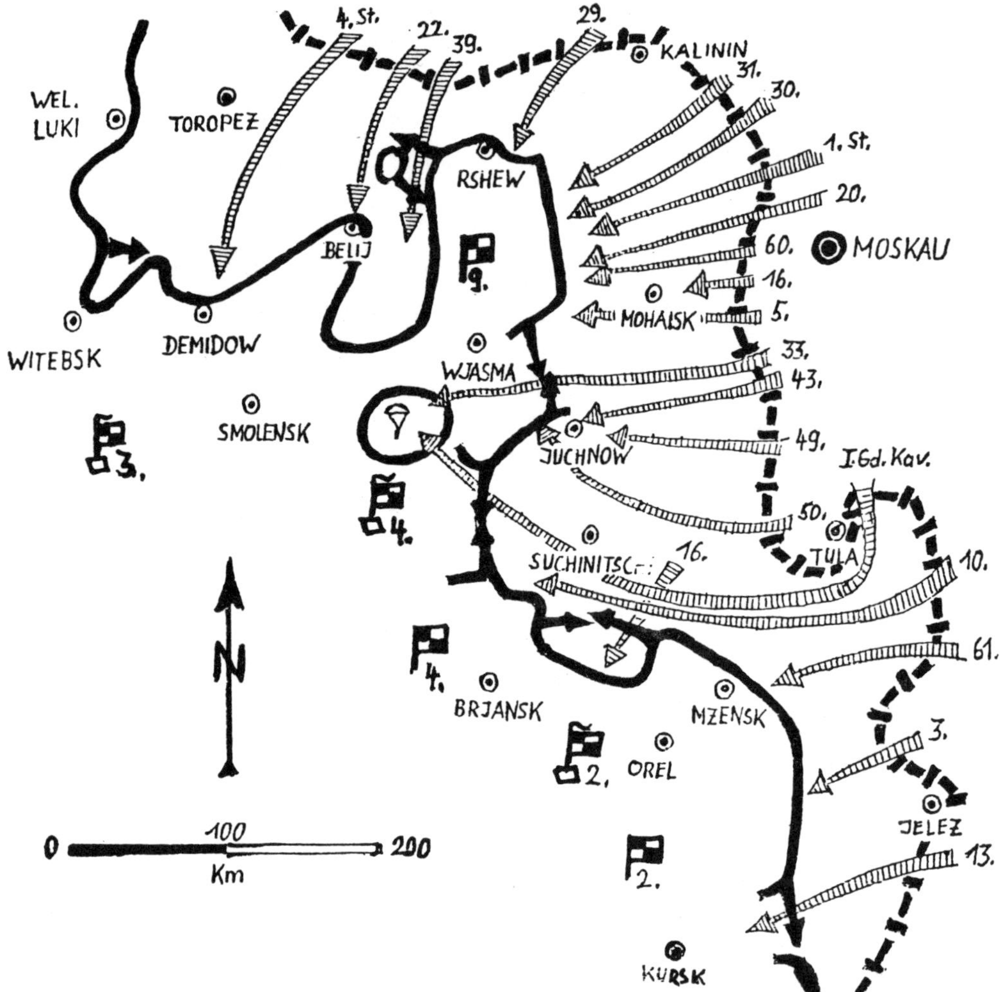


# DIE SCHLACHT UM MOSKAU

## Sowjetische Offensive 1941-42

Deutsche Front am 5. 12. 1941

5. Angriffsrichtung sowj. Armeen

Deutsche Front Anfang April 1942

Deutsche Gegenangriffe

Deutsche Armeen

Deutsche Panzerarmeen

Sowj. Luftlandetruppen

Hitler erließ bereits am 12. Februar 1942 die Geheime Kommandosache "Weisung für die Kampfführung im Osten nach Abschluß des Winters" (OKH/GenSt.d.H./Op.Abt.(Ia) Nr. 420053/42 g.Kdos), die auszugsweise lautete:

"I. Vorbemerkungen:

Die winterlichen Abwehrkämpfe im Osten scheinen ihren Höhepunkt überschritten zu haben.

Dank der unübertrefflichen Leistungen und des harten Kampfwillens der Truppe ist der feindl. Ansturm zum Stehen gebracht. Das Ziel der russ. Führung, durch die Winteroffensive unsere Front zu zerschlagen und unsere Kampfmittel zu vernichten, wird nicht erreicht werden. Leistung und Haltung der Truppe während der Winterschlachten im Osten werden als große soldatische Tat in die Kriegsgeschichte eingehen.

In den kommenden Wochen vor Beginn der Schneeschmelze wird es sich darum handeln, die Front endgültig zu festigen und örtlich zu verbessern und die durch die Front eingebrochenen russ. Kräfte, deren Stärke und Kampfkraft bei den zunehmenden Nachschubschwierigkeiten ständig absinken müssen, im rückw. Gebiet zu vernichten. Jede Gelegenheit, dabei dem Feinde das Gesetz des Handelns aufzuzwingen, muß von der Führung genutzt werden.

Gleichzeitig werden alle Vorbereitungen für das Überdauern der nach dem russ. Winter eintretenden Schlammperiode zu treffen sein.

II. Allgemeine Auswirkungen der Schlammperiode:

. . .

III. Allgemeine Folgerungen:

Die Masse der in der Front eingesetzten Verbände wird in die Gebiete zusammenzuziehen sein, die aufgrund der Nachschublinien eine ständige, laufende Versorgung auch

während der Schlammzeit ermöglichen. Dagegen werden in den von jeder Versorgung abgeschnittenen Gebieten nur aufgelockerte Sicherungskräfte belassen werden können, soweit ihre Versorgung für die Dauer der Schlammzeit vorher durch ausreichende Bevorratung sichergestellt ist.
Eine solche Auflockerung der Front und das Aufgeben einer gleichmäßig starken, durchlaufenden Besetzung wird voraussichtlich tragbar sein. Auch der Russe wird während der Schlammzeit in seiner Bewegungsmöglichkeit weitgehenden Einschränkungen unterliegen, wenn auch Überraschungen bei ihm nicht von vornherein ausgeschlossen sind (Sumpfboote, Schlammschlitten usw.).
Absetzbewegungen größeren Ausmaßes verbieten sich im Hinblick auf die Bewegungsschwierigkeiten von selbst.

IV. Absicht des OKH

. . .

V. Aufgaben der Heeresgruppen während der Schlammzeit:

. . .

Heeresgruppe Mitte:
Aufgabe der H.Gr.Mitte ist es, zwischen dem Bereich von Bolchow und dem Bereich von Juchnow eine als Dauerstellung geeignete Verbindung zu schaffen, im übrigen die bereits feststehenden Fronten zu halten.
Durch Angriff einer Kräftegruppe aus dem Bereich des XXIII.AK. zur Besitznahme von Ostaschkow sind die rückw. Verbindungen der russ. 3. u. 4. Stoßarmeen im Zusammenwirken mit H.Gr.Nord zu durchschneiden und die Voraussetzungen zu schaffen für die Belassung einer Kräftegruppe auch während der Schlammperiode im Gebiet um Ostaschkow (siehe OKH/GenStdH/Op.Abt. (I) Nr. 10131/42 g.Kdos. vom 30.1.42).

VI — IX. . ."

Die Schlacht um Moskau war verloren — die Heeresgruppe Mitte aber nicht vernichtet!
Die Verluste waren enorm, die die Armeen der in der Mitte der Ostfront stehenden Großverbände gebracht hatten.
Die Heeresgruppe Mitte hatte vom Beginn des Ostfeldzuges am 22. Juni 1941 bis zum 28. Februar 1942 insgesamt 716 000 Gefallene, Verwundete und Vermißte verloren, davon allein seit Beginn der sowjetischen Gegenoffensive vom 5. Dezember 1941 bis zum 28. Februar 1942 insgesamt 352 200 Offiziere, Unteroffiziere und Mannschaften. Die übrigen beiden Heeresgruppen verloren im selben Zeitraum, also vom Dezember 1941 bis Februar 1942, wie folgt: Heeresgruppe Nord 103 800, Heeresgruppe Süd 94 300 Mann.
Mit Abflauen der Winterkämpfe bei Einbruch des Frühjahrsschlammes mußten alle Divisionen jedes III. Bataillon eines Regiments auflösen und auf die beiden anderen verteilen. Folgende Verbände bestanden lediglich noch aus zwei Regimentern: 78., 102., 239., 252. ID. und Lehr-Br. 900. Die 162. ID., die bei Kalinin schwerste Verluste erlitt, wurde ganz aufgelöst. Weitere Großverbände, die gleichfalls höchste Ausfälle zählten, verlegten unter Zurücklassung des schweren Materials und der Waffenausrüstung zur Auffrischung nach dem Westen. Hierbei handelte es sich um 15., 17., 23., 106., 167. ID. und SS-PD. "Das Reich".
Die Heeresgruppe Mitte stand im Frühjahr 1942 in Front mit 48 Infanterie-, 4 motorisierten Infanterie-, 8 Panzer-, 6 Sicherungs- und einer SS-Division!
Noch ging der Krieg drei volle Jahre weiter. . .

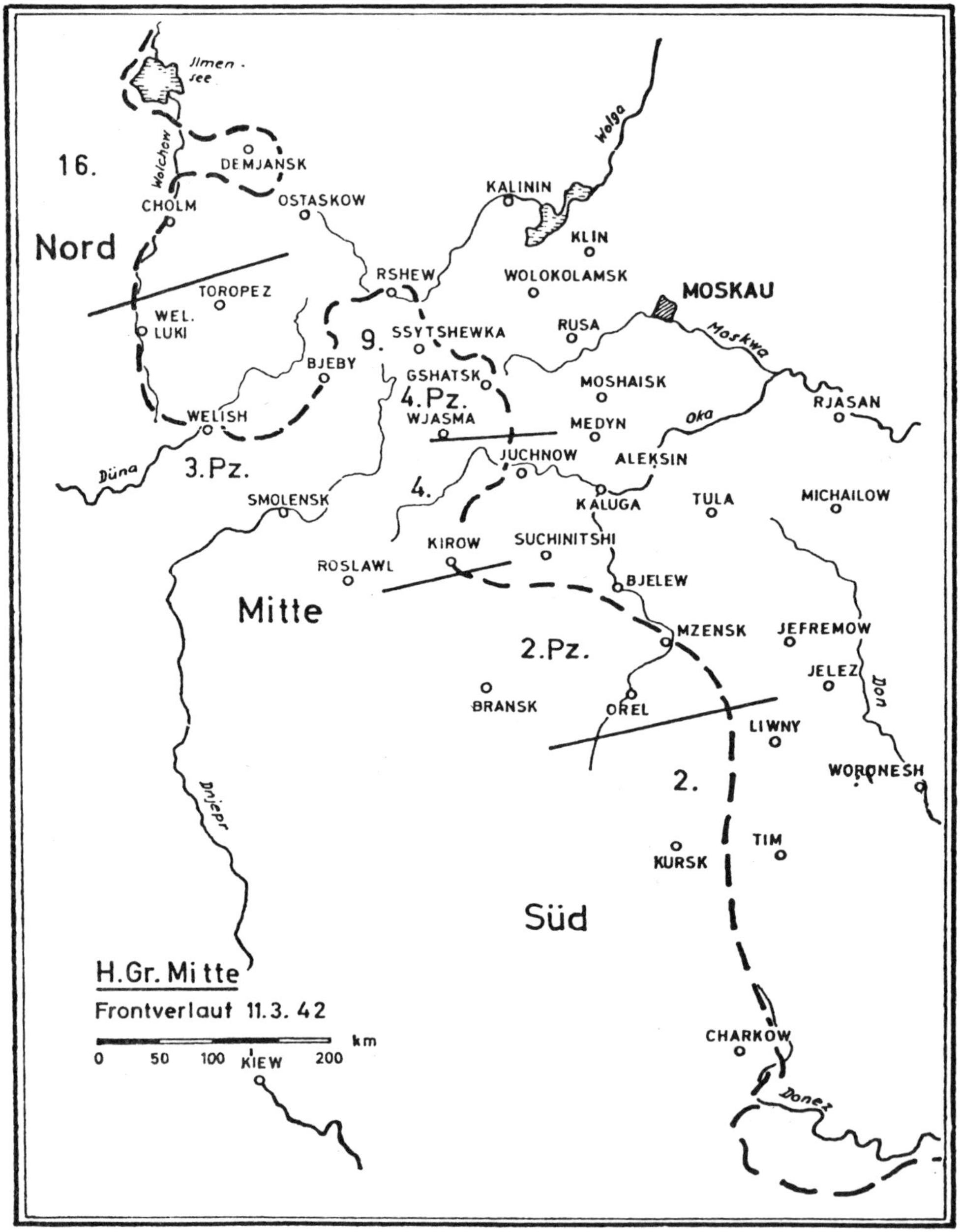
Jlmen-see
Wolchow
Wolga
16.
DEMJANSK
KALININ
CHOLM
OSTASKOW
Nord
KLIN
RSHEW
WOLOKOLAMSK
TOROPEZ
MOSKAU
WEL. LUKI
9.
SSYTSHEWKA
RUSA
Moskwa
BJEBY
GSHATSK
MOSHAISK
4.Pz.
RJASAN
WELISH
WJASMA
MEDYN
Oka
Düna
3.Pz.
JUCHNOW
ALEKSIN
SMOLENSK
4.
KALUGA
TULA
MICHAILOW
KIROW
SUCHINITSHI
ROSLAWL
BJELEW
Mitte
MZENSK
JEFREMOW
2.Pz.
JELEZ
Don
BRANSK
OREL
LIWNY
WORONESH
2.
Dnjepr
TIM
KURSK
Süd
H.Gr. Mitte
Frontverlauf 11.3.42
0 50 100 200 km
KIEW
CHARKOW
Donez

# Anlagen

1. Schlacht um Moskau.
   Offizielle Gefechtsbezeichnungen des Oberkommandos des Heeres . . .
2. Gliederung der Heeresgruppe Mitte am 27. Juni 1941.
   Gliederung von rechts nach links mit Stellenbesetzung der Oberen Kommandobehörden.
3. Gliederung der Heeresgruppe Mitte am 2. Oktober 1941.
   Gliederung von rechts nach links mit Stellenbesetzung der Oberen Kommandobehörden.
4. Gliederung der Heeresgruppe Mitte am 1. Februar 1942.
   Gliederung von rechts nach links mit Stellenbesetzung der Oberen Kommandobehörden.
5. Gliederung der Luftflotte 2 am 22. Juni 1941.
6. Erfolge des I. Flak-Korps — 22.6. — 1.10.1941
7. Träger des Eichenlaubs zum Ritterkreuz im Bereich der Heeresgruppe Mitte — 22. Juni bis 31. Dezember 1941
8. Truppen im rückwärtigen Heeresgebiet
9. Namentliche Nennung der Großverbände in den Berichten des Oberkommandos der Wehrmacht 1941
10. Gliederung und Stellenbesetzung der "Roten Armee" am 22. Juni 1941
11. Gliederung der russischen Luftstreitkräfte im Kampfraum Moskau — 1. Dezember 1941
12. Stellenbesetzung der höheren Befehlsstellen der "Roten Armee" — 5. Dezember 1941
13. Russische Daten zur Schlacht um Moskau

Anlage 1

# Schlacht um Moskau

## Offizielle Gefechtsbezeichnungen des Oberkommandos des Heeres für die Eintragung in den Wehrpaß.

| | | |
|---|---|---|
| 9. **Doppelschlacht bei Wjasma und Brjansk** | 2.10. | –20.10.41 |
| a) Durchbruch durch die Dessna-Stellung | 2.10. | – 4.10.41 |
| b) Kämpfe um Bjeloj | 2.10. | – 5.10.41 |
| c) Durchbruch durch die Dnjepr-Stellung | 2.10. | – 6.10.41 |
| d) Schlacht bei Brjansk | 2.10. | –20.10.41 |
| e) Schlacht bei Wjasma | 5.10. | –13.10.41 |
| f) Vorstoß über Bolwa und Ugra | 5.10. | –15.10.41 |
| g) Vorstoß über Gshatsk | 8.10. | –17.10.41 |
| 10. **Vorstoß gegen Moskau und Woronesh** | 4.10. | – 5.12.41 |
| a) Vorstoß auf Tula | 4.10. | –31.10.41 |
| b) Durchbruch durch die Moskauer Schutzstellung | 14.10. | –26.10.41 |
| c) Vorstoß über Protwa und Nara | 20.10. | –25.10.41 |
| d) Vorstoß südostw. Orel | 20.10. | –18.11.41 |
| e) Verfolgungskämpfe bis Kalinin | 21.10. | –17.11.41 |
| f) Einnahme von Kursk | 24.10. | – 3.11.41 |
| g) Kämpfe an Oka, Protwa und Nara | 26.10. | – 5.12.41 |
| h) Abwehrkämpfe westl. Moskau | 27.10. | –16.11.41 |
| i) Kämpfe im Raum um Jefremow und Tula | 1.11. | – 5.12.41 |
| k) Vorstoß von der Lama bis Klin | 15.11. | –23.11.41 |
| l) Einnahme von Istra und Ssolnetschnogorsk | 17.11. | – 4.12.41 |
| m) Schlacht um Tula und Vorstoß auf Rjasan und Kaschira | 18.11. | – 5.12.41 |
| n) Vorstoß auf Tim – Jelez – Jefremow | 18.11. | – 5.12.41 |
| o) Vorstoß zum Moskwa-Kanal | 23.11. | – 5.12.41 |
| p) Durchbruch durch die Nara-Stellung beiderseits Naro Fominsk | 1.12. | – 3.12.41 |
| 11. **Abwehrkämpfe um Kalinin** | 18.11. | –14.12.41 |

| | |
|---|---|
| 12. **Abwehrschlachten vor Moskau** | 5.12.41–18. 4.42 |
| a) Abwehrschlacht vor Moskau | 5.12. –21.12.41 |
| b) Abwehrschlacht im Raum um Tim und Jelez | 5.12. –20.12.41 |
| c) Abwehrkämpfe an Oka, Protwa und Nara | 5.12. –25.12.41 |
| d) Abwehrkämpfe um Klin | 6.12. –19.12.41 |
| e) Abwehrschlacht im Raum um Jefremow und Tula | 6.12. –26.12.41 |
| f) Abwehrkämpfe zwischen Kalinin und der Winterstellung | 15.12. –24.12.41 |
| g) Verteidigung Jaropoletz – Kely | 20.12.41–15. 1.42 |
| h) Abwehrkämpfe um Ssuchinitschi | 20.12.41–28. 1.42 |
| i) Abwehrschlacht bei Kursk | 21.12.41– 4. 2.42 |
| k) Abwehrkämpfe nordwestl. Liwny | 21.12.41– 2. 1.42 |
| l) Abwehrkämpfe um Kaluga | 21.12. –30.12.41 |
| m) Abwehrkämpfe in der Rusa-Wolokolamsk-Stellung | 22.12. –31.12.41 |
| n) Abwehrkämpfe zwischen Protwa und Ugra-Schanja | 25.12.41–14. 1.42 |
| o) Abwehrkämpfe nordostw. Orel | 26.12.41–18. 4.42 |
| p) Abwehrkämpfe in der Winterstellung der 9. Armee | 25.12.41–18. 4.42 |
| q) Abwehrkämpfe im Raum um Bolchoff | 27.12.41–18. 4.42 |
| r) Winterschlacht von Rshew | 4. 1. –20. 2.42 |
| s) Winterschlacht bei Juchnow | 14. 1. –18. 4.42 |
| t) Abwehrkämpfe in der Winterstellung Juchnow – Gshatsk – Subzoff | 14. 1. –18. 4.42 |
| u) Abwehrkämpfe im Abschnitt Welish – Wel.Luki | 18. 1. –18. 4.42 |
| v) Abwehrkämpfe nordwestl. Orel | 29. 1. –18. 4.42 |
| w) Abwehrkämpfe westl. und nordwestl. Ssuchinitschi | 29. 1. –18. 4.42 |
| x) Vernichtungskämpfe bei Wjasma | 22. 3. –18. 4.42 |

Anlage 2

# Gliederung der Heeresgruppe Mitte am 27. Juni 1941

(Gliederung von rechts nach links)

Stellenbesetzung nur bei den Oberkommandos mit Oberbefehlshaber und Chef des Generalstabes sowie den Kommandierenden Generalen der Korps.

| | |
|---|---|
| **Heeresgruppen-kommando:** | Feldmarschall von Bock<br>Generalmajor von Greiffenberg |
| **Panzergruppe 2:** | Generaloberst Guderian<br>Oberstleutnant i.G. Freiherr von Liebenstein |
| XXIV. AK.mot.: | General d. Pz.Tr. Freiherr Geyr von Schweppenburg<br>1. Kav.D., 4. PD., 3. PD., 10. ID.mot.; |
| XXXXVII. AK.mot.: | General d. Pz.Tr. Lemelsen<br>18. PD., 17. PD.; |
| XXXXVI. AK.mot.: | General d. Pz.Tr. von Vietinghoff<br>SS-PD. "Das Reich", 10. PD., IR.mot. "GD". |
| **4. Armee:** | Feldmarschall von Kluge<br>Oberst i.G. Blumentritt |
| XII. AK.: | General d. Infanterie Schroth<br>34. ID., 29. ID.mot., 31. ID.; |
| XXXXIII. AK.: | General d. Infanterie Heinrici<br>131., 134., 252. ID.; |

| | |
|---|---|
| IX. AK.: | General d. Infanterie Geyer<br>292., 17., 137., 263. ID.; |
| VII. AK.: | General d. Artillerie Fahrmbacher<br>268., 7., 23. ID., 221. Sich.D.,<br>258. ID.; |
| XIII. AK.: | General d. Infanterie Felber<br>78. ID.; |
| LIII. AK.: | General d. Infanterie Weisenberger<br>52., 45., 167. ID. |
| **9. Armee:** | Generaloberst Strauß<br>Oberst i.G. Weckmann |
| XXXXII. AK.: | General d. Pioniere Kuntze<br>SS-Kav.Brig. 1, 87. ID.; |
| XX. AK.: | General d. Infanterie Materna<br>162., 129., 256. ID.; |
| VII. AK.: | General d. Artillerie Heitz<br>8., 28. ID.; |
| V. AK.: | General d. Infanterie Ruoff<br>161., 5., 35. ID.; |
| VI. AK.: | General d. Pioniere Förster<br>6., 26. ID. |
| **Panzergruppe 3:** | Generaloberst Hoth<br>Oberstleutnant i.G. von Hüners-<br>dorff |
| LVII. AK.mot.: | General d. Pz.Tr. Kuntzen<br>12. PD., 19. PD., 18. ID.mot.; |
| XXXIX. AK.mot.: | General d. Pz.Tr. Schmidt<br>7. PD., 20. PD., 20 ID.mot.,<br>14. ID.mot. |
| **Reserven:** | 102., 255., 267., 293. ID.,<br>286., 403. Sich.Division,<br>Lehr-Brig.mot. 900. |

Anlage 3

# Gliederung der Heeresgruppe Mitte am 2. Oktober 1941

(Gliederung von rechts nach links)

Stellenbesetzung nur bei den Oberkommandos mit Oberbefehlshaber und Chef des Generalstabes sowie den Kommandierenden Generalen der Korps.

| | |
|---|---|
| **Heeresgruppenkommando:** | Feldmarschall von Bock<br>Generalmajor von Greiffenberg |
| **2. Panzerarmee:** | Generaloberst Guderian<br>Oberst i.G. Freiherr von Liebenstein |
| XXXXVIII. Pz.K.: | General d. Pz.Tr. Kempf<br>25. ID.mot., 16. ID.mot., 9. PD.; |
| Höh.Kdo. XXXIV: | General d. Infanterie Metz<br>45., 134. ID.; |
| XXIV. Pz.K.: | General d. Pz.Tr. Freiherr Geyr von Schweppenburg<br>10. ID.mot., 4. PD., 3. PD.; |
| XXXXVII. Pz.K.: | General d. Pz.Tr. Lemelsen<br>18. PD., 17. PD., 29. ID.mot., 1. Kav.D.; |
| Höh.Kdo. XXXV: | General d. Artillerie Kaempfe<br>95., 293. ID. |
| **2. Armee:** | Generaloberst Frhr. von Weichs<br>Oberst i.G. von Witzleben |
| XXXXIII. AK.: | General d. Infanterie Heinrici<br>31., 131. ID.; |

| | |
|---|---|
| LIII. AK.: | General d. Infanterie Weisenberger<br>112., 296., 167. ID.; |
| XII. AK.: | General d. Infanterie Schroth<br>258., 34., 98., 52. ID. |
| **4. Panzerarmee:** | Generaloberst Hoepner<br>Oberst i.G. Chales de Beaulieu |
| XIII. AK.: | General d. Infanterie Felber<br>17., 134., 260. ID.; |
| XXXX. Pz.K.: | General d. Pz.Tr. Stumme<br>258. ID., 10. PD., 2. PD.; |
| XXXXVI. Pz.K.: | General d. Pz.Tr. von Vietinghoff<br>252. ID., 11. PD., 5. PD.; |
| LVII. Pz.K.: | General d. Pz.Tr. Kuntzen<br>SS-PD. "Das Reich", 3. ID.mot.,<br>20. PD. |
| **4. Armee:** | Feldmarschall von Kluge<br>Oberst i.G. Blumentritt |
| VII. AK.: | General d. Artillerie Fahrmbacher<br>197., 23., 7., 267. ID.; |
| XX. AK.: | General d. Infanterie Materna<br>78., 15., 268. ID.; |
| IX. AK.: | General d. Infanterie Geyer<br>292., 183., 263., 137. ID. |
| **3. Panzerarmee:** | General d. Pz.Tr. Reinhardt<br>(ab 5.10.)<br>Oberst i.G. von Hünersdorff |
| V. AK.: | General d. Infanterie Ruoff<br>5., 35. ID.; |
| LVI. Pz.K.: | General d. Pz.Tr. Schaal<br>7., 6. PD.; |
| VI. AK.: | General d. Pioniere Förster<br>6., 26. ID.; |

| | |
|---|---|
| XXXXI. Pz.K.: | Generalleutnant Model<br>1. PD., 36. ID.mot. |
| **9. Armee:** | Generaloberst Strauß<br>Oberst i.G. Weckmann |
| VIII. AK.: | General d. Artillerie Heitz<br>28., 8., 87. ID.; |
| XXVII. AK.: | General d. Infanterie Wäger<br>255., 162., 86. ID.; |
| XXIII. AK.: | General d. Infanterie Schubert<br>251., 102., 256., 206. ID. |

Anlage 4

# Gliederung der Heeresgruppe Mitte am 1. Februar 1942

(Gliederung von rechts nach links)

Stellenbesetzung nur bei den Oberkommandos mit Oberbefehlshaber und Chef des Generalstabes sowie den Kommandierenden Generalen der Korps.

| | |
|---|---|
| **Heeresgruppenkommando:** | Feldmarschall von Kluge<br>Generalmajor von Greiffenberg |
| **2. Armee:** | Generaloberst Freiherr von Weichs<br>Oberst i.G. Harteneck |
| XXXXVIII. Pz.K.: | General d. Pz.Tr. Kempf<br>1/3 168. ID., 9. PD., 16. ID.mot.; |
| LV. AK.: | General d. Infanterie Vierow<br>95., 1/3 299. ID. , SS-Kav.Br.<br>1., 3. PD., 1/3 168., Reste 45. ID.; |
| XXXV. AK.: | General d. Infanterie Kaempfe<br>1/3 56., 134., 262., 293. ID. |
| **2. Panzerarmee:** | Generaloberst Schmidt<br>Oberst i.G. Frhr. von Liebenstein |
| XXXXVII. Pz.K.: | General d. Pz.Tr. Lemelsen<br>17. PD., 18. PD., 29. ID.mot.,<br>25. ID.mot.; |
| LIII. AK.: | General d. Infanterie Clössner<br>Teile 10. ID.mot., 4. PD., 112.,<br>1/3 56., 167., 296. ID., ID.mot. "GD"; |

| | |
|---|---|
| XXIV. Pz.K.: | Generalleutnant Frhr. von Langermann und Erlencamp<br>Pz.Brig. Generalmajor Eberbach, Teile 10. ID.mot., mot.Brig. Oberst Usinger. |
| **4. Armee:** | General d. Infanterie Heinrici<br>Oberst i.G. von Bernuth |
| XXXX. Pz.K.: | General d. Pz.Tr. Stumme<br>19. PD., 216. ID., Teile 10. ID.mot., Teile 403. Sich.D., 1/3 56. ID.; |
| XXXXVIII. Pz.K.: | General d. Infanterie Brennecke<br>137. ID., Pol.Rgt. 31, SS-Rgt. 4, 131., 1/3 52. ID.; |
| XIII. AK.: | Generalleutnant Ottenbacher<br>2/3 52., 260., 268. ID.; |
| XII. AK.: | Generalleutnant Graessner (ab 18.2.)<br>263., 17. ID.; |
| LVII Pz.K.: | General d. Pz.Tr. Kirchner<br>98. ID., Teile 19. PD., 34. ID.; |
| XX. AK.: | General d. Infanterie Materna<br>10. PD. 183., 15., 258., 292. ID. |
| **4. Panzerarmee:** | General d. Infanterie Ruoff<br>Oberst i.G. Röttiger |
| VII. AK.: | General d. Artillerie Hell<br>7., 267., 197. ID., 3. ID.mot. 255. ID., frz. IR. 638; |
| IX. AK.: | General d. Infanterie Schmidt<br>87. ID., 20. PD., 78., 252. ID.; |

| | |
|---|---|
| XXXXVI. Pz.K.: | General d. Pz.Tr. von Vietinghoff<br>SS-PD. "Das Reich", Teile 10. PD.,<br>5. PD., Teile 11. PD.; |
| V. AK.: | General d. Infanterie Wetzel<br>35. ID., 6. PD., 106., 23. ID. |
| **3. Panzerarmee:** | Generaloberst Reinhardt<br>Oberst i.G. von Hünersdorff |
| LVI. Pz.K.: | General d. Pz.Tr. Schaal<br>10. ID.mot., Lehr-Brig. (mot.) 900,<br>7. PD.; |
| XXXXI. Pz.K.: | Generalleutnant Harpe<br>2. PD., 1. PD., 36. ID.mot. |
| **9. Armee:** | Generaloberst Model<br>Oberst i.G. Hoffmann |
| XXVII. AK.: | General d. Infanterie Witthöfft<br>86., 251., 262., 129. ID.; |
| VI. AK.: | General d. Infanterie Bieler<br>161., 110., 6., 26., 1/3 339. ID.; |
| XXIII. AK.: | General d. Infanterie Schubert<br>1/3 81., 256., 206., 102., 253. ID. |

Im Antransport zur Heeresgruppe aus Frankreich und dem Reich:

83., 208., 328., 329., 330., 331. ID.

Im rückwärtigen Heeresgebiet:

Teile 221., 286., 2/3 339., 403.,
707. Sich.D., Sich.Br. 202,
Sich.Br. 203.

Anlage 5

# Gliederung der Luftflotte 2 am 22. Juni 1941

(Die unterstellten fliegenden Verbände sind mit den Flugzeugtypen, die sie flogen, aufgeführt.)

| | |
|---|---|
| Luftflottenkommando: | Oberbefehlshaber:<br>Feldmarschall Kesselring<br>Chef d. Gen.Stabes:<br>Generalmajor Seidemann<br>Ia: Oberst i.G. Loebel |
| direkt unterstellt: | Aufklärungsgruppe (F)/122<br>mit Ju-88<br>Jagdgeschwader 53 mit Me-109 F |
| II. Fliegerkorps: | Komm.General:<br>General d. Flieger Loerzer<br>Chef d. Gen.Stabes:<br>Oberst i.G. Deichmann |
| unterstellt: | Schlachtkampfgeschwader 210<br>mit Me-110<br>Kampfgeschwader 3 mit Ju-88<br>Kampfgeschwader 53 mit<br>He-111 H 2-6<br>Sturzkampfgeschwader 77 mit Ju-87<br>Jagdgeschwader 51 mit Me-109 F<br>Kampfgruppe z.b.V. 102 mit Ju-52 |

| | |
|---|---|
| VIII. Fliegerkorps: | Komm. General: General-<br>leutnant Freiherr von Richthofen<br>Chef d. Gen.Stabes:<br>Oberst i.G. Meister |
| unterstellt: | Kampfgeschwader 2 mit Do-17 Z<br>Sturzkampfgeschwader 1 mit Ju-87<br>Sturzkampfgeschwader 2 mit Ju-87<br>Zerstörergeschwader 26 mit Me-110<br>Jagdgeschwader 27 mit Me-109 E<br>IV./Kampfgeschwader z.b.V. 1<br>mit Ju-52<br>2.(F)/11 mit Do-17 P |
| I. Flakkorps: | Komm. General:<br>Generalmajor von Axthelm<br>Chef d. Gen. Stabes:<br>Major i.G. Groepler |
| unterstellt: | Flak-Regiment 101 bei Panzergruppe 3<br>Flak-Regiment 104 bei Panzergruppe 2 |

Anlage 6

# Erfolge des I. Flak-Korps 22.6. — 1.10.1941

| | Flak-Rgt. 101 (Oberst Hintz) | Flak-Rgt. 104 (Oberst Lichtenberger) |
|---|---|---|
| Flugzeugabschüsse: | 78 | 214 |
| Flugzeuge beschädigt: | 160 | 264 |
| Flugzeuge erbeutet: | 0 | 63 |
| Panzerabschüsse: | 151 | 75 |
| vernichtete Geschütze: | 37 | 51 |
| vernichtete Pak: | 35 | 53 |
| vernichtete MG-Nester: | 205 | 214 |
| vernichtete Bunker: | 13 | 5 |
| vernichtete Fahrzeuge: (Lkw, Pkw, usw.): | 578 | 167 |
| erbeutete Fahrzeuge: | 8 | 38 |
| eingebrachte Gefangene: | 2 385 | 1 949 |

Anlage 7

# Träger des Eichenlaubs zum Ritterkreuz im Bereich der Heeresgruppe Mitte 22. Juni bis 31. Dezember 1941

I. Eichenlaub mit Schwertern und Brillanten zum Ritterkreuz:

| | |
|---|---|
| 15. Juli 1941: | Oberst Mölders<br>Kommodore Jagd-Geschw. 51 |

II. Eichenlaub mit Schwertern zum Ritterkreuz:

| | |
|---|---|
| 22. Juni 1941: | Oberst Mölders<br>Kommodore Jagd-Geschw. 51 |

III. Eichenlaub zum Ritterkreuz:

| | |
|---|---|
| 10. Juli 1941: | General d. Panzertruppen Schmidt<br>Kdr. Gen. XXXIX. A.K. (mot.) |
| 14. Juli 1941: | Oberstleutnant Dinort<br>Kommodore Sturzkampf-Geschw. 2,<br>Major Storp<br>Kommodore Schlachtkampf-Geschw. 210, |
| 17. Juli 1941: | Generaloberst Guderian<br>Befehlshaber Panzergruppe 2,<br>Generaloberst Hoth<br>Befehlshaber Panzergruppe 3,<br>General d. Flieger<br>Frhr. von Richthofen<br>Kdr. Gen. VIII. Fl.Korps, |

| | |
|---|---|
| 24. Juli 1941: | Major Frhr. von Maltzahn<br>Kommodore Jagd-Geschw. 53, |
| 10. August 1941: | Rittmeister Niemack<br>Kommandeur Aufklärungs-Abt. 5, |
| 14. August 1941: | Leutnant Bär<br>Flugzeugführer im Jagd-Geschw. 51, |
| 1. September 1941: | Generalleutnant Crüwell<br>Kommandeur 11. Panzerdivision, |
| 16. September 1941: | Oberleutnant Nordmann<br>Staffelkapitän im Jagd-Geschw. 51, |
| 19. Oktober 1941: | Oberfeldwebel Hoffmann<br>Flugzeugfhr./JG. 51, |
| 31. Dezember 1941: | Oberst Eberbach<br>Kommandeur 5. Panzer-Brigade,<br>Oberleutnant Buchterkirch<br>Kompaniechef im Panzer-Rgt. 6,<br>Hauptmann Schultz<br>Kommandeur I./Panzer-Rgt. 25,<br>Major Dr. Eckinger<br>Kommandeur I./Schützen-Rgt. 113,<br>Major Hoffmann-Schönborn<br>Kommandeur Sturmgeschütz-Abt. 191,<br>Rittmeister Frhr. von Boeselager<br>Kp.-Chef in der Aufkl.-Abt. 6,<br>Generalmajor Harpe<br>Kommandeur 12. Panzer-Division,<br>Major Hitschhold<br>Kommandeur I./Sturzkampf-Geschw. 2. |

Anlage 8

# Truppen im rückwärtigen Heeresgebiet

Der Befehlshaber rückwärtiges Heeresgebiet 102 (ab 5.7.1941:) Befehlshaber rückwärtiges Heeresgebiet Mitte war verantwortlich für den Schutz militärischer Objekte, Sicherung des besetzten Gebietes und den Kampf gegen die Partisanenverbände im Raum zwischen der Front und der Grenze zum Reichskommissariat Ostland.

Stab des Befehlshabers:

| | |
|---|---|
| Befehlshaber: | General d. Infanterie von Schenckendorff |
| Chef d. Gen.Stabes: | Oberstleutnant i.G. Rübesamen |
| Ia: | Major von Kraewel |

Unterstellte Truppen:

| (Stichtag) | (Division) | (Kommandeur) |
|---|---|---|
| 7. August | 87. ID. | Generalleutnant von Studnitz |
| | 102. ID. | Generalmajor Ansat |
| | 162. ID. | Generalleutnant Franke |
| | 221. Sich.D. | Generalleutnant Pflugbeil |
| | 252. ID. | Generalleutnant von Boehm-Bezing |
| | 286. Sich.D. | Generalleutnant Mueller |
| | 403. Sich.D. | Generalmajor von Ditfurth |
| | 707. ID. | Oberst Frhr. von Mauchenheim |

| | | |
|---|---|---|
| 3. September | 221. Sich.D. | Oberst Frhr. von Mauchenheim |
| | 286. Sich.D. | s. o. |
| | 339. ID. | Generalmajor Hewelke |
| | 707. ID. | Generalmajor Frhr. von Mauchenheim |
| | SS-Reiter-Br. | SS-Standartenführer Fegelein |
| 2. Oktober | 221. Sich.D. | s. o. |
| | 286. Sich.D. | s. o. |
| | 339. ID. | s. o. |
| | 403. Sich.D. | s. o. |
| | 454. Sich.D. | Generalleutnant Krantz |
| | 707. ID. | s. o. |
| | SS-Kav.Br. | s. o. |
| 4. Dezember | 221. Sich.D. | s. o. |
| | 286. Sich.D. | s. o. |
| | 339. ID. | s. o. |
| | 403. Sich.D. | s. o. |
| | 707. ID. | s. o. |
| | SS-Kav.Br. | s. o. |

Anlage 9

# Namentliche Nennung der Großverbände in den Berichten des Oberkommandos der Wehrmacht 1941

24. 6.: Jagdgeschwader 51
1. 7.: Jagdgeschwader 51
6. 8.: Heeresgruppe Mitte
2. Armee
4. Armee
9. Armee
Panzergruppe 2
Panzergruppe 3
Luftflotte 2
Jagdgeschwader 51
7. 8.: Heeresgruppe Mitte
2. Armee
4. Armee
9. Armee
Panzergruppe 2
Panzergruppe 3
Luftflotte 2
II. Fliegerkorps
VIII. Fliegerkorps
19. 9: Heeresgruppe Mitte
Luftflotte 2
Jagdgeschwader 51
21. 9.: Panzergruppe 2
23. 9.: 2. Armee
18.10.: 2. Armee
4. Armee
9. Armee
2. Panzerarmee
3. Panzerarmee
4. Panzerarmee
Luftflotte 2
Jagdgeschwader 51
19.10.: 2. Armee
4. Armee
9. Armee
2. Panzerarmee
3. Panzerarmee
4. Panzerarmee
Luftflotte 2
Jagdgeschwader 51
21.10: VIII. Fliegerkorps

Anlage 10

# Gliederung und Stellenbesetzung der "Roten Armee" am 22. Juni 1941

Westlicher Besonderer Militärbezirk
(Hauptquartier Minsk)

| | |
|---|---|
| Oberbefehlshaber: | Armeegeneral Pawlov |
| Chef d. Gen.St.: | Generalmajor Klimowskich |
| Kriegsrat: | Korpskommissar Fominych |
| Reserven: | |
| X. Schützenkorps (Moledetschno) | mit 24., 75. Schtz.D., 50. Pz.Brig. |

3. Armee
(Hauptquartier Grodno)

| | |
|---|---|
| Oberbefehlshaber: | Generalleutnant Kusnezov |
| Reserven: | 150., 184., 194. Schtz.D., 5., 22., 28. Pz.Brig., 29. Kav.D. |
| XI. Schtz.K. (Olita) | mit 23., 84., 188. Schtz.D., 128. mech. Brig. |
| XXIX. Schtz.K. (Grodno) | mit 27., 56., 143. Schtz.D. |

4. Armee
(Hauptquartier Kobrin)

| | |
|---|---|
| Oberbefehlshaber: | Generalmajor Korobkov |
| Reserven: | 45., 120., 121. Schtz.D. |
| IV. Schtz.K. (Brest-Litowsk) | mit 10., 40., 85., 141. Schtz.D., 54. Pz.Brig. |
| VII. Schtz.K. (Kobrin) | mit 13., 49., Schtz.D., 11. Kav.D. |

| | |
|---|---|
| 10. Armee<br>(Hauptquartier Bialystock) | |
| Oberbefehlshaber: | Generalmajor Golubjov |
| Reserven: | III. Schtz.K. (Slonim)<br>mit 5., 34., 89., 129.,<br>145. Schtz.D.,<br>12. Kav.D. |
| XII. Schtz.K. (Bialystock) | mit 30. Schtz.D., 2. mech.Brig.,<br>4. Kav.D. |
| VI. mech.K. (Bialystock) | mit 86. Schtz.D., 9., 23.,<br>29. Pz.Brig.,<br>1. und 2. Kav.D. |
| VI. Kav.K. (Lomscha) | mit 6., 14. Kav.D., 146. Schtz.D. |

Anlage 11

# Gliederung der russischen Luftstreitkräfte im Kampfraum Moskau 1. Dezember 1941

Da die Luftstreitkräfte kein selbständiger Wehrmachtteil waren, unterstanden sie jeweils den "Fronten" (Heeresgruppen).

Dem Oberkommando STAVKA direkt unterstellt:

| | |
|---|---|
| Fernkampffliegerdivision | 26, 40, 42, 51, 52, 81, 133 |

Dem Oberkommando "Westfront" unterstellt:

| | |
|---|---|
| Kampffliegerdivision | 12, 23, 28, 38, 43, 47, 77, 146 |
| Jagdfliegerdivision | 10, 46 |
| Nahkampffliegerdivision | 31 |

Dem Oberkommando "Südwestfront" unterstellt:

| | |
|---|---|
| Jagdfliegerdivision | 11, 61. |

Anlage 12

# Stellenbesetzung der höheren Befehlsstellen der "Roten Armee" 5. Dezember 1941

| | |
|---|---|
| "Westfront" | |
| Oberbefehlshaber: | Armeegeneral Shukow |
| Chef d. Gen.Stabes: | Generalleutnant Sokolovskij |
| Kriegsrat: | Divisionskommissar Bulganin |
| „Kalininer Front" | |
| Oberbefehlshaber: | Generaloberst Konjev |
| Chef d. Gen.Stabes: | Oberst Kasnelson |
| Kriegsrat: | Korpskommissar Leonov |
| "Südwestfront" | |
| Oberbefehlshaber: | Marschall Timoschenko |
| Chef d. Gen.Stabes: | Generalleutnant Boldin |
| Kriegsrat: | Divisionskommissar Chruschtschow |
| Armeen: | Oberbefehlshaber: |
| 1. Stoßarmee | Generalleutnant Kusnezov |
| 3. Armee | Generalmajor Krejser |
| 5. Armee | Generalleutnant Govorov |
| 10. Armee | Generalleutnant Golikov |
| 13. Armee | Generalmajor Gorodnjanskij |
| 16. Armee | Generalleutnant Rokossovskij |
| 20. Armee | Generalleutnant Wlassow |
| 22. Armee | Generalmajor Vostruchov |
| 24. Armee | Generalmajor Rakutin |

| | |
|---|---|
| 29. Armee | Generalmajor Masslennikov |
| 30. Armee | Generalmajor Leljuschenko |
| 31. Armee | Generalmajor Juschkevitsch |
| 33. Armee | Generalleutnant Efremov |
| 43. Armee | Generalmajor Golubev |
| 49. Armee | Generalleutnant Zacharkin |
| 50. Armee | Generalleutnant Boldin |
| 61. Armee | Generaloberst Kusnezov |
| I. Garde-Kav.Korps | Generalleutnant Belov |
| II. Garde-Kav.Korps | Generalmajor Dowator |
| III. Garde-Kav.Korps | Generalmajor Krjutschenkin |
| Moskauer Vert.Korps | Generalleutnant Schuravljev |
| VI. Luft-Vert.Korps | Oberst Mitenkov |

Anlage 13

# Russische Daten zur Schlacht um Moskau

(Zusammengestellt im Generalstabswerk der "Roten Armee" zur Geschichte des 2. Weltkrieges.)

**1941**

| | |
|---|---|
| 30. September — 20. April **1942** | Schlacht vor Moskau |
| 30. September — 5. Dezember | Die Periode der Verteidigungsoperationen in der Schlacht vor Moskau |
| 5. September | Beim Präsidium der Akademie der Wissenschaften der UdSSR wird die Kommission zur Mobilisierung von Hilfsquellen des Urals für den Krieg gebildet |
| 3. Oktober | Die sowjetischen Truppen räumen Orel |
| 6. Oktober | Aufruf des ZK der KPD an das deutsche Volk und die deutsche Wehrmacht, die Hitlerclique zu stürzen und den Krieg zu beenden. |
| 10. Oktober | Anordnung des Hauptquartiers des Oberkommandos über die Auflösung der Reservefront und die Eingliederung ihrer Truppen in die Westfront |
| 12. Oktober | Befehl des Staatlichen Verteidigungskomitees über die Schaffung der Moskauer Verteidigungszone |
| 14. Oktober | Beschluß des Rates der Volkskommissare der UdSSR und des ZK der KPdSU(B) "Über den Anbau von Zuckerrüben auf den |

| | |
|---|---|
| | bewässerten Böden in den Kolchosen der Kasachischen, Kirgisischen und Usbekischen SSR im Jahr 1942" |
| | Die sowjetischen Truppen räumen Kalinin |
| 17. Oktober | Anordnung des Hauptquartiers des Oberkommandos über die Bildung der Kalininer Front |
| 19. Oktober | Verhängung des Belagerungszustandes über Moskau und Umgebung durch das Staatliche Verteidigungskomitee |
| 3. November | Die sowjetischen Truppen räumen Kursk |
| 6. November | Festsitzung des Moskauer Stadtsowjets anläßlich des 24. Jahrestages der Großen Sozialistischen Oktoberrevolution |
| 7. November | Parade der Roten Armee auf dem Roten Platz in Moskau |
| | Veröffentlichung der Deklaration des Präsidenten der USA, F.D. Roosevelt, über die Überlassung von Kriegsmaterial auf Grund des Leih-Pacht-Gesetzes |
| 9. November | Beschluß des Staatlichen Verteidigungskomitees "Über das Wiederingangsetzen der Produktion in den nach dem Ural und nach Sibirien verlagerten Eisenhüttenbetrieben sowie die Kapazitätserhöhung durch die Inbetriebnahme neuer Produktionsanlagen im November/Dezember 1941 und im Januar 1942" |
| | Anordnung des Hauptquartiers des Oberkommandos über die Auflösung der Brjansker Front |

| | |
|---|---|
| 17. November | Verordnung des Rates des Volkskommissare der UdSSR "Über die Versorgung der Betriebe des Wolgagebiets, des Urals, Sibiriens mit Elektroenergie" |
| | Verordnung des Rates des Volkskommissare der UdSSR und des ZK der KPdSU(B) "Über die Produktion und die Reparatur von Traktoren, Mähdreschern, landwirtschaftlichen Maschinen, Ersatzteilen sowie über den Plan der landwirtschaftlichen Arbeiten für das Jahr 1942" |
| 5. Dez. 1941 bis 7. Jan. 1942 | Gegenoffensive der Truppen der Kalininer, der West- und der Südwestfront vor Moskau |
| 8. Dezember | Beschluß des Rates der Volkskommissare der UdSSR "Über die Entwicklung der Kohlegewinnung in den östlichen Gebieten der UdSSR" |
| | Das OKW befiehlt in der Weisung 39 den Übergang zur Verteidigung an der gesamten sowjetisch-deutschen Front |
| | Kriegserklärung Japans an die USA und Großbritannien |
| 9. Dezember | Beschluß des ZK der KPdSU(B) über die Verkürzung der Kandidatenzeit für Militärangehörige, die sich im Gefecht auszeichneten, bei der Aufnahme als Mitglied in die KPdSU(B) |
| | Truppen der Südwestfront befreien Jelez |
| | Truppen der Westfront befreien Wenjow |

| | |
|---|---|
| 12. Dezember | Truppen der Westfront befreien Stalinogorsk (Nowomoskowsk) |
| 13. Dezember | Das Sowinformbüro meldet das Scheitern des deutschen Planes der Einnahme Moskaus |
| 15. Dezember | Truppen der Westfront befreien Klin und Istra |
| 16. Dezember | Truppen der Kalininer Front befreien Kalinin |
| 17. Dezember | Truppen der Westfront befreien Alexin |
| 18. Dezember | Direktive des Hauptquartiers des Oberkommandos über die Wiederaufstellung der Brjansker Front |
| 19. Dezember | Truppen der Westfront befreien Tarussa |
| 20. Dezember | Truppen der Westfront befreien Wolokolamsk |
| 26. Dezember | Truppen der Westfront befreien Naro-Fominsk |
| 28. Dezember | Truppen der Westfront befreien Koselsk |
| 29. Dezember | Beschluß des Rates der Volkskommissare der UdSSR "Über den Wiederaufbau der Kohlengruben des Moskauer Beckens" |
| 30. Dezember | Direktive des Hauptquartiers des Oberkommandos über die Umbenennung der Transkaukasusfront in Kaukasusfront<br>Truppen der Westfront befreien Kaluga |

**1942**

| | |
|---|---|
| 2. Januar | Truppen der Westfront befreien Malojaroslawez |
| 4. Januar | Truppen der Westfront befreien Borowsk |
| 6. Januar | Note des Volkskommissariats für Auswärtige Angelegenheiten der UdSSR "Über Plünderungen, Ausrottung der Bevölkerung und ungeheuerliche Grausamkeiten der faschistischen Truppen in den von ihnen besetzten sowjetischen Gebieten". |
| 8. Januar bis 20. April | Offensive der Roten Armee an der gesamten sowjetisch-deutschen Front |
| 20. Januar | Truppen der Nordwestfront befreien Toropez<br>Truppen der Westfront befreien Moshaisk |
| 23. Januar | Verordnung des Rates der Volkskommissare der UdSSR "Über die Betreuung elternloser Kinder" |
| 27. Januar | Truppen der Südwestfront befreien den wichtigen Eisenbahnknotenpunkt Losowaja |
| 29. Januar | Truppen der Westfront befreien Suchinitschi |
| 1. Februar | Direktive des Hauptquartiers des Oberkommandos über die Wiederherstellung der Dienststellung des Oberbefehlshabers des Westabschnitts |

| | |
|---|---|
| 12. Februar | Beschluß des Rates der Volkskommissare der UdSSR "Über die Entwicklung des Abbaus der Kohlevorkommen von Workuta und über Maßnahmen für den Abtransport" |
| 13. Februar | Erlaß des Präsidiums des Obersten Sowjets der UdSSR "Über die Mobilisierung der arbeitsfähigen städtischen Bevölkerung zur Arbeit in der Produktion und im Bauwesen für die Dauer des Krieges" |
| 15. Februar | Partisanenabteilungen des Smolensker Gebietes befreien Dorogobush im Hinterland des Feindes |